赤道之国血脉中的历史与文化

厄瓜多尔十二夜谈

蔡劲松 / 著

世界知识出版社

本书获得教育部国别和区域培育基地——
西南科技大学拉丁美洲和加勒比研究中心出版资助

序言

2020年1月是中国与厄瓜多尔建交40周年。

对于一个人，40已是年过不惑。之于两个相距遥远，历史文化迥异的国家，40载光阴又像弹指一挥间。

进入21世纪以来，中厄关系加速发展，经贸合作，投资往来，人员交往，今非昔比。

然而，打开中文互联网或者浏览实体书店，关于厄瓜多尔人文历史的深度涉猎一片空白。

与拉丁美洲其他西班牙语国家类似，厄瓜多尔500年前沦为西班牙殖民地，百余年前成为美国“后院”。不论近看还是远观，在悠长的时空隧道里，欧美国家的个人或机构，早已交替使用显微镜和望远镜，从不同层面，不同角度，将这个赤道之国里里外外梳理个遍。

不过，该国的历史沿袭和人文积淀，一直以来不为国人所知。这种认知上的欠缺，不仅存在于寻常个体，也真实散布于与拉丁美洲业务方向有关的学术机构、企业商社、专家学者乃至政府官员之间，并不因其头衔、规模、体量和职级而有质的缩减。

一个无法回避的事实是，当越来越多的国人或企业涉足异域谋求发展，其所直面的不只是驻在国纸面上的政策法规，更有一方水土孕育出的风俗习惯。

在以大小论轻重的定式思维里，不具知名度的小国难以进入一些人的法眼，不足为奇。殊不知，厄瓜多尔的疆域比英伦三岛面积还大，单位平方公里脊椎动物的数量居世界第一。是全球生物多样性最突出的17个国家之一，植物类别超过欧陆或美国、加拿大两国的总和。是可可原生品种的两个产地之一，是全球头号香蕉生产国，是玫瑰花、白虾和金枪鱼的重要产地。首都基多的老城，1978年被联合国教科文组织宣布为人类文化遗产。远至大航海时期，瓜亚基尔还曾建有太平洋沿岸最大的造船厂，能够建造其时世界上排水量最大的三桅帆船。

本书按照厄瓜多尔的山区、沿海、雨林和加拉帕戈斯群岛这四个典型特征地区的人文历史线索，以夜谈形式，划分为12个章节，由点切入。

透过蒂瓜皮画，描述没有文字的安第斯山民的视觉表达；借助巴拿马草帽，一窥织物背后非物质文化遗产的起源演变；追踪历经沧桑的天堂遗痕，探寻加拉帕戈斯群岛的昨日和今天；聚焦中国移民流落异乡的历史，还原早年华人立足的艰辛……

意在秉持严肃的学术立场和对历史的虔诚敬畏，通过散发人文气息的有限篇幅，以带有体温的笔触，刮开飘落表面的三寸浮土，尽可能深地洞悉赤道之国的风骨血脉。

只因相信，惟有关乎人文，方得以化成天下，所谓非文治与教化无以通达焉，视之为文化。

遂秉笔直书，乏味的姓氏陈年，感性的表述记载，乡间的民俗谣传，及至每一个符号标点，皆非无心插柳，绝无半点杜撰。

本书书稿参考借鉴了40余部欧美、厄瓜多尔学者的原著，另有封尘档案馆一角和铁皮柜中的历史资料，并辅之以笔者个人的亲历。

配文图片由两部分组成。一部分为作者在两次旅居厄瓜多尔累计四年的时间里，以纪实手法拍摄的胶片，经底片扫描而成。另一部分则为当地友人、文化之家、私人基金会、消防队、海军和历史档案馆专为本书提供的高像素历史照片。

一向以为，就一本涉及人文历史的书而言，文字和图片犹如一只鸟的两个翅膀。上述文字和图片，几乎不曾在国内登载，故当属第一次呈现在读者面前。

2019年3月28日

目 录

Indice

安第斯山区

Sierra de

科恰斯基太阳节当日的土著姑娘

作者摄于 2013 年

第一夜
安第斯山区——万花筒中的马赛克图案

估摸自己八成发育不全，年过半百还没迈过青春期门槛。不会投靠势力，不懂委曲求全。单纯、反叛、无谓抗争、乌托邦执念，同龄人不屑一顾的笑谈，到我这里还在活色生香地上演。

手脚未缚，总觉遭到禁锢，幻想翻越高墙，突破阻拦，仰望头顶外的蓝天。

直至一头撞入厄瓜多尔境内的安第斯山区，那颗不安分的心，因收获了万花筒般奇妙的体验，方沉静下来。

安第斯山脉得名于一种被称作安山岩的灰绿色石头。这一构成南美洲西部大陆的庞大山系，东西宽100到150公里，南北长超过8000公里。从800米到6310米，在不同地段，海拔高度变化明显。

在厄瓜多尔，海拔3000米以上的高原湿地习惯上统称为荒原。荒原总计27000平方公里，约相当于国土面积的九分之一。

安第斯山区遍布湿地、国家公园和生态保留地，在涵养水源、保持湿度和调节局地气候方面发挥着重要作用，也是数以千计野生动植物繁衍生息的乐园。

在这些地方，地表生长着种类繁多的野草、苔藓、微小艳丽的花朵和低矮植物。其中一些物种极具地域属性，比如安赫尔高地公园的大花高山菊，又比如卡尔奇省的纸树。后者是一种古老植物，树皮层叠，纤薄如纸，故而得名。

伟岸的山脉犹如旷古永恒的守护神，以其雄浑之躯，庇护着身后无数的山谷、村落和城镇。从空中俯瞰，山区色彩斑斓，恰似拼接成的马赛克图案。波谷，峰峦，绵延不绝，纵贯无拦。

及至深入走进才发现，组成马赛克多彩图案的，不乏灵动的人文景观——匍匐于山麓缓坡的印加祭坛，隐匿在苍翠碧绿间的殖民庄园，根植于荒原高地的茅屋草舍，跃动千年不曾消失的澎湃血脉。

劫掠征讨和施与臣服犹如历史演进的两条主线，大事志年表记录的剥离融入更像是高温窑变的萃取和提炼。血缘、宗教、习俗、盛典，印加帝国与西班牙王朝折冲碰撞的缝痕随处可见。

人种和族裔

今天的厄瓜多尔，白人与土著混血的后代美斯蒂索人构成人口的大多数，与此同时，其他人种和族裔依然存在。离开柏油马路下到田间，祖祖辈辈务农的基丘亚人[①]身影时隐时现，他们是克丘亚人[②]的分支。置身南部，萨拉古洛人[③]又可能不期而遇。普鲁阿人[④]的后代和基图卡拉人[⑤]的子孙在钦博拉索省和皮钦查省定居。奥塔瓦罗人[⑥]主要扎根于北部因巴布拉省。

节日庆典

节日与庆典是调和平淡的两支画笔，宗教和民俗才是恒久不变的主题。

2月的狂欢节举国同乐，形式却因地而异。盛装游行，泼水，撒面粉，喷泡沫，掷鸡蛋，尤以内陆玻利瓦尔省的省会瓜兰达[⑦]市气氛最为热烈。在这个7座山峰环绕的闭塞小城，终日忙碌的人们暂时忘却了辛苦与劳作，挥洒欢乐，抒放激情。

---

① 基丘亚人：Quichua，也有写成Kichwa。

② 克丘亚人：Quechua。

③ 萨拉古洛人：Saraguro。

④ 普鲁阿人：Puruhá。

⑤ 基图卡拉人：Quitu-Cara。

⑥ 奥塔瓦罗人：Otavaleño。

⑦ 瓜兰达：Guaranda。

到了6月，圣彼得和圣保罗日，复活节周日过后的基督圣体圣血节，则为雨季和旱季之交注入了扑朔的圣灵气息。

同样是6月，土著人在夏至这天祭太阳神。对他们来说，这既是祖先的节日，也是整个安第斯山区的重要节日。当日，基多附近的“世界中心镇”人头攒动，那里多为慕名的游客，而祭祀的中心实际在北部更远处的科恰斯基[①]。

科恰斯基位于皮钦查省山区，海拔3100米，占地84公顷，由15座修筑于公元950年到1250年间的棱锥形金字塔遗迹组成，其发现被看作是厄瓜多尔北部山区最重大的考古进展。站在制高点，运气好的眺望者视距内最多能同时出现15座雪山。

11月2日是亡灵日。当日，不分种姓、尊卑、长幼，所有人都步出家门，到墓地拜祭已故的亲人，并且遵循传统，喝一种由玉米、木瓜、树莓、菠萝等水果混在一起捣成糊状的果茶，还要吃“面娃娃”。

源于基督教的圣诞节自不待言。在昆卡，12月里庆祝圣婴降生的游行亦蔚为壮观，成千上万的信徒按照意愿乔装打扮，然后组成浩浩荡荡的游街队伍，穿街走巷，载歌载舞。

大地震与花果节

节日与庆典也是弥合创伤的机缘。每年2月安巴托[②]的花果节，就是一场以芬芳和绚烂名义进行的祭奠。

1949年8月5日，安第斯山脉多个断层汇合碰撞，致使安巴托所在的通古拉瓦省发生6.8级地震，房倒屋塌，生灵涂炭。

灾祸过后，为告慰逝去的亲人，幸免于难的生者强忍悲痛，选择用微笑面向未来，于1951年举办了首届花果节，以安巴托周围的特产鲜花和水果装点街道、阳台、广场和花园，与长眠地下的至爱亲朋共浴花香果海。节庆自那时起每年举行，延续至今。不仅成为废墟中矗立起来的城市名片，而且堪

---

① 科恰斯基：Cochasquí。

② 安巴托：Ambato。

安巴托花果节游行队伍中的女演员
作者摄于2014年

称2月全国狂欢组曲中最为华丽的乐章。

安巴托还是令当地人引以为豪的3个胡安的诞生地。所谓3个胡安，意指19世纪上半叶生于此地的作家胡安·蒙塔尔沃[①]、厄瓜多尔国歌的曲作者胡安·莱昂·梅拉[②]和政治家兼作家胡安·贝尼格诺·维拉[③]。3位名垂青史的知识分子，以先贤的学识和汗水，为后辈浇灌着这片饱含悲欢离合土地上长盛不衰的娇艳。

① 胡安·蒙塔尔沃：Juan Montalvo，1832年4月13日至1889年1月17日，19世纪厄瓜多尔知名作家和散文家。

② 胡安·莱昂·梅拉：Juan León Mera，1832年6月28日至1894年12月13日，19世纪厄瓜多尔小说家、散文家、画家和政治家。

③ 胡安·贝尼格诺·维拉：Juan Benigno Vela，1843年7月10日至1920年2月24日，厄瓜多尔政治家和作家。

昆卡独立日纪念活动上的群众演员

作者摄于2012年11月3日

从安巴托观看完花果节花车游行，更有感动和意外。

那天，返程路上，太太意犹未尽。遇有皮货店开张，停车，进内张望。是一家庭鞋坊，前店后厂，全加起来不超过三间房。

正在角落聚精会神的女主人发现有远客登门，忙停下手中活计，三人边看边谈，不消几分钟便走完一圈。

见太太无意选购，女主人返身回屋，再次现身时，手握一双由她缝制的漂亮高帮女鞋，不过不是兜售，而是执意相送。

太太大感困惑，一面背过双手，一面退出门外。眼看到了车旁，女主人莫名地洒下泪来。

原来，几年前曾有一支巴拉圭足球队飞赴安巴托比赛。临别之际，女主人送给每位队员一双球鞋，未料归国途中球队遭遇空难，全体队员无一幸免。此番送鞋，即是借花果节之际抹去心底伤痕，与过去了断。

历史古迹

在厄瓜多尔，任何与首都基多和第一大城市瓜亚基尔之间有关的话题，都好比神州华夏谈论京沪两地，往往落入高下竞比、优劣对立、争风吃醋的俗套结局。反倒是将基多与昆卡并论相提，水乳交融，一团和气。两座城市分别坐落于安第斯山区，皆完好保存了殖民时期的老城区，均被联合国教科文组织宣布为人类文化遗产，因而在方方面面多了心照不宣的默契。

再早之前，一条鲜为人知的神秘古道，蜿蜒曲折，如涓涓细流，流淌于幽兰空谷。印加帝国15世纪修建的“克阿帕科年”[①]古道全长30000公里，将厄瓜多尔与周围几个南美洲国家连成一体。时至今日，这条幽深古道，更多的只是日落西山后在村落长者偶尔的只言片语中才被提及。

印加皮尔卡[②]低矮的残垣断壁位于中部山区的卡尼亚尔省，是厄瓜多尔

① 克阿帕科年：Qhapaq Ñan。

② 印加皮尔卡：Ingapirca。

印加帝国15世纪修建的“克阿帕科年”古道
作者摄于2012年10月

境内目前发现的规模最大的印加痕迹。与之遥相呼应的还有科基坦博[①]遗址。它们貌似委曲求全，伏于地面，然而踏上通往日坛的台阶，还是分明感受到，即使被万夫踩在脚下，故去的傲然依旧未曾有过丝毫的收敛。

彼时先人与日月合其明，与四时合其序，使得每年6月夏至和12月冬至正午时分的那缕阳光，能够透过细窄狭小窗口，不偏不斜洒满印加皮尔卡废墟东西两侧互不相连的望日间，令当下芸芸众生，除了百思不得其解，惟有仰天长叹。

① 科基坦博：Cojitambo。

赤道线

再往后，为证明地球系两极扁平的椭圆形状，法国人于1743年和1899年先后两次到厄瓜多尔测量赤道线。历经上百年勘察，对获取的数据深信不疑，遂在今天基多北部“世界中心镇”其所认定的零度零分零秒纬线上建造了一座金字塔形赤道碑。然而到了20世纪后半叶，人们利用最新科技手段重新测量，证实法国人当年所获数据偏离真正的赤道线240米。更加诡异的是，远在欧陆人之前，土著人即以现代人所不解的方式得出了一模一样的结论。

火山大道

在深不可测的山坳和陡峭锋利的山脊，亚历山大·冯·洪堡[①]留下了跋涉考察的足迹。这位德国人集探险家、自然科学家、自然地理学家及近代气候学、植物地理学与地球物理学创始人之一等多重显赫头衔于一身。在巴黎科学院发行的纪念币上，他被铸成“哥伦布第二”“科学王子”和“新亚里士多德”。

凭借非凡的想象力，洪堡把南北走向错落分布于几十座火山间，大约600公里长的带状谷地，形象地比作“火山大道”，并且身体力行，将自己的名号、身影与赤道之国浓云密雾中的山形地貌紧紧融为一体。由于这一原因，洪堡的大名与众山鼎立，至今仍被厄瓜多尔人反复提及。

“火山大道”两侧巍巍群山中，最为著名的非科托帕科希[②]和钦博拉索[③]两座火山莫属。前者海拔5897米，山体呈完美锥形，是世界上积雪覆盖的最活跃的活火山，最近一次喷发近在2015年。后者海拔6310米，被土著人尊为群山之父，是厄瓜多尔最高峰，峰顶是地球表面距地心最远的地方，因而亦被认为是“触摸太阳之地”。

---

① 亚历山大·冯·洪堡：Friedrich Wilhelm Heinrich Alexander Von Humboldt，1769年9月14日至1859年5月6日。

② 科托帕科希火山：Volcán Cotopaxi。

③ 钦博拉索火山：Volcán Chimborazo。

与这两座火山相比，安蒂萨纳火山[1]不论名气还是高度都略逊一筹。安蒂萨纳火山海拔5753米，距离基多南城50公里，气候多变，乱云飞渡，真容难现。前后往返10余次，风餐露宿，亦未留下几张满意的照片，只能望山兴叹。

相对面积而言，以安蒂萨纳火山命名的国家公园物种丰富，生态地域广阔，终年不化的积雪与热带森林交相辉映，在别的地区不易遇见。

查格拉人

安蒂萨纳国家公园一带是查格拉人[2]的聚居地。查格拉人是厄瓜多尔的牛仔，也被称为马背上的农民。他们无拘无束，纵横驰骋，在雪山脚下的高原草甸冒着刺骨寒风信马由缰，放牧牛群。日子素简，乐观豪放，令渴望返璞归真之人心生向往。

从基多前往安蒂萨纳国家公园必经品塔格[3]镇。品塔格取自殖民时期之前英勇抵抗印加王国入侵的一位土著战士名字。

镇上一间不起眼的老屋，年久失修，颤颤巍巍，却是香飘四溢的面包店，备受远在基多城里的小众食客贪恋，乃至置家门口现烤的热面包于不顾，不惜起个大早舟车远行，只为一品山野风味。

能让品塔格镇扬名的显然非烤面包，而是每年12月第一个星期日查格拉人的传统节日。这一天，远近村落的查格拉人齐聚小镇，平日宁静的街面顿时变得熙熙攘攘。牛仔们在无数双眼睛的注视下于木兰围场一显身手，比试在空旷牧野日复一日练就的套牛绝技。

有别于西班牙斗牛士戏杀蛮牛的血腥，在厄瓜多尔山区，牛是牧民朝夕相处的伙伴，更是赖以维系的生计，所要展示的是每个查格拉成年男子必备的实用技能，自然不能为逞一时之勇痛下杀手。

---

① 安蒂萨纳火山：Volcán Antisana。

② 查格拉人：Chagra。

③ 品塔格：Pintag。

骑士们每两人一组，每组在限定时间里仅有两次出手机会，须在飞奔的马背上瞬间出手，拿结实的缰绳套住围栏内横冲直撞的公牛，以用时最短出手次数最少者为胜。

偶尔，也有豆蔻年华的妙龄姐妹，或者连马镫都够不到、靠人扶上马背的年幼孪生兄弟，在围观者此起彼伏的阵阵惊呼声中登场献艺，意外于是在所难免。

担任裁判与竞技主持的拉蒙不知何故，想当然地把背着相机的我当成了来自岛国的日本摄影师。他的一个儿子在8岁那年从飞奔的马背上坠落，不幸被紧追不舍的公牛当场挑翻。铮铮铁汉紧搂着身边另一位儿子所生的小孙子，动容地央求我为爷俩拍照留念，说眼前的竞技场和怀中的小孙子，又勾起多年前惨烈的不堪。

我闻后眼圈发烫，稍事稳定，调好光圈和焦距，连续按动快门，将一卷36张胶片像机枪扫射一样打出去。约定好重返品塔格镇，将冲洗出来的照片相送。只因拉蒙中途被人召唤离去，嘈杂中断了话题。

数日之后，兑现诺言，怀揣打印好的照片四处打探，却再也寻不到爷俩的踪迹。

尽管世界正在发生前所未有之巨变，查格拉人的生存环境和生活方式也无法不被波及，可是，现代通信工具尚未在他们当中完全普及。

我琢磨不出方圆百里查格拉人彼此之间如何联系，就如同冥思苦想也追忆不起儿时的小伙伴同城转校，如何提前约好寒假在其中的某位家中聚齐。

那天，驾车在附近乡里寻找拉蒙，直到残阳如血，仍旧一无所获。

归途，崎岖狭窄的山路，迎面驶来一辆黑色福特游骑兵皮卡。错车的刹那间，一眼瞥见皮卡车斗坐着一位头戴毡帽的查格拉牛仔。他的大半个身子蜷缩在沾满泥浆的条纹披风下，宽厚的帽檐难掩满脸倦容，不顾车子剧烈的颠簸摇晃，正斜靠车帮小憩。

“拉蒙！”

我几乎脱口而出，立时兴奋起来。待透过后视镜细端，失望随即袭来。

里奥班巴市

在安第斯山区，山神左右着一切。频繁的火山活动引发次生灾害，深刻影响着区域内的地质、气候与自然环境，也改变着普通生命的寻常轨迹，透过万花筒细观，这在马赛克图案的许多地方都有所体现。

里奥班巴市[1]地处钦博拉索火山脚下，是行政版图上四方交汇的中心。不了解历史的人容易将这座城市与之前的里奥班巴混为一谈，然而除了重名，二者再无关联。

昔日的里奥班巴最早是普鲁阿人居住地，后被印加势力覆盖。印加人大兴土木，用石料垒砌了太阳庙、客栈等宏大建筑，却浑然不知，帝国时代，长治久安不过是一厢情愿。没多久，西班牙人携地理大发现膨胀野心寻迹而来。1534年8月15日，迭戈·德阿尔马格罗[2]在印加人溃败留下的过火遗址上率人兴建里奥班巴，被视为欧罗巴人在厄瓜多尔这片土地上兴建的第一座城市，也是同期美洲最大最漂亮的城市之一。然而，这座城市不幸毁于1797年的大地震，仅存的遗迹位于今天里奥班巴以南13公里处的卡哈班巴[3]，那里的农村集市闻名乡里。

如今的里奥班巴为大难不死的幸存者择址另建。劫后余生者把新建的城市变成了厄瓜多尔第一次制宪大会、第一个斗牛场、第一个奥林匹克体育场以及其他许许多多一代之先的诞生地，仿佛是想借此来抚慰地震中横遭不幸的亡灵。

寥静、清冷、慢节奏，傍晚下班高峰过后街道空无一人，是在我看来里奥班巴有别于山区其他几座大城市的特点。天气晴好的日子，独自坐在圣安东尼奥教堂对面公园观景台的石阶上，可远眺视线尽头钦博拉索、卡利瓦依

---

[1] 里奥班巴市：Riobamba，钦博拉索省省会。

[2] 迭戈·德阿尔马格罗：Diego de Almagro，1475—1538年7月8日，西班牙在南美的早期征服者之一。

[3] 卡哈班巴：Cajabamba。

拉索[1]、通古拉瓦[2]和埃尔阿尔塔尔[3]四座火山云端争艳。只可惜，定时响起的教堂钟声惊起鸽群飞过头顶，令参禅悟道者怅然魂归世俗凡境。

在里奥班巴，最不忘是日落时分的华灯初上。趁着暮色将至，斜阳把一天中最后的光芒毫无保留地洒向钦博拉索雪山，将雪线以上白天如银似玉的素洁涂抹成炫目的姹紫嫣红，而后，才在万物的依依不舍中如释重负悄然退场。不知三毛当年到此一游是否一睹凡尘美景，还是怦然心动后忘记留下多愁善感的笔触。

最后的采冰人

山中之城深藏熊熊燃烧的火焰。里奥班巴一带自古就是土著人的定居地，他们的后代今天仍大量散居在城外的山区，多以务农和放牧为生。

巴尔塔萨尔·乌施卡[4]，目测身高不到1.60米，已经七十有三，再过几个月就是他74岁的生日。

巴尔塔萨尔是厄瓜多尔最后一位采冰人。从15岁起，他就跟随父亲，每天一大早从城外的村子骑着毛驴出发，到达钦博拉索雪山的雪线以上后从驴背下来，用马刀和铁棍把覆盖雪山岩石表面的坚硬冰层凿碎，再靠毛驴将碎冰块驮回城里，出售给饭店、甜品店和冰激凌厂，用以制作雪糕、冰激凌或者加入果料的刨冰。巴尔塔萨尔自幼就被告知，钦博拉索雪山的冰里含有矿物质和维生素，略微发甜，用这样的冰制出的冰激凌和雪糕口感最好。

采冰既辛苦，又危险，鬼使神差的一击，有时就会导致成吨的冰层崩裂，巨大的冰块如泰山压顶，把人当场砸死砸伤或压在下面。与巴尔塔萨尔一起采冰的儿时同村伙伴，就有好几位长眠在冰冷彻骨的雪线上，至今尸骨未还。

风险只是一个方面，随着气候变暖，雪山的雪线不断上移，为了找到冰源，不得不在往返路上耗费更长时间。

---

① 卡利瓦依拉索火山：Volcán Carihuairazo，海拔5018米。
② 通古拉瓦火山：Volcán Tungurahua，海拔5023米。
③ 埃尔阿尔塔尔火山：Volcán El Altar，海拔5319米，位于首都基多以南170公里。
④ 巴尔塔萨尔·乌施卡：Baltazar Ushca。

最后的采冰人——巴尔塔萨尔·乌施卡

作者摄于 2018 年 4 月 5 日

从巴尔塔萨尔现在居住的普林纪[1]村出发，骑毛驴到雪线以上的凿冰地点，单程就需4个小时。而随着工业化的发展，寻常人家厨房里的普通冰箱都具备制冰功能。作为一个职业，采冰人越发显得无足轻重，富含矿物质且又发甜的冰块因山脚下罐装水厂的落成也再难成为卖点。一块凿成5磅的冰，就算耗尽体力拉到山下，不过换来3美元。据此不难理解，作为四代采冰世家，

① 普林纪：Pulinguí。

上学路上的土著儿童
作者摄于 2018 年 10 月

巴尔塔萨尔的3个女儿和1个儿子无一愿意继承父业，这让已过古稀之年的巴尔塔萨尔成了全国惟一的采冰人。

巴尔塔萨尔单薄的身体里蕴含着土著先辈遗传下来的强韧。他说，就算采冰一分钱挣不到，也绝不会放弃，因为他是雪山的儿子，不能背叛雪山。

由于年事已高，当下，已是家喻户晓知名人物的巴尔塔萨尔一周只有两次上山采冰。

紧随老人的步伐，我顺着他采冰的路线试图亲身体验。在海拔3000米以上背负10公斤重的摄影器材不过前行了几百米就开始大口喘气，被越落越远。

巴尔塔萨尔不苟言笑，夹杂着浓重土著口音的西班牙语让外域的访客似懂非懂。他十分清楚，距离倒在采冰路上的那天已为时不远，但他仍倔强地坚称，只要活上一天，就要上山采一天冰。

让巴尔塔萨尔倍感欣慰的是，女婿已明确承诺，将会把采冰当成一个与养家糊口无关的神圣事业，不论多难都不会让这份职业失传。

山区的女人

与巴尔塔萨尔一样不言放弃的还有山区的女人。

乌尔苏拉，一位长发披肩的山地自行车爱好者，每个周末都要骑着心爱的自行车，超越沿途抛锚的汽车，到达钦博拉索雪山4830米处。

为了迎接42公里的高原山地自行车赛，常年坚持训练的乌尔苏拉依然需要做好各种准备。饮食上，赛前7天的食物包括30个鸡蛋的蛋清、鸡肉、鱼肉、面条、面包，以及各种新鲜蔬菜和水果，提前一周就得禁食牛肉。

而里奥班巴城边马卡基庄园农牧展上的女人则正好相反。她们大快朵颐，畅饮开怀，无所顾忌，却个个生得一副让异性目光不会游离的曼妙身材。

马卡基庄园由一众富有激情的老年牛仔于1935年创建，1941年即举办了首届全国农牧展。历经几代人的开垦耕耘，庄园已拥有9.2公顷土地。每年农牧展的规模号称南美最大，不仅交易农机，买卖牲畜，而且还为中部山区的牛仔们提供切磋技艺的舞台。

未曾亲临现场的人断然想象不出马背女郎的卓然风采。她们头戴斯特森款西部风格毡帽，宽大的帽檐下朱唇大眼，不管上身如何装扮，下身一律紧绷的蓝色牛仔裤，脚蹬后跟不低于10公分的高筒马靴。

在与彪悍牛仔同台竞技的赛场，风华正茂的安德烈阿一马当先。折返处，胯下烈马似昭陵六骏，裹挟卷起的飞尘，在震耳欲聋的欢呼声中眨眼间冲过终点线。面对镜头侧脸扬起右手的飞吻，与飒爽的英姿和俏美的脸庞一道，随着快门的开合，凝在物化的底片。

巴尔巴内拉教堂

从里奥班巴南下至阿劳西[①]大约90公里，途中必经科尔塔县的巴尔巴内拉[②]教堂。褪色的白石灰石主料，粗朴的正面雕饰，毫无引人之处，却是西班牙人在厄瓜多尔修建的第一座教堂。若非提前获知，急于赶路的游客很可能不会驻足留意，一脚油门，便与近在咫尺的一段历史擦肩而过。

关于巴尔巴内拉教堂的动工日期不易查验，普遍认为它与地震中未能躲过一劫的里奥班巴市同期落成，更早甚至有说巴尔巴内拉是美洲大陆第一座天主教堂，只是后种传闻如今很少听见。

第一条铁路

阿劳西是山洼里的一座小镇，海拔2356米，能够声名鹊起，靠的是被称为“魔鬼鼻子”山峰下一段途经的铁路。

在畜力充当运输工具的年代，旱季里，从瓜亚基尔到基多单程要走两个星期，到了雨季，山路泥泞，根本无法通行。为将产自沿海的香蕉、可可、咖啡运到基多，同时也为把山区出产的土豆、谷物、羊毛、手工编织品输送到沿海，有必要修建一条连接基多和瓜亚基尔两座城市的铁路。

在时任总统加夫列尔·加西亚·莫雷诺[③]的授意下，这条日后深刻影响国家发展的交通线于1873年7月16日正式动工，历时30余年，1908年建成，1910年投入运营。

“魔鬼鼻子”一名的由来，既形象地表现出铁路所经地段山形地势的险要，也与民间流传有关。

风传一个宁静的夜晚，伴随火车爬坡发出吃力的震喘，大地剧烈抖颤。不知情的村民从梦中惊醒，披上衣服推开门，赫然望见皎洁的月色下，对面

---

① 阿劳西：Alausí。

② 巴尔巴内拉：Balbanera。

③ 加夫列尔·加西亚·莫雷诺：Gabriel García Moreno，1821年12月24日生于瓜亚基尔，1875年8月6日在基多遇刺身亡。律师，作家，记者，政治家，保守党人。1861年4月2日至1865年8月30日和1869年8月10日至1875年8月6日两度担任厄瓜多尔共和国总统。

牛圈里的土著儿童
作者摄于 2013 年 2 月

山顶盘卧着一尊巨大的魔鬼。魔鬼怒目圆睁，正俯视身下，企图将刚巧通过的列车吸入黑洞洞的鼻孔。

瓜亚基尔与基多相距400多公里，高差却超过2800米。千山鸟飞绝，万径人踪灭。即使今天，修建铁路也非轻而易举，更何况是百余年前。

鉴于世代务农的山民不掌握筑路技术，且在农忙时节无心务工，投资方只得将目光投向牙买加、巴巴多斯等前不列颠属地，那里的住民不光有修铁路经验，而且还具备耐高温湿热体质。

最终一共招募了4000名牙买加人、240名波多黎各人和204名巴巴多斯人。另有500名加勒比各岛国监狱中的犯人加入筑路大军。这些体格健壮的犯人，是被施工方以提供良好伙食并且竣工后当场释放的空头许诺连哄带骗糊弄来的。

可是，远道而来的建设者哪里知道，他们即将参与的是被称为史上最艰巨的铁路工程。仅以阿劳西到西班贝[①]路段为例，虽然两站仅相距10公里，但海拔高差却超过600米，铁路要以3.5度的倾角依山势持续攀升，平均每1.6公里路段就要开采5.7万至9.6万不等的土石方，而当时的爆破开凿工具不外乎炸药、丁字镐、铁锹和手钻。

对安第斯山区有深入研究的19世纪地质学家西奥多·沃尔夫[②]认为，施工面临的最大困难还不是令人望而却步的地形和简陋不堪的工具。火山岩地质构造、高温湿热气候、疟疾、高山病、营养不良和事故频发，才是建设者不得不面临的严峻挑战。仅阿劳西到西班贝一段遇难的工人即有2400人之多，乃至有人形容，称山区铁路每一英尺的钢轨都是以加勒比劳工的累累白骨作枕木铺就而成。

胆小的土著村民更是笃信，正是无以计数的鲜活生命祭鬼，魔鬼才勉强准许火车从鼻子底下驶过，并且假装视而不见。

从书中看，早先的火车，车皮装货，车顶载客，所有乘客都是无遮无拦车顶盘坐。直到2007年发生日本游客站立拍照，被横越前方的电线拦腰带入万丈深谷的惨剧，才引入有空调的封闭列车，却从此失去往昔之乐。

在阿劳西车站，我故意拖至发车前最后一刻，满脸堆笑凑近检票员伊莎贝拉小姐，试图靠甜言蜜语获准爬上车顶，温故往昔历险。

岂料刚一开口，人面桃花立时换作一张长脸。

桑盖国家公园历险

离开里奥班巴还有一条通往桑盖[③]国家公园的路，大约40公里，全程柏油覆盖，本不是密径，却鲜有人知。

---

① 西班贝：Sibambe。

② 西奥多·沃尔夫：Theodore Wolf，1841年2月13日至1924年6月22日。德国地质学家。

③ 桑盖：Sangay。

“桑盖”乃火山之名，源自印第安土语，有令人惊悚之意。相传土著人将桑盖火山比作恶魔巢穴，恶魔会将活人带到岩洞巢穴折磨致死。鉴此，每逢狩猎或征战，总有巫师在行前占卜，假如火山间歇性喷发，烟柱不高，则是祥兆，预示猎获颇丰，讨伐得胜。反之，如若地动山摇，浓尘冲天，必是凶兆，趁早偃旗息鼓为妙。

但是，在舒阿尔[1]语里，“桑盖”却有温良之意，因为在舒阿尔人眼中，截至1628年最后一次活跃期，之前桑盖火山的历次喷发都不破坏周围村落，更不伤及人畜。

考古学家通过发掘出的文物分析认为，在殖民时期之前，桑盖火山是今天厄瓜多尔这片土地上亚马逊雨林地区祭祀的中心。

当下饮食男女无所忌惮，哪怕仙人圣言，或者巫师咒语，吸引他们的只有山情水趣。

桑盖国家公园内遍布大小300余个湖泊，是猎鹰、茶隼、美洲豹、山猫和眼镜熊等飞禽走兽流连忘返的乐土，植被种类更是浩繁，在3000多种植物中，原生种类就达500种。如此，早在1983年，桑盖国家公园即被联合国教科文组织确定为人类自然遗产。

然而，正是在这座公园，我遇到了真正的麻烦。

是日，太太坐在副座。一路上，车内的音乐从耳旁飘过，飞出窗外，心律随音符跳动，肆意漫天。不远处路基下的田野，手无寸铁的土著少女五指分开，双手权作爬犁，一边弯腰后退,一边以10个手指松土翻地。只见粉色披肩下的弱小身影从后视镜里飞逝而过,旋即化作安第斯山区的马赛克图案，仅有粉色两侧双手谱写的浅浅五线谱，穿过万花筒继续向天边伸延，与之前车窗外背负沉重铝制奶罐疾行在售奶路上的土著妇女，以及骤雨中身着单薄外套的矮小少年，一同深深映入心底。

难于名状的贫苦，与生俱来的坚韧，无以言表的乐观，透过视网膜压缩

---

① 舒阿尔：Shuar，生活在厄瓜多尔东部亚马逊雨林中的一个土著部落。

钦博拉索省科尔塔县用双手当农具犁地的土著少年

作者摄于 2012 年 10 月

成一张安第斯山区的拓片，瞬时升腾在脑海间，任凭岁月磨砺亦无法忘怀。

想必，不计其数的厄瓜多尔艺术家当是触景生情，才迸发出澎湃的创作灵感。爱德华多·金格曼[①]、奥斯瓦尔多·瓜亚萨明[②]、佩德罗·莱昂[③]……他们貌似冷寂的触感，掩饰不住胸中炽烈的火焰。

越是深入山区，天气越是多变。

转眼间，不期而至的乌云开始泼洒颗粒大的雨点，密集地砸向车顶、发动机盖，爆豆般的声响盖过耳边的音符，挡风玻璃瞬间模糊一片。

即使这样，兴致不减，及至刹车、推门、跳出车外，在雨幕中抵近抓拍路边头戴毡帽、正往毛驴背上捆绑滚木的土著姑娘。

姑娘无法放下手，又不愿直面镜头，只好害羞地扭过脸。

稍许，疾风暴雨席卷而过，依然薄云当天。

随着山势的升高，道路开始变窄，一个接一个的急转弯，令视线陡然降至咫尺间。车窗外，车轮与柏油路面发出刺破耳膜的摩擦声，让车内紧握方向盘的两手掌心冒汗。

尚未缓过神来，浓雾扑面，天色顷刻暗淡，多彩的马赛克图案转瞬变成水墨背板。

山路内侧，黑色的巨石雾中乍现，以压顶之势，像是要把费力爬坡的车子连同车内渺小的生命一同挤下外侧的深渊。

再往前开，已全然不见路面，只觉车子漂浮在云雾间。隐隐感到，张牙舞爪的白骨妖孽当在某块怪石后凌空闪现。却无论如何不曾想到，战战兢兢拐过最后一个急转弯，骤然峰回路转，一大片亚热带风光跃然眼前。激流、瀑布、虫鸣、鸟欢，在山的两侧，安第斯山区的景色即刻转换。

本以为有惊无险，接下来会轻慢舒缓。孰料，之前的短暂暴雨引发局部

---

① 爱德华多·金格曼：Eduardo Kingman，1913年2月23日至1997年11月27日。20世纪厄瓜多尔知名艺术家之一。

② 奥斯瓦尔多·瓜亚萨明：Oswaldo Guayasamín，1919年7月6日至1999年3月10日。20世纪厄瓜多尔最具国际声望的艺术家。

③ 佩德罗·莱昂：Pedro León，1895—1956年。20世纪上半叶厄瓜多尔知名艺术家。

往驴背上捆木头的土著姑娘

作者摄于2012年10月

山体塌陷。先是滚石飞落，重重地砸在必经的道路中间。来不得片刻犹豫，当机立断，猛踩油门，连续拐过一连串180度急弯，一如F-16“战隼”大过载机动，高速规避紧随不舍的萨姆-6导弹。

好在一骑绝尘，闯过危险地段，而后便再无法动弹——归途前方目测30米长的路段，被裹着树干、残枝的半米高泥土严严实实覆盖，道路被泥石流彻底阻断。

前不着村，后不着店，进退两难。

正在不知所措，被阻断道路的另一端，一位头戴毡帽的瘦小女子迎面出现。及至走近，惊喜发现，眼前所见，恰是来时头戴毡帽、在雨中往驴背上捆绑滚木的姑娘，只是此刻，她已换去被雨水淋湿的披肩，且不再羞涩地侧过脸。

四目相望，没有多言。片刻驻足，姑娘疾步折返，寻村里乡亲清理路面。一双轻薄的平底布鞋溅起泥点，沿着湿滑的小路渐行渐远，不多时便消失在山的那一边。

那晚，回到客栈已是灯火阑珊。

昏黄的烛光下，区区几页菜单总也翻不完，好像手捧的不是客栈的食谱，而是一页接一页不见尽头的马赛克图案。万花筒的另一端，雨过天晴，千峰翠色，木屋小寨，袅袅炊烟。

极目远望，最真切莫过于窗下头戴毡帽的一抹披肩，披肩上还沾着晶莹的雨滴，正缓缓滑向地面……

2017年10月12日

雨季孙巴瓦地区风光
作者摄于 2014 年 2 月

第二夜
蒂瓜皮画——安第斯山民的视觉表达

安第斯山脉厄瓜多尔境内部分，大多形成于第四纪冰川。两列平行的火山纵贯南北，将陆地国土分为东部雨林、中部山区和西部沿海。

隆起的山脉耸入云端，对东西两侧的雨林和沿海既承接又阻拦。这种天作地合，在山的两侧分别孕育出独立的气候、水文、土壤和生命。互不干扰，隔山相伴，产生出美轮美奂的奇观。

德国人亚历山大·冯·洪堡以地理学家的眼光，将两列火山之间相对平坦的狭长地带命名为“火山大道”。生物学家则以专业视角，把山区称作多种动植物繁衍生息的“鸟巢”。

蒂瓜①，一个不起眼的小山村，有些厄瓜多尔人至今闻所未闻，位于科托帕科希②省安第斯中央山脉西麓陡直断崖旁的山谷。

在厄瓜多尔的行政区划里，省下设县③，县下设乡④，组成乡的基层行政单位是教区或村镇⑤。

蒂瓜是普希利⑥县孙巴瓦⑦乡的8个农牧区之一，历史上隶属于古老的蒂瓜庄园。蒂瓜庄园占地3000公顷，海拔高度从3000米到4200米。连绵不绝的山峰和刀削斧砍的陡崖，与阴浓沉郁或蓝天白云交相辉映，天骨遒美，逸趣

---

① 蒂瓜：Tigua。
② 科托帕科希：Cotopaxi。
③ 县：Cantón。
④ 乡：Parroquia。
⑤ 教区或村镇：Comunidad。
⑥ 普希利：Pujilí。
⑦ 孙巴瓦：Zumbahua。

蔼然，构成大自然的壮丽景观。

旱季，麦浪滚滚，金黄色的麦穗好似一支支泛着油光的画笔，在肥沃的黑土地上挥斥方遒。剥开麦壳，白色与玫瑰紫色的麦粒借着山风，传递过来臆想中土灶飘出的香气，瞬时勾起本能的渴望。

雨季，千里阵云，凌霄直下。绿毯之上，疾风、暴雨、冰雹、严寒，与阳光、明媚、和煦、温暖在顷刻间转换。高原山区紫外线强烈，不消半个时辰无遮无拦的直晒，皮肤就会感到被灼烫的辣痛。

驱车沿公路经过蒂瓜，继续往上20分钟，可达基洛托阿[①]火山湖。此湖由800年前的一次火山喷发形成，海拔3814米，直径3000米，水深250米。随着光线的变化，湖水仿佛演出台上的背景板，于湛蓝和深绿两种颜色间来回切换。天气晴好的日子，乘坐从瓜亚基尔飞往基多的航班，起飞一刻钟后，透过客机右侧舷窗，从空中可以俯瞰火山湖面。

围绕基洛托阿火山湖有不少传说。当地人自古相信，湖里住着两个水神，一个栖息湖面，另一个伏于湖底。水下的那尊神，因嫉妒水面的同类享受阳光，观看风景，经常与之争斗，冲撞到一定程度，就会引发自然灾害，从而祸及凡尘。

当地还传闻，含有火山硫磺的湖水能治愈不孕症。遂有怀不上孩子的女人专程前往，不顾上下牙被冻得打颤，到湖中洗浴游泳。

山区的夜晚阴冷彻骨，倾盆大雨让天地混沌一片。距湖边不远的两层客栈，大滴的雨珠蹦着跳着从房顶奔向地面，声声砸在耳边。

太太在被窝里蜷成一团，依然瑟瑟发抖。所幸屋内有土暖气。生铁铸成的黑色炉子，方方正正，一端接出一段长长的烟道，沿着墙面向窗外延伸。放入木柴，噼啪作响的柴火很快将炉膛烧得通红。

一边小口抿着土法蒸馏的低度烧酒，一边盯着炉膛内上下跃动的火苗，直到枕边传来轻匀的鼾声。待次日天明睁开双眼，已然不知头一晚是醉了还

① 基洛托阿：Quilotoa。

基洛托阿火山湖畔牵着毛驴的土著姑娘

作者摄于 2012 年 10 月

是睡了。

从蒂瓜顺公路而下是普希利，那里每年6月举行闻名全国的基督圣体圣血节[①]游行庆典。人们载歌载舞，把安静的村镇变得一片欢腾。

离开普希利10分钟车程，但见泛美高速公路一侧的拉谢内加庄园[②]。庄园有400多年历史，是保存下来最古老的殖民时期庄园之一，包括德国人洪堡、厄瓜多尔第一任总统胡安·何塞·弗洛雷斯[③]在内的多位名人都曾在园中留

① 基督圣体圣血节：Corpus Cristi。

② 拉谢内加庄园：Hacienda La Ciénega。

③ 胡安·何塞·弗洛雷斯：Juan José Flores，1800年7月19日至1864年10月1日。厄瓜多尔共和国首任总统。

下过足迹。

火山石垒砌厚达一米的坚实外墙，粗壮笔直的参天大树，夜深人静挂在树梢的满天繁星，如响板之声回荡池塘的蛙鸣，构成了嵌入大脑皮层的不灭记忆。那一夜，庄园就是全部世界。

在厄瓜多尔，有一定年头的遗迹多与鬼神传说沾边。无意中预订的庄园客房，往昔岁月恰与妖魔有染。兴奋中掺杂着些许隐忧，躺在床上翻来覆去，忐忑之中等待狰狞面目浮现，终因困意袭来安枕入眠。

第二天醒来，直奔前台，询问头发花白的老侍者："为何没有妖怪，害得我苦等一晚？"

答曰："有，只是没让你撞见！"

许久之后才明白，自然生成的山形地貌，不堪回首的殖民庄园，植根脚下的民俗神话，外力嫁接的宗教盛典，共同铺就了一幅又一幅蒂瓜画卷，并由此塑造了安第斯山民的视觉体验。

蒂瓜的历史

蒂瓜由查米①、基洛阿②、钦巴库丘③、鲁米查卡④、蒂瓜中心⑤、卡利坎托⑥、亚瓜托阿⑦和亚塔彭戈⑧8个村落组成，历史上，这8个村落构成了完整的蒂瓜庄园。

远在殖民时期之前，今天的厄瓜多尔山区分布着众多土著部落。土著人没有文字，用基丘亚语⑨将祖辈的故事口口相传。在如今的国外出版物上，

---

① 查米：Chami。
② 基洛阿：Quiloa。
③ 钦巴库丘：Chimbacucho。
④ 鲁米查卡：Rumichaca。
⑤ 蒂瓜中心：Tigua Centro。
⑥ 卡利坎托：Calicanto。
⑦ 亚瓜托阿：Yaguartoa。
⑧ 亚塔彭戈：Yatapungo。
⑨ 基丘亚语：Quichua。

基丘亚语多被拼写成KICHWA，它源自秘鲁印加王朝的克丘亚语[①]，那是因为印加王朝早于西班牙人曾经统治这片土地88年，基丘亚语就是克丘亚语的分支。

有西方学者认为，蒂瓜一带的土著人，原本定居在科托帕科希省地势较低的山谷盆地。是西班牙人强行把土著人驱赶上山，并将海拔3400米到3800米间的区域划为作物区，让他们种植大麦、高原小米、蚕豆、土豆和蔬菜；而将海拔3800米到4200米内的天然草场和荒地辟为牧区，令土著人放牧绵羊和羊驼，为其提供乳肉和毛皮。由于这一原因，蒂瓜的高原方有人类的身影出现。

土著人敬畏高原，认为高原上潜伏着无法言喻的超自然力量。安第斯高原的雪峰为山区提供水源，峰岭间又经常环绕阴沉的云团，湿冷空气随时不期而至，用倾泻的暴雨将局部次区域覆盖。清冷空寂和降雨时的黑云压天，更加剧了土著人对山区高原的神秘和畏惧感。

西班牙人于1532年踏上厄瓜多尔这片土地，很快便建立起严密的庄园制度。16世纪末，蒂瓜一带还是圣奥古斯丁教派信徒建立的庄园，到了18世纪，便过户到西班牙贵族手中。

然而，直至厄瓜多尔摆脱殖民统治成为独立的共和国，庄园里土著人的境遇也没有好转。西班牙人与土著人混血的后代美斯蒂索人仍像使唤仆役一样在土著人头上作威作福，而土著人不仅分不到任何劳动果实，每天还不得不长时间劳作。

庄园划给每个土著家庭一小块土地，这些土地散布于陡峭斜坡，即使绵羊也懒得攀爬。为维持基本生计，土著人把到手的土地分为两块，一块建造居所，另一块种植养活全家的口粮。

过去，土著人的居所被称为查基瓦希斯[②]，瓦希[③]在土语里是家或屋的

---

① 克丘亚语：Quechua。
② 查基瓦希斯：Chaquiwasis。
③ 瓦希：Wasi。

意思。墙壁由混着牛粪和秸秆的泥土垒砌，用原木做框架，屋顶覆盖层层铺就的厚厚茅草，四面无窗，只有一扇供人进出的门同时兼作通风换气。有的土著家庭把干草或者木料铺在地面防潮保温，还有的干脆让潮湿的土地直接裸露。

因为秸秆泥土材料强度低的缘故，查基瓦希斯都很低矮，不会有二层。我曾进到过半埋式的查基瓦希斯，可见从地面往下挖出两三个台阶或修筑一道斜坡通向屋内。蒂瓜农村直到20世纪90年代末才通上电，不难想象，如此居住环境充其量只是容身，毫无舒适性可言。

查基瓦希斯是厄瓜多尔中部山区蒂瓜一带土著人对传统土屋的叫法。在北部的因巴布拉省，当地土著人管土屋叫塔皮阿尔[①]。白人或混血人通常称土著人的这种土屋为阿道贝[②]。阿道贝后来逐渐演变为巴雷克[③]，材料没有改变，只是把秸秆泥土烧成砖，砖的尺寸大约长40厘米，宽15厘米，上下两排各有3个孔。用空心砖盖房子比直接用泥巴垒强度高，因此巴雷克有两层的，而且空心砖保温性能更好。高原白昼日照强，室外温度高的时候屋里保持凉爽。到了夜间，户外寒冷，室内温度不会骤降。再往后，土屋的茅草屋顶被石棉瓦、铁皮和瓦片替代，更换了屋顶的土屋在各地农村随处可见。

随着经济状况的改善，越来越多的蒂瓜山民住上了砖混结构房屋。查基瓦希斯在偏远的牧区偶尔尚能一见，但多数都不再住人，而是用来充当野外御寒挡雨的临时窝棚。

土著人命苦。以往岁月，每天被迫为庄园劳作12到14个小时，余下的时间才得以料理家务，耕种属于自家的那一小块土地。

清晨，天边尚未透出光亮，土著女人就已下地忙碌。早餐多半是蒸土豆和煮蚕豆，还有燕麦和大麦混在一起熬制的热粥。

南美洲是土豆的原产地。安第斯山区盛产土豆，品种丰富，颜色各异，

---

① 塔皮阿尔：Tapial。
② 阿道贝：Adobe。
③ 巴雷克：西班牙语拼写成Bareque，Bahareque或Bajareque。

土著妇女将当日的鲜奶从牧场步行送到十几公里外的集奶站

作者摄于 2014 年 2 月

大小不一，是山民的主食。土著人还会把大麦烘焙后磨成粉，熬汤或者制成一种叫查波[①]的甜饮料。

土著人放牧牛羊，养猪养鸡。在过去，非人生大事或重要节日轻易不食其肉，动物蛋白主要来自豚鼠。豚鼠也称荷兰猪，通过烤豚鼠土著人获取肉食，入口的味道据说与鸡肉类似。

---

① 查波：Chapo。

孙巴瓦地区的牧童

作者摄于 2013 年 6 月

土著人会像对待宠物一样把豚鼠养在家里，任它们于土炕边灶台前蹿来蹿去。曾经听到一种说法，有访客上门时，假如豚鼠吱吱乱叫，表现出焦躁不安，这说明客人身体有疾，反之，豚鼠会安安静静。

山区孩子不比城里，没有睡懒觉的福分，母亲生火做饭之前，会把他们从梦中唤醒。六七岁的小小年纪，睡眼惺忪，推开屋门，一阵冷风拂过，立时睡意全无。出门，双手插进袖管，饿着肚子先把牛羊赶到空旷的高原草甸，然后才能返回家中吃饭，归途还不忘捡枝拾柴。

厄瓜多尔基础设施落后，就算是大城市，至今也没有地下铺设的煤气管道，烧水做饭不是用电，就是使用罐装煤气。对于家用煤气，政府出台补贴，折算下来一罐的价格不到3美元。炊事加淋浴，城里四口之家不消几天就能用完一罐。在缺氧的高原山区，烹煮食物比平原更费时费火。农村家庭收入低，人口多，显然承受不起，只能埋锅造饭。砍柴、捡草这些轻体力活自然是小孩子和女人的事。刚打下来的鲜嫩青草喂养家里的豚鼠，干草则用于炊事。

2014年我离开厄瓜多尔的时候，蒂瓜有的农家还没用上自来水。以火山灰当原料烧制的空心砖，在户外提前挖好的坑里垒砌一个储水池，再开挖明渠，把融化的高山雪水引入池中，便是解决人畜用水的普遍做法。储水池中的水，到了旱季还可灌溉田地。

不言而喻，砌水池、挖明渠、耕种、收获这些重体力活，责无旁贷落到一家之主的男人肩头。望着超过45度角的斜坡，站立时身体能保持平衡已属不易，难以想象扛着锄头在上面怎样务农，更无法想见昔日每天长时间在庄园劳作后再继续耕种的情景。而且，经常是忙碌了几个月，突然一阵冰雹袭来，颗粒无收，一切化为乌有。

1934年，厄瓜多尔作家豪尔赫·伊卡萨[①]发表了小说《养身地》，通过冷峻的笔触，还原了庄园制度下土著人的悲惨遭遇。那字里行间浸透着血泪的描述，让慈悲之人几乎没有勇气捧读。

惨无人道的剥削压迫终于激起了反抗。1929年，蒂瓜地区被称作仆役的土著人举行了首次抗议，尽管被武力镇压下去，但引发了更大规模的后续反应。知名土著运动领袖阿古斯丁·维加·德洛伦索[②]在得到其他土著首领支援后，随即组织了又一轮更具声势的行动。土著人要求进行土地改革，废除罪恶的庄园制度。

---

① 豪尔赫·伊卡萨：Jorge Icaza，1906年6月10日至1978年5月26日。厄瓜多尔著名作家，左翼人士。1934年发表第一部小说《养身地》(*Huasipungo*)。其作品以抨击社会现实，描述土著人生活见长。1973–1977年出任厄瓜多尔驻苏联、波兰和民主德国大使。

② 阿古斯丁·维加·德洛伦索：Agustín Vega de Lorenzo。

节日里普希利的土著人

作者摄于2013年6月

1945年，在何塞·玛利亚·贝拉斯科·伊巴拉[①]总统执政期间，左翼风潮席卷国会。在关于设立有蒂瓜农牧民参加的土地合作社议题上，左翼政党频频向国会施压。此间，蒂瓜庄园的主人是阿丰索·里奥弗里奥[②]。这位以残

① 何塞·玛利亚·贝拉斯科·伊巴拉：José María Velasco Ibarra，1893年3月19日至1979年3月30日。1934年9月1日至1935年8月21日，1944年5月31日至1947年8月24日，1952年9月1日至1956年9月1日，1960年9月1日至1961年11月7日和1968年8月31日至1972年2月15日，五度出任厄瓜多尔共和国总统。

② 阿丰索·里奥弗里奥：Alfonso Riofrío。

暴著称的庄园主不但心毒手狠，而且还奸污大量土著女人并遗下众多弃儿。阿丰索后来在20世纪50年代中自杀，庄园随之被达瓦罗斯买下，并且不可思议地从普希利扩充到相邻的洛斯里奥斯省的克维多[①]，幅员之大，堪比厄瓜多尔面积稍小的省份。

此后，达瓦罗斯先是将大部分土地卖给俄国人弗拉基米尔·普拉托诺夫[②]，后又将剩余的土地卖给吉列尔莫·罗德里格斯·拉腊[③]，后者于1972年通过一场军事政变成了共和国总统。

让人浮想联翩的是，罗德里格斯·拉腊上台不久，他的胞弟海梅即从俄国人手中购回了土地。这样，蒂瓜庄园广袤的土地实际上全部落入总统家族及其后代手中。

决定性的变革发生在20世纪六七十年代。厄瓜多尔分别于1964年和1973年通过了土改章程，尤其是1973年第二次通过的章程，更戏剧性地发生在罗德里格斯·拉腊军政府执政期间。

依据颁布的章程，每个土著家庭都将成为之前庄园时代分得那块土地的主人。庄园里曾经的管家、仆役，也得到了属于自己的永久土地。而那些山谷中靠近水源的良田，以及未分出去的陡峭山坡，则统一划归土著村落集体所有。这些划归集体所有的土地，不能流转，也不能为私人拥有，大部分成为公共牧场，小部分用于修建教堂、学校和公用设施，由选出的村长、副村长、会计、秘书等4到6人组成的领导成员代表村民进行管理。

在教育方面，过去庄园里的土著人，无论成人还是孩子，几乎没人摸过书本。1971年，萨雷斯会的神父、牧师和教士在孙巴瓦乡开办了第一所小学，意在为土著人提供受教育的机会。稍晚，一所中学也开设起来，学校面向周围所有适龄孩子，用西班牙语和基丘亚语开展教学，除了教授知识，还传播土著人的文化价值观。

---

① 克维多：Quevedo。

② 弗拉基米尔·普拉托诺夫：Vladimir Platonoff。

③ 吉列尔莫·罗德里格斯·拉腊：Guillermo Rodríguez Lara，1924年11月4日出生，1972年2月15日至1976年1月11日任军政府总统。

当时，蒂瓜地区土著妇女的识字率不到10%。由于担心女孩被异教徒施以宗教洗礼，许多土著父母不敢贸然送女儿入学。这种情况，直到教会方面作出承诺才得以改变。

20世纪80到90年代，蒂瓜在社会领域持续进步，教育改革各项措施得到落实，提高土著人识字率的工作全面展开。土著人参政意识觉醒，成立了第一个反映自身意愿和诉求的政治组织。

不过，作为农牧区，围绕着土地和水源的争夺与分配从未停止。在土地问题上，土著人组织与庄园主之间的关系持续紧张，有时甚至走向对立。

1990年，厄瓜多尔的土著代表走出国门，与世界其他国家的土著人组织举行了首次会议。此举旨在捍卫土著人权益，希望全世界倾听土著人的诉求。

在厄瓜多尔，土著人举行了规模浩大的游行抗议。他们封锁公路，有人还企图将前总统罗德里格斯·拉腊家族的庄园据为己有。多亏萨雷斯会两名牧师介入，事态才不至于进一步恶化。

在整个90年代一系列争取权益的运动中，蒂瓜以其土著领导人的激进态度和土著群体一浪高过一浪的示威行动，引起举国上下的关注。“科托帕科希土著人运动”成为全国最具活力的土著人政治组织，该组织甚至在2001年的政府倒台中发挥了重要作用。

蒂瓜皮画不是无源之水，无本之木，而是与地区的历史息息相关。这些，也作为素材被带入作品当中，甚至有些皮画艺人，本人亦积极投身到争取土著人权益的政治运动。如若对此一无所知，那么，要想准确理解蒂瓜皮画所表达的意图和传递的含义将会变得十分困难，欣赏更是无从谈起。

蒂瓜皮画的起源

蒂瓜皮画与基丘亚人的土著文化和自我认知紧密相连。最初，艺人在每年6月举行的起源于欧洲中世纪的基督圣体圣血节庆典时，用浓艳的色彩装饰鼓或面具。他们将绚丽的花卉画于木质的鼓身，而把舞者的形象绘制在皮质的鼓面。

蒂瓜皮画

瓜亚斯省历史档案馆提供

多数观点认为，蒂瓜皮画源自20世纪70年代。持这种观点的，既有第一个创作出皮画的画师胡里奥·托阿基萨[1]，又有基多画廊的经营者，还有收藏土著艺术品的厄瓜多尔中央银行博物馆。

历史学家加洛·拉蒙[2]通过对肖像学进行研究并分析画中人物面部尺寸比例后坚称，蒂瓜皮画早于殖民时期就已出现，是从那个时代逐步演进而来。只是加洛的结论应者寥寥，无法得到广泛认同。

胡里奥·托阿基萨，1946年出生，8岁开始进庄园当仆役，因不堪忍受无休止的繁重劳作和随时随地的人格侮辱愤而出走，靠在离普希利最近的城市拉塔昆加贩卖土著民俗工艺品为生。

如今70多岁的胡里奥已记不起创作首幅皮画的具体年份。据他回忆，从山区农民到专业画师的转变纯属机缘巧合。起初，他是为了应付在孙巴瓦乡举办的一个土著工艺品展览，仓促之中拔下几根公鸡羽毛当画笔，施以简单的颜料，模仿宗教庆典的装饰手法在素面鼓上作画，从未想到过出售。

一天，一位恰巧光临展览的西方游客被他的皮鼓深深吸引，当场提出购买。胡里奥不假思索，第一时间本能地予以回绝，后出于用钱考虑，态度才有所松动。经过几轮讨价还价，双方最终成交，原本当作展品的皮鼓成了胡里奥售出的第一件作品。直到此时，胡里奥并未意识到，不经意间做成的生意，日后会悄然改变他的人生轨迹。

之后，陆续又有更多的西方游客顺藤摸瓜找上门来。经过一段时间，受到启发的胡里奥决定在方圆几里之内的农家收购素面皮鼓，买到后，自己在上面绘制好图案再拿到市场上销售。为了能在短时间内脱手，胡里奥还专程前往外国游客相对集中的首都基多。

接下来的情况连胡里奥自己都想不到。他那种见山是山，见水是水，没有条条框框束缚，毫无学院画派痕迹的拙朴风格，自然清新，鲜亮明快，大受外国游客青睐。

---

① 胡里奥·托阿基萨：Julio Toaquiza。

② 加洛·拉蒙：Galo Ramón。

固然皮鼓广受欢迎，但是形状不规则，分量又重，装箱托运很是不便，有游客因此犹豫再三而忍痛割爱。这个时候，在基多开画廊的匈牙利人奥尔加·菲驰[①]敏锐地嗅到商机。他建议胡里奥改为平面创作，通过他的画廊面向西方游客。就这样，第一幅蒂瓜皮画破茧而出，而胡里奥这位土生土长的蒂瓜农民，做梦都没有想到，自己的名字从此会在一种全新的民间艺术上留下深深的烙印。

胡里奥首先制作木框，把切割下来的长方形羊皮绷在木框四周，然后，用公鸡或山鹰的羽毛沾上颜料作画。

果真如菲驰所料，皮画比鼓好卖，充满浓郁土著风情的皮画受到西方游客的狂热追捧，这给胡里奥带来了远比山里务农更为丰厚的收入。鉴此，胡里奥又将作画的技法传授给了兄弟姐妹，蒂瓜皮画就此诞生。

蒂瓜皮画初登大雅之堂是在1979年。那一年，位于基多的文化艺术中心别开生面举办了首届蒂瓜皮画展，胡里奥和另外3个兄弟的作品应邀参展。

同年11月，由厄瓜多尔中央银行资助的第三届全国美展暨艺术竞赛在基多举行，蒂瓜土著画家何塞·维加·库约[②]成为惟一受邀的土著艺术家。这也是土著艺术家的作品首次出现在厄瓜多尔全国性的展览和竞赛中，一时引起广泛关注。

鼎沸声中不乏非议。对于土著人以艺术家身份亮相一事，长期把持话语权的文化界一批主流艺术家和保守媒体表现出了近乎敌意的强烈抵制。土著人在消除歧视，争取自身权益，赢得社会认同道路上的艰难，由此可见一斑。好在厄瓜多尔中央银行力排众议，维加不仅如约到场，而且其作品《10月15日的节日》还脱颖而出，一举荣获优秀作品提名。这幅《10月15日的节日》，今天藏于中央银行博物馆。其意义已超越了一件代表土著文化的皮画作品，而成为一座象征厄瓜多尔种族融合与社会进步的里程碑。

几乎与此同时，蒂瓜的皮画也开始在欧美国家的画廊崭露头角。1979年，

---

① 奥尔加·菲驰：Olga Fisch。.

② 何塞·维加·库约：José Vega Cuyo。

匈牙利人菲驰以展后拍卖、收取佣金的商业运作方式，在当时的西德举办了蒂瓜皮画展。1981年，包括胡里奥6幅反映基督圣体圣血节在内的蒂瓜皮画作品在美国华盛顿的伦威克[1]画廊与公众见面。

1982年，距离蒂瓜25公里的关加赫[2]殖民时期教堂进行修复，建筑师出身的厄瓜多尔中央银行行长艾尔南·克雷斯波·托拉尔[3]邀请14位蒂瓜画师参与绘画部分的修复工作。

同一时期，建于1977年的厄瓜多尔手工艺品博物馆也破天荒地将蒂瓜的皮画作为藏品首次购入，并且力邀蒂瓜画师弗朗西斯科·库约·维加[4]在博物馆直对正门入口的墙壁上作画。

上述一系列举动，毫无疑问，意味着蒂瓜皮画步出山村，开始进入厄瓜多尔乃至欧美主流社会的视野。

不过即便如此，直至20世纪90年代，在基多也只有极少数专门针对西方游客的画廊出售蒂瓜皮画。这些画廊均为定居或者移民厄瓜多尔的外国人开设，他们当中有匈牙利人、法国人和美国人。鉴于画廊抽成极高，为了能以相对低廉的价格得到更多的选择，许多慕名而来的西方人只能亲赴蒂瓜，从当地艺人手中直接购买。直到这个时候，大多数厄瓜多尔本地人，包括那些受过良好教育且家境殷实而又热爱文化艺术的上流社会人士，对蒂瓜皮画仍旧一无所知。

20世纪八九十年代，越来越多的欧美人来到厄瓜多尔，他们竞相购买蒂瓜皮画，或收藏，或带回各自国家的画廊出售，法国前总统密特朗夫人在巴黎经营的画廊也曾销售过蒂瓜皮画作品。同时，一场接一场的蒂瓜皮画展相继在欧美举办，其中有些展览，还直接办到了知名国际组织的总部。比如，1994年美洲国家组织位于华盛顿的总部和1997年联合国教科文组织在巴黎的总部，都先后承办了蒂瓜皮画展。

---

① 伦威克：Renwick。

② 关加赫：Guangaje。

③ 艾尔南·克雷斯波·托拉尔：Hernán Crespo Toral。

④ 弗朗西斯科·库约·维加：Francisco Cuyo Vega。

风格稚朴，色彩浓艳，以安第斯山区土著人日常生活、民风民俗和宗教信仰为题材的蒂瓜皮画作品，让后工业化时代见惯了各种艺术流派的欧美人一经过目，即有如吃腻了大鱼大肉突然品尝到一碟清新爽口的小菜，立刻如痴如醉，欲罢不能。

反观厄瓜多尔国内，一向深受欧美价值观影响的上流社会精英，迟至21世纪第一缕阳光划破笼罩山谷的夜空，方开始将目光投向蒂瓜皮画，主流媒体也才尝试着进行了关于蒂瓜皮画的有限报道。

2001年，由中央银行赞助的蒂瓜皮画展在基多总统府举办。次年，类似的画展在瓜亚萨明博物馆举办。瓜亚萨明被誉为“厄瓜多尔的毕加索”，是厄瓜多尔乃至拉美20世纪最负盛名的画家之一。遗憾的是，在以他名字命名的博物馆举办画展之际，这位身体里流淌着土著人血液、对土著人怀有朴素情感并且一生孜孜以求，从土著文化根系中汲取养分的画坛巨匠，已经撒手人寰。

羊皮和木制脸谱上的绘画

蒂瓜艺术家以羊皮当画布，写意山民的视觉表达。

有人想当然地以为，蒂瓜地处农牧区，高原牧场的片片羊群就像海蓝云天上的朵朵白云，抬头可见，唾手可得，这与实际情况大相径庭。

对世世代代节衣缩食的土著人来说，羊肉并不是餐桌上的寻常之物，只有在婚礼、节庆或祭祀场合，人们才会杀羊食肉，取其皮毛，也只有在这个时候，艺术家才能获得皮画所需的基础材料。

绵羊的体型决定了充当画布的羊皮尺寸。因此，蒂瓜皮画很少见到超过110厘米 × 80厘米的画幅，常见画幅多是30厘米 × 20厘米。这是因为，一张羊皮去掉边角后，只能均匀地裁剪成5块这样的尺寸。

作画之前，羊皮需经处理。早年，蒂瓜艺术家把羊皮置于掺入了干石竹花苞和杜鹃花科越橘两种植物的水中。这两种植物色泽鲜艳，当地人还以其为颜料涂染披风。

最近一些年，由于自然环境变化，上述植物在蒂瓜一带几近绝迹。同时，艺术家们在长期实践中摸索出了处理羊皮的更便捷方法。

当下，是把草灰和尿混合后倒入水中，将羊皮浸泡其中一个星期。尿有分解作用，可以缩短肉和毛与羊皮的分离过程。待羊皮与肉和毛完全剥离，再用肥皂清洗，然后拿到户外晾晒。

有些艺术家发现，把洗净的羊皮放在阴凉通风的室内，这样晾干的时间虽有所延长，但是日后羊皮不易弯卷，利于皮画的长期保存。

不管户外还是室内，都要用砂纸打磨晾干的羊皮两面，以彻底去除残留在内侧的肉和外侧的毛。这个步骤完成后，为消除气味，仍需再次洗涤，然后趁着羊皮未干，将潮湿的羊皮绷在木框上。

具体到在羊皮哪一侧作画这个细节上，多数艺术家会选择与肉粘连的羊皮内侧作画。可是少数艺术家发现，在长出羊毛的外侧提笔，颜料会透过毛孔渗入皮的内侧，能有意想不到的效果。

今天，从头至尾亲手处理羊皮的艺术家已凤毛麟角，大多数是从市场购买鞣制皮革。这种羊皮，经工业化处理，与制鞋做包所用的原料无异，更轻薄，更柔软，更易卷曲，但已不是传统工艺。为加以区别，当地人管旧法手工处理的羊皮叫生皮，而把鞣制皮革称为熟皮。还有些艺术家，为使作品便于携带和装裱，同时也为降低成本，干脆放弃羊皮，改为直接在画布上作画，也涌现出了在木板上创作的尝试。

一般而言，蒂瓜皮画可以保存多年，不过，高温或者潮湿环境会影响到皮画。比如，长时间处于高温环境，画面颜色会发红，紧绷的羊皮会将木框勒弯。

衡量蒂瓜皮画作品艺术含量的高低，除了题材和技法外，画幅大小、羊皮质量和装裱工艺也同样重要。现如今，为提高产量，降低成本，有艺术家将羊皮的边角料收集起来，用机器拼接成完整画幅，再将拼接好的皮画用金属钉子钉在木框上。这显然有悖于传统，其艺术含量必将大打折扣。

皮画画好后，正常情况下，艺术家会在留白处题名。有些作品的留白处

蒂瓜皮画反映的民俗风情

图片来源：《国家文化杂志》

瓜亚斯省历史档案馆提供

或皮画背面甚至会出现好几行文字，这是艺术家对作品的简要说明，也许是描述创作背景，也许是表达某种愿景，皆有可能。

蒂瓜皮画的画框多为桂木制成，也有的选用松木或桉木。如果制框的木材未经充分干燥处理，或框架四角接合不牢，日后羊皮收缩会引起画框变形。

过去的蒂瓜皮画，羊皮绷住边框，画框的四边被画面裹住，给人的印象仿佛四个边框也成为画面的组成部分。而今的蒂瓜皮画在形式上效仿西洋油画，有的作品画外套框，这也可当作判断作品年代的一个标准。现代社会分工明晰，如今还坚持自己制框的艺术家已经少见，多数是从木工房直接买来现成的画框。

至于绘画颜料，早年间，蒂瓜画师都是就地取材，自山间田野采集各种植物，从中提取天然色彩。今日，囿于环境的变化，有些植物即便没有绝迹，也已难得一见。因此，绝大多数蒂瓜画师都改为使用人工聚合的丙烯颜料。

丙烯颜料属于化学制品，便宜，易干，鲜润，效果介于油画和水彩画之间，不会掉色。油画时间一长表面易发黄变硬，产生龟裂，丙烯胶膜则不会脆化，更难变黄发暗。不过，丙烯颜料有毒，对人体有害，多名蒂瓜画家就是因为长期呆在狭小封闭的空间而患上了呼吸系统疾病。

蒂瓜皮画多采用白色或浅蓝色打底。这一步完成后，艺术家先用黑色勾描轮廓，然后再根据创作意图填色。过去，画师手头拮据，就用公鸡羽毛当画笔，如今则因人而异。全部画好后，为使画面产生光泽，增加明暗反差，有些艺术家还会在整个画面施一层松节油，才算大功告成。

蒂瓜皮画注重写实，笔法细腻。令人叹为观止的是，个别功底深厚的艺术家不使用放大镜，仅凭肉眼就能在米粒大小的人物脸部刻画栩栩如生的表情。

有一点需要补充说明，那就是木质面具也是蒂瓜民间艺术不可分割的组成部分。尽管有的艺术家在绘画的同时还兼顾面具，但这种跨界创作毕竟属于少数，当下的艺术家要么专注皮画，要么专注面具，彼此泾渭分明。

作为传统民俗，蒂瓜木质面具问世已经超过100年。起先，面具出现在安第斯山区传统宗教庆典中，以狗、狼、猴子等动物脸谱造型为主。近年也能见到山鹰、狮子等飞禽猛兽的面部造型，那纯粹是为迎合市场应运而生。

除去动物脸谱造型，人物脸谱面具也占有重要地位。小丑，替庄园主管理土著人的庄园管家，长着犄角的魔鬼，均很常见。倘若有游客购得的魔鬼面具上有一对可拆装的活动犄角，不应以为此系传统造法，那不过是为便于将面具放入行囊托运。

制作面具的木料也有讲究，主要为胡桃木、樱桃木和雪松，这些树木长在安第斯山脉西侧山麓阿帕瓜[①]与克维多之间。

以往，艺术家都是买来已被锯成30厘米长的树干外侧圆弧部分，然后使用砍刀、錾子和锉刀，凿、刻、挖、旋、剔、削，自己雕刻，之后再于成形的面具上绘画。同样得益于专业分工，现在的艺术家只是根据实际需要，从市场买来雕刻加工好的成形面具，直接在上面描绘图案即可。

鉴于木料中含有水分，雕刻好的面具在上色前须置于阳光下晾晒。在此过程中，面具有时会掉渣或出现干裂，均属正常现象。要用石膏或者磨成粉的谷物在残缺部分填补修复。完成后，在面具外部涂刷一层底胶，晾干再用白浆打底，之后即可在面具上创作。

蒂瓜面具的创作不是一个人可以独自完成，而是家庭成员齐上阵，一般以男主人为主。眼睛、鼻子、嘴巴、耳朵等体现技巧的五官部位多是男主人亲自上手。而面部、额头等大块平整的部分则由女人和小孩勾画上色，这几乎成了固定分工。

不难发现，不论皮画还是面具，蒂瓜民俗艺术已有别于各自初始状态。借此管中窥豹，亦可洞察同期厄瓜多尔社会的整体发展和变迁。

蒂瓜皮画的演变

早先，蒂瓜皮画的素材与基督圣体圣血节宗教庆典活动使用的鼓面装饰图案无甚区别，以舞者或排箫吹奏手为主，也会出现动物造型。这种一成不变的题材，在形式上与元人的玉雕作品春水秋山类似。

这一时期，画法稚嫩，色彩单一，缺乏透视感，比例失调又缺少细节描绘的人物充斥画面。

稍晚问世的蒂瓜皮画元素增多，常以山川河流为背景，题材也逐渐丰富，反映土著人日常生活劳作的画面开始出现。但是，画师们仍未掌握透视和比例。比如，男人像房屋一样高，而女人则与家禽一般小，总体感觉未脱离儿

---

① 阿帕瓜：Apagua。

童画的水平。

再往后，构图日趋繁复，青天、白日、田野、雪山、人物、动物、房舍……越来越多的元素跃入画面。土著艺术家已着手运用明暗对比，只是还没有掌握学院派眼中的透视原理。

假如一定按教科书透视原理将画面细分的话，那么，20世纪80年代中期前后，多数蒂瓜皮画的下部可视为近景，反映土著人生产生活的人物和动物主要集中在这个区域；中部为中景，由田野、房舍、山路构成；上部为远景，天空、雪峰以及带有宗教色彩和精神寄托的图腾、符号被置于这里。

仔细观察，蒂瓜皮画在画面布局上有一定之规可循，大致为，人物和动物呈水平带状分布，尽管偶尔会被房舍从中分割；山脉多置于对角线，常以人物爬山或蜿蜒的山路为点缀，突出画面的纵深感；复杂的人群、畜群多沿水平或斜线分布，也有从画面下部沿曲线延伸到上部的实例。

题材上，山区生活日渐成为主体：男耕女织，木兰围场，集市交易，出生洗礼，红白喜事，有时完全在一幅画面得到体现。

随着时间推移，蒂瓜艺术家在细节的雕琢和色彩的运用上愈发不厌其烦。他们会让所有元素集中出现在一幅画或一个有限的局部空间，乃至让人生出一种密不透风的堆砌感。在表现天空的时候，除了以往的宗教图腾和精神寄托，还注入了历史典故，譬如，表达对大地之母帕查妈妈[①]的崇拜，抒发对最后一位印加将领鲁米尼亚维[②]的敬仰，等等。另外，越来越多的土著艺术家开始将色彩斑斓的奇花异草和珍稀野兽添入画面，这种貌似有违常理的夸张表达，反而进一步刺激了外国游客的购买欲望。

在探索创作的道路上，蒂瓜涌现出了一批具有较高知名度的艺术家，他们的著作权意识萌生发芽，像胡安·库约[③]、胡里奥·卡约·维加[④]、胡里奥·托阿基萨及其后代，均在作品下部署名并且标注“蒂瓜著名艺术作品”

---

① 帕查妈妈：Pacha Mama。

② 鲁米尼亚维：Rumiñahui，1482年至1535年6月25日，印加帝国后期一位将军。

③ 胡安·库约：Juan Cuyo。

④ 胡里奥·卡约·维加：Julio Cayo Vega。

字样。

自20世纪90年代末起，在大量蒂瓜皮画的创作者一哄而上往画面添加元素的同时，少数艺术家另辟蹊径，开始反其道而行之。他们更加注重在简洁的画面上烘托主题，这类作品往往只有一个中心点，即便还有其他元素，也是围绕中心点而存在。

艺术家愈发重视细节的雕琢，以花卉为题材的静物作品惊艳露面，一种写实主义表达方式已在部分蒂瓜艺术家的头脑中酝酿，并通过他们的作品展现在世人面前。

在所有蒂瓜皮画作品中，阿丰索·托阿基萨[①]的一幅《大地母亲》给我留下了深刻印象。墨染的夜景中，画面左侧一位丰腴的土著女人袒露双乳，仰望明月，充沛的奶水从乳头汩汩流出，化作涓涓细流，浇灌着绿色大地，并在画面右侧的山脚汇成一汪深不可测的白色湖水。湖面之上，一尊清丽的女神鬓挽乌云，从湖底悠然升至夜空，正带着满眼的慈爱，温柔地俯瞰着养育众生的苍茫大地。

作品中的人物，与市井街头或田野村庄干瘦、矮小的土著妇女形成鲜明对照，反映出土著人潜意识中的审美向往，与一次亲身经历结合起来，彻底颠覆了我对土著人保守、封闭的印象。

那一次，在孙巴瓦通往基洛托阿火山湖途中，一群衣着鲜艳的土著女人正在路旁割草。碧蓝的天空下绿草如茵，将她们五颜六色的服饰映衬得分外显眼，一下激发了我的拍摄冲动。

我停下车，快步走向她们。只见一群中年土著妇女与几个未成年女孩蹲在地头，旁边还有一位年轻男子。他用一顶深色的毡帽遮住刺眼的阳光，悠闲地斜靠在装青草的手推车旁。

见一名挎着照相机的外国人直奔过来，地里原本回荡的欢声笑语戛然而止，气氛顿时凝固。这让我联想起此前听到的传闻，说土著人以为被拍照后，

---

① 阿丰索·托阿基萨：Alfonso Toaquiza。

蒂瓜皮画中的火山、冰湖和高原牧场
作者摄于 2018 年

灵魂会随摄影师而去，同时还担心自己的肖像被卖给陌生人。显然，这种氛围下不可能拍出满意的作品。于是，我把手从相机快门按钮上移开，尽量表现出漫不经心的样子，还故意提高嗓门，与低头不语的女人们打起招呼，回答是一片沉默。

稍许，一位年长的女人怯生生站起身来，向我问明来意。听完解释，地里侧耳细听的女人们也都不再紧张。在支付了她们所要求的费用后，我被获准拍摄割草的场面。这群女人随即恢复了轻松的神态，继续旁若无人说笑起来。

近在咫尺的女人手握镰刀挥汗如雨，年轻力壮的男子却大白天躺在一旁闭目养神，这让我非常不解。我将疑惑问给身旁干活的女人，得到的答案竟是“女人白天下地干活，男人晚上熄灯后床上耕作”，以及接下来的一阵哄笑，连年幼的女孩都前仰后合。

如此少儿不宜的玩笑，又是轻描淡写说给一位陌生的外国人，那一刻，曾经对土著人拘谨、刻板的看法灰飞烟灭，也让我骤然想到了《大地母亲》的创作背景，更好似看到了瑞典摄影师鲁尔夫·布隆伯格①20世纪30年代用哈苏相机在厄瓜多尔山区捕捉到的画面。黑白影像上，两名土著妇女赤裸上身，从容地在如镜的湖边嬉戏。

变化的不只是题材和技巧，蒂瓜皮画在颜料运用上也与时俱进。从早年以植物为原料，绘在皮鼓和披肩上的浅淡颜料，逐渐演变为使用色彩浓艳的人工合成化学颜料，再到少数知名艺术家决定改用油画颜料，以及个别画师对浓艳效果心生厌烦，为追求返璞归真，重拾浅淡的纯植物颜料。蒂瓜皮画在成长道路上留下了一连串清晰的足迹。不过，多数画师在艺术效果与商业成本间折中权衡后，依然选择使用化学颜料。

在尺寸上，最近一些年，蒂瓜皮画出现了5厘米×5厘米的小画幅。这既是为充分利用羊皮的边角料，也是考虑到降低成本，便于游客携带的需要，从一个侧面反映出艺人的商品意识逐年增强。在这种趋势下，甚至一些经济状况明显改善的知名艺术家也乐此不疲，动手创作起自己的小画幅作品。

同理，传统的木质面具在保留过去形质的前提下也推陈出新，出现了10厘米以下的袖珍尺寸，并且在皮画和面具两种形式之外，座椅靠背、坐具平面、桌板、果盘、餐具都能见到蒂瓜民俗艺术的影子。走出大山的蒂瓜皮画演绎出了一条飘落市井的清晰轨迹。

---

① 鲁尔夫·布隆伯格：Rolf Blomberg，1912年11月11日至1996年12月8日，瑞典探险家、摄影师、纪录片制片人。

表面上看，不论皮画还是面具，蒂瓜民俗艺术好像是男人一统天下，其实不然。曾几何时，忙完田间地头农活和锅碗瓢盆家务的土著妇女，会利用闲暇织围巾，或者编草筐，以换取贴补家用的收入。自从蒂瓜皮画成为经济来源，妇孺老少齐参与。即便是那些署名的蒂瓜皮画，也非完全出自男人之手，而是女人打好底，男人作为主创，定下画的题材和布局，然后在男人勾勒的线条内，女人根据男人的授意完成人物和风景的细节绘制。有的时候，家庭成员还在领会男主人创意的基础上，将画面分成不同区块，采取各负其责的方式集体创作。

20世纪90年代末，蒂瓜皮画产生了完全由女人独立创作的作品，只不过因为作品所署的是作为一家之长的男人名字，不易察觉而已。

今天，纵使女人已经可以在完全由其创作的作品上署名，但是一般所签的也是某某之妻或某某之女字样，从中折射出土著妇女的社会地位，这实际上已超出了狭义的艺术范畴。

当然也有例外。像胡里奥·托阿基萨和何塞·维加·库约等有相当知名度的蒂瓜艺术家，他们20多岁的外孙女自幼受到熏陶，在绘画技法上相当老到。这些年轻女孩的签名作品，在基多艾尔埃希多公园的露天工艺品市场和奥塔瓦罗的集市上都炙手可热。

不只是创作，土著妇女还直接进入交易环节。在上述艺术品市场和集市，土著妇女单独照料摊位，与顾客讨价还价，已经成为一道常景。

2017年8月，我重返厄瓜多尔，闲逛基多艾尔埃希多公园的周末露天工艺品市场时，巧遇几年前经营画摊的女主人。更没有想到的是，在美国学者珍妮·科尔文[①]2004年出版的关于蒂瓜皮画的研究著作里，竟然也有这位画摊女主人的面孔。

这部弥足珍贵的作品图文并茂，堪称全面深入解析蒂瓜民俗艺术的鸿篇巨制。

---

① 珍妮·科尔文：Jean G. Colvin。

珍妮·科尔文——首位将蒂瓜民俗艺术系统介绍到西方的美国学者

正是珍妮·科尔文最早系统地将蒂瓜皮画介绍到西方，从而使外部世界的人们得以欣赏到深藏厄瓜多尔安第斯山区的文化瑰宝。

其时，珍妮是美国加州大学伯克利分校探索研究项目的主管，主攻课题是人类在非洲的起源和进化。拉美民俗艺术本不是她的研究方向，是一次不期而至的偶遇，让她与蒂瓜皮画结下了不解之缘。

1989年，珍妮首次来到厄瓜多尔，在基多的艾尔埃希多公园平生第一次看到地摊上出售的蒂瓜皮画，当即被深深吸引，此后一直念念不忘。

次年，珍妮重返故地，辗转到达交通不便的蒂瓜，一下爱上了那里的风土人情和诞生自那片土地上的民俗艺术。为使更多的人能够领略蒂瓜皮画的独特魅力，珍妮奔走相告，终于获得资助，于1994年在华盛顿的美洲国家组织总部举办了蒂瓜皮画展。展览大获成功，珍妮从此一发不可收拾。1997年，在她的幕后努力下，联合国教科文组织又在艺术之都巴黎举办了相同的展览。自此，珍妮心有所属，她始终和蒂瓜的艺人保持着联系。

2000年，珍妮如愿筹得资金，到蒂瓜开展学术研究。她在胡里奥·托阿基萨家两间简陋的土坯房里一住就是4个月，与蒂瓜的百姓朝夕相处。

近距离面对面接触，让珍妮不仅加深了对土著文化内涵的理解，而且真切体会到了土著人的艰辛和不易。对于现代都市人来说易如反掌的许多事，换作蒂瓜农村却变得举步维艰。比如，将收获的农产品运到城里出售，寻医问诊，孩子求学……除了这些日常琐事，更大的挑战还来自于农村面临的一系列社会问题：年轻人移居大城市造成的劳动力短缺，乡村传统家庭解体，土著人自身认同感下降，土著艺人移居城里作画带来的竞争，社区交织的矛盾，以及农民出身的艺术家与仍在田间务农的土著人之间复杂微妙的关系。

2004年，得到美国驻厄瓜多尔大使馆的资助，珍妮的研究成果《蒂瓜艺术——关于厄瓜多尔土著文化的思考》一书面世。

之后，珍妮又从对皮画感兴趣的文化研究学者，摇身一变成了一名解决蒂瓜农村问题的社会志愿者。有了家人的鼎力支持，此后几年，珍妮每年至少有一半时间住在蒂瓜。她还发起成立了民间艺术基金会，用募集到的款项，改善蒂瓜的道路、水电等基础设施，为贫困家庭盖砖瓦房，凭借自己的绵薄之力，解决山区的实际问题。

珍妮热爱蒂瓜，熟悉蒂瓜，也赢得了蒂瓜淳朴百姓发自内心的真诚信任。

蒂瓜皮画背后的民风民俗

如诗如画的自然风光，清纯简朴的乡村生活，薪火相传的民风民俗，生生不灭的宗教信念，为蒂瓜皮画提供了取之不尽的创作源泉。

土著文化中没有“天命玄鸟，降而生商”的流传，然而各类猛禽飞鸟却非同一般，从不被山民轻看。

从蒂瓜通往基洛托阿火山湖左手侧的路旁，有一座叫阿米纳[①] 的山峰，在安第斯山脉奇峰峻岭中毫不引人注目。但据传峰顶是蒂瓜一带神鹰的鹰巢，因而在土著人心中的位置举足轻重。倘若遇有干旱，附近的土著人就会像朝圣一般爬上峰顶，虔诚地为降雨祈祷。

总体看，土著艺术家惯以写实手法，将山川地貌、原野牧歌、牲畜农庄及悲喜忧欢反映在皮画上。不过有时，他们也会运用拟人方法，为山脉画出人脸形状，给太阳装点眼睛和嘴巴。究其根源，体现的还是萨满教的思想。正如科托帕科希教区的萨满主教阿尔贝托·塔索所言，在安第斯山区的土著人眼中，自然界中的一切物质和现象都有灵魂，这种灵魂支撑着不同生命，每一种生命都是唯一且神圣的。

土著人笃信，雄伟的山脉能调剂雨水，影响到土地和收成。土著人敬畏山鹰，在他们看来，山鹰是自由的化身，翱翔在山巅的雄鹰是人神沟通的使者，能够把芸芸众生的心声传递给祖先的在天之灵。如果寻常的日子里梦到

---

① 阿米纳：Amina。

山鹰突降，那就意味着将有重要的事情发生，及至生死攸关。因此，尽管蒂瓜一带山鹰的数量已大不如前，但作品中总少不了山鹰展翅的画面，并且山鹰的羽毛被装点得绚烂多彩，象征着生命五彩斑斓。

诚然，山鹰并不总是威严。在有的皮画中，山鹰披着围巾，穿着筒裙，花枝招展，正含情脉脉地注视着湖边的土著女人，用基丘亚语诉说着超凡脱俗的爱恋。

一个耳熟能详的传说便与山鹰有关。扮成男相的山鹰展开翅膀，将美丽的土著姑娘载入鹰巢。一番云雨过后，姑娘被家人发现，强行带回闺中。姑娘冥思苦想，如愿生出一双翅膀，飞到山鹰身旁。

这个传说被翻译成英文和西班牙文在国外出版，而男相山鹰驮着年轻土著女子的画面，更成为蒂瓜皮画的代表作。

有必要澄清的是，被国人视为不祥之物的猫头鹰，在土著文化中却是吉祥鸟，象征着智慧。有猫头鹰出现的画面，寓意好运即来。

蒂瓜皮画与节庆有关的题材汗牛充栋。节日庆典中吹奏的排箫、牛角、长笛等乐器都在画中常见，鼓手、乐手、舞者和欢乐的人群始终是突出的重点。

节庆里，土著人喜喝一种以甘蔗为原料酿制的烈度烧酒，酒里夹杂着一股难以言状的味道，一口下肚，浑身发热，寒意顿除。而用玉米发酵酿制的奇查酒[①]则堪称全国性的饮料。

在厄瓜多尔安第斯山区，基督圣体圣血节和印蒂拉依米[②]是两个最重要的节日。前者源自中世纪的基督教文明，在每年的6月，是蒂瓜皮画表现最多的节日。后者在6月的夏至那一天，欧洲人到达美洲大陆之前就已存在，原本是印加人庆祝收获的节日，西班牙人登陆美洲后，为使当地民众皈依天主教，遂将天主教的节日与当地土著节日结合。

---

① 奇查酒：Chicha，一种用新鲜水果掺入玉米发酵酿制的饮料，不同地区配方不同，亚马逊热带雨林的土著人通常会以木薯为原料酿制奇查酒。

② 印蒂拉依米：Inti Raymi，太阳节，厄瓜多尔安第斯山区土著人最重要的节日。

印蒂拉依米顾名思义就是太阳节，印蒂表示太阳，是印加时代太阳神的化身，拉依米在基丘亚语里专指节日。较之基督圣体圣血节，印蒂拉依米才是真正土著人的节日。

不论基督圣体圣血节，还是印蒂拉依米，舞者都是欢庆人群的核心。他们头顶一米多长被称为乌玛[①]的饰物，乌玛上插满象征山鹰的绚丽羽毛，后背披挂绒毯，上面缀满镜子、钱币、珠宝等各种寓意美好的装饰，从前到后，从头到脚，身上被装点得不留一丝空隙。

弥撒在教堂举行，是基督圣体圣血节庆典中最神圣的仪式，结束后，欢庆活动拉开序幕。活动的高潮是烧城堡。数米高的城堡呈金字塔形，由甘蔗秆、桔梗、木材和干草在空场搭建，夜幕降临后被点燃，熊熊火焰映红了半边天，很远就能望见。

普希利的城堡与别的地方略有不同，上面还放有活体动物，连同城堡一把火烧掉。虽然从形式到内容都不尽相同，但被烧的活物，还是让人自然而然地想起古代中国青铜时代祭坛上摆放的牺牲。

作为基督圣体圣血节激动人心的部分，斗牛必不可少。一清早，山谷里的男人便沿着山路吹吹打打，这其实是在发出召集人群的信号。信号由一米半长的木质喇叭筒发出，这种喇叭筒在西班牙人到来之前就已被土著人当作通信工具使用。伴着喇叭筒发出的声音在山谷回荡，越来越多的人走出家门，加入到队伍中，使队列不断扩大。

与西班牙人杀死牛的血腥不同，土著人斗牛是将牛赶进一个露天简易围栏，有人从前面挑逗，有人从侧面拍打，还有人从后面拽住尾巴，以将牛五花大绑动弹不得告终，参与斗牛的人数也无一定之规，纯属娱乐。

有西方人类学者认为，斗牛反映出土著人潜意识里的抗争，牛是殖民者的化身，最终将牛制服，预示着土著人战胜了西班牙殖民者，这明显是精神胜利法。不过，学者的一面之词未得到土著人认可。

---

① 乌玛：Uma。

基督圣体圣血节的庆祝活动原来在厄瓜多尔山区随处可见，因花费糜巨，如今每年只在孙巴瓦和普希利才有，由社区政府出资举办，除了土著人，当地的学校也组织学生化妆参与。

我曾连饭都顾不上吃，忘情地在一次庆祝游行中挥霍了十几个胶卷，但冲出的效果大失所望，没有一张照片令自己满意。

那次，一同拍摄庆祝活动的还有一位来自澳大利亚的摄影师。一天半时间里，我俩先后在几十公里半径内，于普希利、基洛托阿火山湖边的客栈和孙巴瓦到普希利的路旁三次相遇，也算是缘分。

圣诞平安夜也是蒂瓜皮画的一个寻常主题。平安夜里，一名土著男子装扮成疯牛，这一装束在厄瓜多尔已有超过一个世纪的历史，而且在拉丁美洲其他国家亦有存在。其余男子则头戴木质面具，身着五花八门的滑稽服饰，分别装扮成小丑、老虎、猴子和狗在众人面前相互取乐。这些装扮成动物形象的男子系挑选出来。根据习俗，在以后的一生当中，他们都将装扮第一次出演的形象。

很多时候，山区土著人在节日欢庆活动中还会释放类似中国人的孔明灯或西方人的热气球。土著人把纸糊在事先做好的木制框架上，然后用颜料将纸涂成花花绿绿。释放之前，将炭块点燃，待产生的热气充满，孔明灯或热气球就会升空，寂静空旷的山谷一时生机盎然。

与基督圣体圣血节和太阳节印蒂拉依米相比，三王[①]节在厄瓜多尔的重要性和知名度要逊色不少，沿海地区有些人甚至没有听说过。这个源自基督教圣经故事和当地民俗相结合的节日在每年的1月6日。选出来的“三王”头顶皇冠，脸被涂黑，身披彩袍，胯下坐骑流光溢彩，在人群的簇拥下穿街走巷，还有由人假扮的疯牛横冲直撞，好不热闹。

雍博[②]人的舞蹈也被称为雍巴达[③]，是五六月份安第斯北部山麓雨林地区

---

① 三王：Tres Reyes Magos。
② 雍博：Yumbo。
③ 雍巴达：Yumbada。

雍博人和萨满的节日。传统上，雍博舞者身披插满羽毛的兽皮，象征殖民时期以前亚马逊丛林中的部落族人。雍博人的形象在基督圣体圣血节、三王节、圣诞平安夜和基多等大城市建城纪念庆典的游行队伍中时有所见，主要舞者被称为鲁库①。鲁库脸上戴着用白色硬纸板做成的小丑面具，常以长者模样示人，深受孩子们的喜爱。

彩带舞在蒂瓜皮画上也屡有出现。彩带舞是教区节庆的一种常见舞蹈。一根象征着太阳的棍子立在空场中间，从顶端飘落下五颜六色的细长彩带，代表太阳的光芒。土著人围聚在棍子周围翩翩起舞，抒发他们对太阳神的感念。

黑妈妈②节是每年9月份的节日，虽然在蒂瓜皮画上也有表现，但庆祝地点其实不在蒂瓜，而是在50公里外的拉塔昆加。

黑妈妈节的起源同样与宗教故事有关。庆祝仪式从巡游开始，被称作瓦科③的舞者头戴长着犄角的动物面具，身着华丽衬衫和用各种颜色勾线的白色裤子。巡游队伍中还有小丑和涂成黑脸的男人，但主角是男扮女装的黑妈妈。黑妈妈的脸被涂得墨黑，戴假发，穿着短裙和丝袜，故意用织物把胸部垫高，手里举着一个象征圣婴的玩具娃娃和一瓶水，扭捏作态，招摇过市，不时地，将瓶子里的水洒向旁观的人群。

如今的黑妈妈节上，黑妈妈通常骑着一匹盛装打扮的骏马，由另一匹马背上的圣婴陪伴。圣婴的后面是护送队伍，队伍中的人都把脸涂黑，装扮成被西班牙人从非洲贩运到美洲的奴隶。

至于黑妈妈如何成为安第斯山区节日庆典上的主角，西方学者给出了不同解释。有说黑妈妈本是圣婴的女仆，还有说她是圣母的女厨，以及象征获得自由的奴隶，不一而足。

从某种程度上讲，蒂瓜皮画亦可看作是土著人一生的记录：出生，洗礼，

---

① 鲁库：Rucu。

② 黑妈妈：Mama Negra。

③ 瓦科：Huaco。

婚丧，嫁娶，无一遗漏。

新生命的降临无疑是山谷中的大事。亲朋好友携带礼物登门道喜。为款待来宾，女主人会操持几个时日，尽其所能提前备好丰盛的食物，男人们则会通宵畅饮由甘蔗酿制的高度烈酒。

宗教洗礼常被安排在新生儿诞辰的五六年后举行。从降生到洗礼，这么长的间隔完全是出于经济方面考虑。在山区，任何一个土著家庭筹备得体的欢庆都非轻而易举，一场隆重洗礼的开销可以耗干家中几年的积蓄。

婚礼同样耗资巨大。所以，民事婚庆几年之后再到教堂举行宗教仪式已成为通行做法，只是待到这时，不少新人早已为人父，为人母。

在教堂举行的婚礼都非常正式。新人必须向亲朋好友发送印制好的精美请柬，还要费心思为每一位到场的客人准备礼物。仪式中，新郎新娘与各自双亲并排而坐，如果有了下一代，须将孩子放在膝头。然后，点燃蜡烛，由牧师来做弥撒。在诵读贺词的同时，牧师用一根布绳绕在两位新人的肩头，预示永结同心，生死相依。新郎新娘还要低头跪谢父母，接受老人的祝福。婚礼仪式在所有亲朋好友的握手问候中结束。

仪式的落幕不过意味着欢宴的开始。大型庆祝活动可以达到200位受邀客人同时到场的规模。美食，烈酒，音乐，舞蹈，通宵达旦。由于举办一次婚礼的开支过大，为节省开销，许多年轻夫妇便将婚礼与孩子的洗礼仪式一并举行，也实在是不得已而为之。

蒂瓜皮画很少反映教堂内的婚礼和洗礼仪式，主要是外国游客对这类源自西方的宗教仪式兴致寡然，作品不如户外节庆题材好卖所致。

当然，时代在发展，土著人的婚庆习俗也在改变。第一次在厄瓜多尔期间，一次和太太驾车出游，巧遇路旁一位搭顺风车的土著姑娘。上百公里山路结伴同行，谈天说地，民风民俗自然是少不了的话题。姑娘单身，正在读大学，还没有意中人。从交谈中明显感到，像她这样受过高等教育的土著姑娘已不会接受传统婚礼仪式。姑娘说，过去持续时间最长的婚礼，先在男方家操办三天，然后移师女方家，又是三天。一个星期下来，耗光两家老人几年省吃俭用的积蓄，劳民伤财。姑娘希望未来的心上人身体健康，忠厚正直，会尊重她的意愿，两人能有共同语言，对财产、相貌、家庭等方面则没有要求。至于彩礼，姑娘表示，开通的父母已承诺届时会赠送一套新式电子点火燃气灶具，既寄托着长辈希望新人和和美美过日子的真诚祝福，又能免去女儿使用传统土灶烟熏之苦。

与丧葬有关的题材在蒂瓜皮画中出现不多，见过的作品多表现守灵的场景。对土著人来说，逝去的亡灵身旁如能有亲人围簇，屋内再有天使飞翔，便是喜丧。

我不确定土著人是否有中国人事死如事生的概念，也不易遇到合适时机探寻。老人忌讳，开不了口，年轻人根本不知道，又信不过异族人模棱两可的信口开河。

正统的土著遗体告别仪式在家里举行。临时设立的灵堂内，逝者静卧于敞开的棺木中，周围有素洁的鲜花点缀，前来告别的亲朋好友会点燃白色的蜡烛寄托哀思。灵堂设立三日，时候一到，仪式结束，棺木被抬到墓地下葬。

对土著人殡葬风俗的了解，我更多是通过西方摄影师的系列组照。我自己在山区休假旅行时也不止一次在村头遇到过送葬的队伍，在那种天塌地陷的悲恸时刻，实在无法举起相机，所谓的机会就这样一次次擦肩而过。

后来发现，并不是所有人都抢呼欲绝，送葬队伍中不少人有说有笑。在这些人看来，生命的终结其实是一种解脱，逝者从此摆脱人间的苦难，到天堂尽享宁静和欢乐，所以洒泪之后应该笑逐颜开。

我于是壮着胆子征询对拍照的意见，家属满口应允。如此，在玻利瓦尔省首府瓜兰达市郊外的农村，我得以从村口一路跟随送葬的队伍到墓地，完成了一次全程拍摄。

物有生住异灭，人有生老病死。

蒂瓜皮画不乏反映土著人寻医问诊的作品。当下，虽然身体不适时大多数土著人会求助现代医学手段，但与此同时他们也会去找萨满，二者并行不悖。土著人相信，萨满不但能治愈身体的疾病，而且还能拯救人的灵魂。

在厄瓜多尔，萨满主要集中在东部亚马逊热带雨林地区，那里动植物种类繁多。土著人据此以为，萨满手握神秘力量，能够吸取自然界动植物生命中的能量，并传递到人的体内。

雨林中，萨满的典型装束是头顶鹦鹉羽毛编织的帽冠，脖子上佩戴美洲豹牙齿串起的项圈。在动物保护人士看来，编织一顶帽冠要杀死四五只体型硕大的虎皮鹦鹉，是件很残忍的事。可在土著人眼中，口口声声将环保挂在嘴边的“文明人”，动辄在雨林大举伐木，开采石油，埋设天然气管道，殃及的又岂止是区区几只鹦鹉？

事实上，相当多的蒂瓜艺术家从未到过热带雨林，除了路途遥远，山民不喜雨林的高温湿热以外，惧怕林中的毒蛇猛兽和各种昆虫也是一个原因。因此，反映萨满给土著人治病的作品多系艺术家凭空想象，画家本人未必身临其境。

细心的人可能会发现，在萨满治病的画上经常有猫头鹰存在。那是因为在土著人看来，猫头鹰是萨满与天地沟通的信使，祥瑞无邪，而色彩斑斓的热带丛林鸟，也能给人带来好运。

萨满在基丘亚语里被称作雅查克[①]。2013年初，在圣多明各·德洛斯萨奇拉斯[②]省的艾尔波斯特，历经周折，我终于获准观摩并拍摄萨奇拉人居住区里的萨满给长期头痛失眠的患者治疗。

萨奇拉人早年也叫科罗拉多人。在中国互联网上，他们被称为“红毛族”，源于当地男子用胭脂果的天然红色染头发，故此得名。同理，当地男女还用颜料在面部勾画出一条一条的纹线。胭脂果的红色时间长了会变黑发暗，如果要彻底洗掉，得等到一周以后。

萨奇拉女人的服饰很有特色。她们的裙子上布满不同颜色组成的鲜艳条纹，从成年女子裙子上条纹的宽窄粗细，大致可以判断女子的婚姻状况。宽条纹表示已婚，窄条纹说明尚未婚配。

---

① 雅查克：Yachac。

② 圣多明各·德洛斯萨奇拉斯：Santo Domingo de los Tsáchilas。

在亚马逊雨林，萨满给人治病多在夜间密林深处属于他们自己的领地点燃篝火进行。但圣多明各·德洛斯萨奇拉斯省地处山区向沿海的过渡地带，在这一区域，萨满白天也会在定居区内行医。

一间秸秆围成的茅草屋，四壁透光，正对入口的墙上挂着死人头盖骨、美洲豹豹皮和飞禽标本。一张用竹子做成的条案紧贴墙壁，上面错落摆放了大大小小的透明玻璃瓶，瓶中可见液体浸泡的毒蛇、昆虫和植物果实。

患者脱光上衣，面向条案低头静坐。条案上已点燃自制的熏香，发出缥缈的青烟，烘托出虚幻的神秘。一旁的萨满手持挂满叶子的树杈，口中念念有词，一边在患者头部附近上下挥舞，一边将嘴里含着的酒精液体喷在患者头部和身上。

土著人觉得，缕缕青烟能够带走体内邪气，而喷在身上的液体则能去除肌体和精神的顽疾。

接下来，萨满开始按摩，从患者的头部到颈部，一个疗程大约持续10分钟。

安第斯山区也有萨满，行医采用截然不同的方式：首先让一只豚鼠从患者身旁爬过，之后将豚鼠宰杀，开膛剖腹检查脏器，再根据豚鼠体内的检查结果，推断人体相应器官的病患。

从基多到圣多明各·德洛斯萨奇拉斯省的艾尔波斯特，往返路上大约需要六七个小时，其间重峦叠嶂，急转弯一个接一个，我没有做过统计，但九曲十八盘肯定不止。这段路早年未铺设柏油，被公认是厄瓜多尔最危险的路段，倘若有司机能平安驶完全程，则被看作可以车行全国畅游无阻。

拍摄当日清晨5点就出门，中午无暇午餐，返回已是下午。摄影不仅是体力活儿，也极其耗费脑力，尤其是使用不含任何电子部件的机械胶片相机，曝光、聚焦、快门、景深控制，全靠大脑高速运转。紧张专注过后稍事松懈，立刻人困马乏，以至于回程的某一个瞬间，我竟手握方向盘在山路上打起盹来，吓得身边的向导失声尖叫。惊醒的同时下意识猛踩油门，睁开双眼，不禁倒吸一口冷气。原来，以八九十公里时速在山间疾驶的吉普车，正一头撞向同侧方向行驶的一辆长途大客车，距离已近至毫厘。好在有惊无险。经此一吓，那天余下的归程再无困意。

蒂瓜皮画也不乏关于圣经故事的描述。亚当夏娃，诺亚方舟，经土著艺术家解读并添加了典型的安第斯山区元素，画面繁复，若不加以特别说明，很难让人一下想到本来的出处。

蒂瓜皮画折射的历史轨迹

蒂瓜皮画，浓艳瑰丽，风格粗朴，看似着眼于民风民俗和生活场景的随性表达，实则记述了厄瓜多尔土著人自印加时代一路走来的亲历：印加人的祭天仪式，哥伦布的到来，印加人与西班牙人的战争，印加将领鲁米尼亚维被处决，西班牙人的横征暴敛，庄园里被鞭打的仆役，土著人为争取权益封堵道路，20世纪90年代末地震造成的恐惧，走进蒂瓜的外国观光客……一幅幅皮画拼接起来，俨然就是一部土著人用画笔挥就的自身发展史。

从1445年大举征讨到1534年鲁米尼亚维血洒战袍，印加人在今天厄瓜多尔这片土地上停留不足百年，势力范围仅限于山区，蒂瓜艺术家却不吝笔墨，对欧陆殖民者到来之前占领这片土地并对自己施暴的近邻极尽歌功颂德。

历史就是这么有趣。当年西班牙人立足未稳，土著人像迎接救星一样张开双臂拥抱陌生的欧洲人，指望他们能赶走印加帝国的庞大势力，乃至不惜搭上性命助西班牙人一臂之力。却不料印加人走后，西班牙人开启了一轮更加野蛮残暴的征服，以至于土著人的后裔情不自禁怀念起了曾被他们祖先恨得咬牙切齿的印加将士。

庄园制紧随西班牙人的殖民统治应运而生，是庄园主和家人的天堂，却成了土著人挣脱不掉的牢狱。蒂瓜皮画的创始人胡里奥·托阿基萨，他的父辈曾是蒂瓜庄园的800名仆役之一。据胡里奥记忆，仆役之间讲西班牙语是禁忌，一旦被庄园主或手下发现，将会遭到毒打，因为庄园主担心，掌握了西班牙语的仆役会逃往异地。

2004年，胡里奥·托阿基萨创作出了一幅反映蒂瓜庄园仆役悲惨境遇的作品。画面上，庄园主和家人以及他的土著情人在花园享受着饕餮美食。一墙之隔的院外，雇佣的打手正对仆役拳脚相加。更远处的地头，光天化日之下女仆惨遭强暴。

蒂瓜皮画源于山区宗教仪式和节日庆典中的皮鼓、面具，自从以绘画的形式出现，方得以迅速发展，题材越来越丰富，涉及领域也不断拓宽。

厄瓜多尔当代政治、经济和社会生活近年来在蒂瓜艺术家的笔下得到更多展现，比如，本国和外国石油公司在亚马逊热带雨林开采石油，污染了周边的土质和水源。自20世纪90年代起，为争取自身权益，土著人举行示威游行，封堵公路。首届美洲土著人会议召开。1992年，居住在亚马逊雨林的土著人于13天内步行200英里到基多，与山区的土著人汇合。1994年，山区的土著人举行声势浩大的游行，要求进一步土地改革。1996年，为改善自殖民时期以来近500年处于社会底层的不公平地位，厄瓜多尔全国土著人联合会决定推举一位土著人参选总统。土著人还成立了名为“帕恰库蒂克①”的政治运动团体。在基丘亚语中，帕恰库蒂克有变革的时代之意，仅从这一名称即不难看出土著人高涨的参政意愿。同年，厄瓜多尔诞生了第一位土著人国会议员路易斯·马卡斯②，他的头像和帕恰库蒂克政治团体鲜艳的旗帜一时成为土著人的英雄偶像和精神寄托……甚至内阁倒戈、国际货币基金组织强加给南美国家苛刻条款、反全球化、“9·11”恐怖袭击中世贸双子楼被撞击等题材，在蒂瓜皮画作品中也多有表现。

画家群体的形成

自20世纪80年代起，蒂瓜的土著居民大量外迁，游离于城市的边缘。造成村民背井离乡的原因很多，归根到底还是与土地和经济社会发展水平有关。

传统上，土著家庭人口庞大，一对夫妻育有10个以上子女司空见惯。

---

① 帕恰库蒂克：Pachakutik，1995年11月1日诞生，主张土著人自治，维护土著人权益，呼吁尊重土著文化，反对剥削，抵制新自由主义，被认为是厄瓜多尔政坛一支激进的左翼力量。

② 路易斯·马卡斯：Luis Alberto Macas，1950年6月3日出生，厄瓜多尔土著政治家、知识分子，帕恰库蒂克创始人之一。

1964年土改后，每个土著家庭分到一块自己耕种的土地。但若指望有限的土地养活一大家子显然勉为其难。更何况，按照旧式习俗，家庭成员中只有长子拥有土地继承权，其余子女分不到田产。这样，从20世纪60年代到80年代，大约有30%至40%的土地过继到土著家庭的下一代成年长子名下。直到90年代，土著首领才意识到长子之外家庭其他后代成员的困境，遂决定其余子女也可平分父辈田产。可是，细分成小块的土地更难解决每个家庭吃饭的现实问题。

山区教育落后，多数土著孩子只能勉强读完6年制小学。文化程度决定了他们即使外迁到城市，也只能从事搬运、建筑等低级体力劳动，收入状况不可能乐观。

销售亲手创作的皮画，极大改善了土著人的境况，特别是1982年蔓延全国的经济危机，更使卖画所得成为家庭重要经济来源。由此，蒂瓜皮画如雨后春笋般涌现。

统计显示，仅1982年一年，以绘画收入贴补家用的蒂瓜画家就占到地区成年男子总数的60%。白天下地劳作，晚上煤油灯下创作，是那一时期土著画家生活的真实写照。

与艺术向来是主流社会衣食无忧的风雅不同，被称作蒂瓜民俗艺术的皮画，自其诞生之日起就始终与土著人的生计密不可分。从这个角度讲，如果蒂瓜皮画被称为艺术，那也是不折不扣的生存艺术。

售卖作品对土著艺术家而言并非手到擒来，因为直到1998年，从普希利经蒂瓜通向基洛托阿火山湖的第一条公路才修筑完成。此前，艺术家们通常要步行很长距离到山下，然后在干道主要路口等候公共汽车。自上车到基多，当年路上要四五个小时。那个时候的基多，面向外国游客的旅游纪念品商铺寥寥无几，艺术家要么支付佣金，通过有限的几家商铺寄售自己的作品，要么在外国游客经常路过的景区守株待兔。由于往返途中耗时过多，如果当日无法将手头作品卖光，无力支付住宿费用的艺术家就只能露宿街头，直到将带来的皮画售完为止。基多海拔2800米，昼夜温差大，凌晨气温很低。在阴

作者摄于2013年6月

说私房话的土著女人

冷的长夜蜷缩于街头巷尾，除了自幼吃苦耐劳的土著山民，很难想象还有其他什么人可以忍受。

交通不便只是一个方面，土著艺术家们还要直面不加掩饰的歧视和偏见。

鉴于越来越多拿起家禽羽毛当画笔的山区农民带着作品穿街走巷，基多市政府便以有碍观瞻为由，堂而皇之地限制土著人进城卖画。对于这样明目张胆的粗暴阻挠，个体的抗争于事无补，生性腼腆的艺术家们于是愤而决定成立自己的行会，依靠集体的力量，捍卫属于自己的权益。

1982年，“蒂瓜土著绘画和工艺品小商贩协会”正式挂牌成立。作为入行较早的画家，何塞·维加·库约当选为首任主席。

上任伊始，维加就把能让皮画在基多艾尔埃希多公园周末的艺术品集市公开销售定为目标。在土著人的不懈努力下，蒂瓜皮画终于在首都这个游人如织的公园争得了与其他艺术品平起平坐的席位。

紧接着，协会又将争取当局资金支持，改善土著人居住条件为己任。最终，他们用划拨到位的资金，为蒂瓜的贫困家庭建造了40幢简易住房，还盖起两栋小楼，当作艺术家的画室。

财聚人散。渐渐地，协会成员之间出现了分歧，原本当作画室的小楼被协会领导成员挪作他用。随着矛盾的加深，在担任主席5年后，维加被赶下了台。

1989年，蒂瓜和钦巴库丘两地的艺术家联合发起成立了“蒂瓜—钦巴库丘土著文化从业者自治协会”，胡里奥·托阿基萨担任主席。3年后，托阿基萨的儿子继任。这个跨区协会由35名成员组成，其中15名为女性手工艺人，仅有的两名女性画家中，一位是托阿基萨的女儿，另一位是他的儿媳妇。

蒂瓜皮画创作者中，绝大多数来自人丁兴旺的大家庭，像库约、维加、托阿基萨等，这些家庭的孩子自幼受到浓烈乡土艺术氛围的熏染。阿尔曼多·库约5岁开始学画，他画树木、家禽和雪山，用画笔展现一名土著儿童眼中的缤纷世界。

托阿基萨有11个子女，二儿子古斯塔沃·罗德里戈·托阿基萨生于1971

年。古斯塔沃儿时与蒂瓜孩子并无区别，放学后撂下书包，帮助父母下地务农，割草放羊。后来，他拜父亲为师潜心学画，现在已经是走出山村的土著艺术家，作品在欧美大都市的画廊或美术馆时有所见。古斯塔沃还是作家，他的作品《狼舅舅的神话》被翻译成西班牙文、英文和德文，在欧美国家的书店上架销售。

在厄瓜多尔，上述画家的名字出现在众多作品中。由于家庭间相互通婚，人们在蒂瓜皮画上便经常见到库约・维加、维加・托阿基萨或者库约・托阿基萨的签名，这是联姻的结果。美国学者珍妮・科尔文在2000年时针对蒂瓜100位画家的统计显示，其中有25位画家姓库约，23位画家姓托阿基萨，另有8位画家姓维加。

不难理解，出名画家在获取经济利益的同时，亦开始谋求权力地位，彼此间为赢得土著人政治运动或团体领导权展开的角逐十分激烈。而出道农民的画家与同村乡亲间的龃龉也日益加剧，各种矛盾交织纷繁。

至20世纪末，安第斯山区全职或兼职土著画家超过300名，由他们组成的各类协会达到10余个。

画家的外迁

20世纪80年代初期，蒂瓜艺术家外迁尚不普遍，多数人还是定居山区。但是，自80年代中期以后，越来越多的画家，尤其是那些出了名的画家，相继搬到城里居住。这么做除了一劳永逸免去因卖画所受的旅途劳顿和额外开支，还能改善创作条件。

那个时候，山区没有通电，到了晚上就只能在煤油灯下作画。光线不理想只是一个方面，黑色的煤油杂尘飘落到未干透的颜料上影响画质，更令画家苦不堪言。

皮画彻底改变了蒂瓜传统社会分工。不管每个周末固定进城，还是一个月内不定期进城几次，由于卖画的男人当日不一定能够返家，女人就不得不承担起之前属于男人的劳务。她们既要下地劳作，放牧羊群，又要操持家务，照顾子女，成了名副其实的一家之主。

对于世代居住在山里的乡下人来说，大城市五光十色，各方面条件山村无法比拟，吸引力难以抗拒。将妻儿老小接到城里后，画家可以专心创作，由妻子负责营销，孩子们则能够接受更好的教育。

据统计，到20世纪90年代末，已有大约80%的蒂瓜画家定居基多。2000年，厄瓜多尔政府宣布执行美元化货币政策，以美元取代之前本国流通货币苏克雷。此举进一步拉大了卖画收入与出售农产品所得的差距，导致那些尚未离开蒂瓜仍在观望的少数画家再也无法一边下地务农，一边安心创作。三思之后，他们也把山村的土地留给家里年迈的老人，搬到基多、拉塔昆加等城市居住。

这一时期，先一步定居城里的画家，因为较早接触外国游客，了解市场行情，有的人已放下画笔，做起了中间商的行当。他们从稍晚进城的画家手中低价购画，然后加价出售，从中套利。由于谙熟游客心理，这些中间商甚至开始给刚进城的画家规定画幅尺寸，设定作品题材，出现了下单定制的模式。

表面上看，蒂瓜皮画产销两旺，一派繁荣。可是，凭创作过上富裕日子的艺术家仍仅停留在个位数。70%的画家虽身居闹市，却无法指望单靠卖画安身立命，不得不另谋职业养家糊口。而在剩余30%专事创作和卖画的蒂瓜艺术家中，大约有一半人的月收入只能勉强达到法定最低工资标准，至于发财，不过是一个连想都不敢想的梦。即便如此，已在城里扎下根的画家也没人愿意踏上并不遥远的返乡路，只有提笔作画时，才会重温一去不复返的失乐园记忆。

接下来发生的一切更加似曾相识。具备了城里人商品意识的蒂瓜艺术家，为了多卖画，卖高价，也学会了抄袭和造假。有的艺术家雇人代笔，自己在作品上签名了事。还有的，专门模仿名家作品和签字，几近以假乱真。厄瓜多尔主流文化圈本来就对出自草根之手的蒂瓜皮画多有排斥，这下更加嗤之以鼻。

今天，真正出自蒂瓜名家之手的皮画已难得一见。在基多苏克雷工艺品市场和艾尔埃希多公园的周末艺术品集市，为防被抄袭，名家名作即使有，也常被用厚布遮盖起来，只有看到面前站着真心实意的买主，商贩才会小心翼翼地将作品摆放出来。

艺术与工艺品之争

“蒂瓜—钦巴库丘画家协会”把蒂瓜皮画分为ABC三档，A档为最高等级，B档次之，C档垫底。该协会用以下几项标准评判皮画水准：1. 构图，组成画面的元素，细节的刻画和明暗处理。2. 色彩的运用，颜料的质量。浓艳的色调，使用油画、丙烯颜料或二者混合的颜料为上品。3. 题材的原创性，对土著人文化生活还原的真实度。简单的风景、雷同的主题被认为是低劣的次品。4. 皮革和画框材质的选用及加工处理，画幅的尺寸。利用羊皮边角料绘制的5厘米×5厘米的小画幅一律被评为差档。

此外，名家真迹并有签名的作品为A档。虽然名不见经传但是基本功扎实的画家作品归为B档。至于手法生硬、比例失调、画面呆板、皮革和画框粗制滥造的则一律被打入C档。

如今，外国游客在基多苏克雷工艺品市场和艾尔埃希多公园的周末艺术品集市遇到的蒂瓜皮画，基本为B、C两档。A档作品奇货可居，不是在画廊待价而沽，就是在少数中间商或知名画家手中，很难再像20世纪八九十年代那样随意委身于工艺品市场。

与皮画分三六九等一样，创作群体也呈现两极分化，且这一趋势在最近一些年变得尤为明显。较早出名的艺术家已形成自己的风格，他们的作品画面生动、主题突出、色彩逼真、比例协调、层次分明、叙事完整、创新不断，被视作艺术品，而其他则被打入工艺品之列。

客观地讲，艺术属于形而上学的范畴，不同门类、迥异的文化背景间很难用固有标准生搬硬套进行评判。

蒂瓜皮画没有精绝的笔法，却不失盎然的趣意。自20世纪90年代在美

农舍墙上的壁画

作者摄于 2018 年 10 月

洲国家组织和联合国教科文组织亮相至今，关于皮画是艺术品还是工艺品的属性之争，在文艺批评层面从未间断。出道农民，未接受过系统规范的训练，成为蒂瓜画师及其作品的软肋而饱受诟病。

总的来看，反倒是欧美日本等西方国家对皮画的宽容度和接受程度较高。1992年，大来国际信用卡公司评选出了厄瓜多尔百位知名艺术家，为此还特意出版了一本精装画册，对每位艺术家和他们的代表作予以点评。其中，蒂瓜画家被当作一个群体占有一席之地，而厄瓜多尔本国文化艺术界却对土著艺术家不屑一顾，多有排斥和抵触。

在厄瓜多尔驻外使馆文化专员极富艺术情调的家中，本身就是艺术家的主人私下里对我敞开心扉说，作为文化官员，他曾在国外使馆举办过蒂瓜皮画作品展，但那是奉政府之命，履行向驻在国公众推介本国文化义不容辞的责任，而内心里，他无法说服自己作为艺术品来接纳蒂瓜皮画。回想起初次受邀登门时，热情的女主人如数家珍般向我介绍挂满四壁的名家名画，文化专员的一席话格外耐人寻味。

在厄瓜多尔25万余平方公里的国土上，很多当地上流社会人士未听说过蒂瓜，对此我已见怪不怪。在我的当地友人中，不乏家中有所收藏、热爱文化并且艺术修养颇高的名流雅士，但我不记得他们家里满墙的绘画作品中有过哪怕一幅蒂瓜皮画。

“若批评无自由，则赞美无意义。”这是18世纪后半叶法国著名剧作家博马舍的不朽名言。其内涵已超越具体所指，早被引申到更广阔的空间。

厄瓜多尔主流社会对蒂瓜皮画的态度无可厚非。更何况，众口一词的大加颂扬未必意味着发自内心的赞美。

土著人没有文字，这使其与外界交流先天不足。迄今，土著人的文化、宗教、信仰、思想能够为世人所知，皆为外人执笔代言，当中多大程度还原了本真并得到土著人的认同，非常值得审视。

蒂瓜皮画打破了土著人对外界长期保持的沉默，是厄瓜多尔境内安第斯山民用绘画语言诉说喜怒哀乐，抒发精神世界的视觉表达，更是记录土著人生产、生活、历史、现状以及发展进步的活字典。

皮画的问世，开启了一扇以土著人的视角和思维方式观察、了解厄瓜多尔演进变化的窗口。从这点上讲，不管是艺术品，还是工艺品，它都已超越了单纯的绘画作品，从而在政治、经济、社会、人文、土地所有制、矿产资源开发以及环境保护领域具有重要研究价值。

不知往昔，何谈未来。

我一向偏执地以为，仅通过电视、报纸和道听途说了解一国国情，不啻于盲人摸象，顶多只能看到视距之内一阵轻风即可吹开的表面浮土。真要理清脉络，融会贯通，形成有坚实依据的独立判断，还得回到历史和人文中。因为历史不仅回顾过去，而且还明晰未来。人文则更是有体温可触摸的鲜活记忆。这也正是作为一个外国人，我对蒂瓜皮画感兴趣的原因之所在。

2018年4月15日

帕帕亚克塔度假村

作者摄于 2013 年 2 月

第三夜
帕帕亚克塔的雾和雨

到基多后的第一个春节，我们去了帕帕亚克塔[①]。

早晨离开海拔2800米的基多城，晴天旭日，万里无云。车子穿过富贾新贵聚居的昆巴亚新城继续向东，一路走走停停，直到驶出人口稠密的城镇进入山区才畅快起来。但见峰峦起伏，然都不甚突兀，树也是深色的灌木，挺拔，苍俊，好像一道道屏风。

不时地，散落在路旁孤零零的简陋民居一晃而过。院中土著妇人头戴棕色宽檐毡帽，背着白布包袱，瘦小的身影过目不忘。心中顿有所感，疑似哪里见过，细想却全无可能，不觉已经错过。

随着帕帕亚克塔越来越近，地势逐渐升高。不知何时，天色暗淡下来，车窗外降下浓重的雾，周围混沌一片。能见度急剧下降，不得不拉开车距，打开大灯，谨慎前行。车内一片静寂，只闻轻匀的呼吸。

如此，65公里路的后半程几乎在雾中穿行，这使原本一个半小时的车程变成了两个多小时，而且战战兢兢。

帕帕亚克塔海拔3710米，在卡延贝[②]和安蒂萨纳[③]两座火山之间，位于卡延贝—科卡国家生态公园领地。卡延贝火山海拔5790米，论高度，位居厄瓜多尔境内所有火山的第3位，更有“赤道线上海拔最高雪峰”之美誉。

在基丘亚语[④]里，帕帕亚克塔意为“土豆生长之地”，但如今出名的却非

---

① 帕帕亚克塔：Papallacta。
② 卡延贝：Cayambe。
③ 安蒂萨纳：Antisana。
④ 基丘亚语：Quichua。

土豆，而是温泉。想来，眷顾泉池乃天边的故乡方兴未艾之趣，不像是山民喜闻乐见的消遣。纳闷众人为何不辞远道前来，难道非如此不足以远离尘嚣，或了却思乡之情，抑或兼而有之？不得而知。

远在印加时代，帕帕亚克塔已声名远播。那时，从战场退下来的部落武士在此地落脚，或疗伤，或休养。西班牙殖民时期，名噪一时的“桂树之路”亦由此穿过。1947年以后，帕帕亚克塔又被称作“圣米盖尔的宿营地”。

作为休闲疗养胜地，帕帕亚克塔的变迁始于20年前。1994年，独具慧眼的圣马可不动产公司看中这份旅游资源，买下地产，匠心规划，使之成为今日集休闲、疗养、垂钓、登山和探险于一体的乡间别墅式度假营地。

拜卡延贝—科卡国家生态公园多样的生物资源所赐，帕帕亚克塔不乏丰富的动植物种类，其中仅鸟类即179种，有药用价值的植物超过70种，而旅游指南上更刊出了黑熊在林间嬉戏的图片。由此，与庞然大物在野外相遇，成了不自量力的我最为神往的期待。

因为雾，又因为之后不期而至的雨，视线变得愈发模糊。浩淼的烟波更使思绪翻飞，毫无逻辑。真切感觉到的，只有隔着车窗袭来的阵阵凉意。就这样，车轮溅起飞扬的水花，在雾霭和细雨中向旅店驶去。

拐过一个转盘，汽车离开柏油公路下到乡间土路，颠簸了大约10分钟，终于停下来。呈现在眼前的是一幢石木结构的两层斜坡建筑，孤零零耸立在山坳间一块平坦的空地。来过的人瞪大眼睛，兴奋起来。

弹指间，有旅店侍者撑起伞，穿过雨雾，过来帮忙提行李。推开车门，下到地上，伸个懒腰，舒活一路动弹不得的筋骨，呼吸一口浸着泥土气息的潮湿空气，恍若身处半梦半醒间。

站在檐下，透过清冷的雨幕，才发现，旅店被刚经过的土路分成遥相对应的两半。目力所及，对面的一半仅见一座古旧带顶的木桥，其余皆隐在密不透风的墨绿色树墙后面。桥下传来湍急的流水声，如激流飞度，不禁联想起《廊桥遗梦》的画面，想象着此处当也曾留下过类似影片中男女主人公邂逅的足迹。

推门，入室，利用入住登记的工夫打量四周。粗朴，宓静，较之都市里堂皇的酒店，少了生硬和冰冷，平添绵软与温暖。

这种对比，直至穿过室内公共区域，沿着半隐半现于花丛、或独立、或相连、冒着大团热气的露天泉池旁边曲折的鹅卵石小路步入房间，才随着行李的落地及爱人翻箱取物的忙碌而暂告一段落。

环顾四壁，青石垒砌的壁炉，铺着软垫的藤椅，宽木条拼接而成的天花板，深色的木制墙裙，粉色碎花钩针镶边的棉布窗帘，一切与窗外的景致浑然一体，不觉竟忘记了人工雕凿的印迹。

恍然间，空荡的腹中传来咕噜声，方意识到已近正午。

午餐极其简单。下坡，步行大约5分钟，走进路旁一户不起眼的农家饭馆。

店主大概未料到浩浩荡荡的阵容会从雾雨中闪现，愕然回首，忙唤出正在里间哄逗婴儿的主妇。随即，女人手脚麻利地生火做饭。

为免却洗菜备料之繁尽早充饥，那顿饭，饥肠辘辘的众人相约全点同样的菜：蔬菜沙拉，蒜蓉虹鳟鱼配米饭土豆，清炖土鸡汤，外加一杯草莓汁。

一结账，每人只花6美元。意外，大呼物有所值，竟忘记了屋外仍在飘落的雾和雨。

见此，有知情者不以为然，面带炫耀，说附近三大冰湖中游弋着大量野生虹鳟鱼，连童叟亦可信手拈来，本不算稀奇。又言，精明的日本人正是看中这点，早已在我等来时途经的土路旁开挖池塘，引入湖水，人工放养，待虹鳟鱼长大后捕捞、加工、腌熏、真空包装，直接销往欧美。到了那里，仅一条鱼的售价怕也远不止我们这顿饭钱。

知情人还随口用基丘亚语道出了那3个冰湖的名字，但对不谙土著文化的我而言拗口难记。几经努力，也仅仅记住了帕帕亚克塔，还因其提供基多居民的饮用水，且与“土豆生长的地方”有关。

既是来泡温泉，那么酒足饭饱，自然直奔主题。

回到旅店，顾不得天空中仍在飘散的雾和雨，匆匆宽衣解带，争先恐后下到房前的泉池，纷纷裸裎相见。

这才察觉，池子露出水面处系石板砌就，池底则为蓝色马赛克覆盖，与故乡郊区度假村的并无二致，区别只在于人没那么多，水源也有所不同。

帕帕亚克塔的泉水源自地下深层火山熔岩，无色无味，水质纯净，富含多种矿物质，对风湿性关节炎、骨质疏松、脊椎劳损以及皮肤病有不同疗效。

旅店导游手册提示，在涌出地表的泉眼，水温超过70摄氏度，热到可以煮鸡蛋，流到池中的水温至少也在60摄氏度。但实际体会，觉得不止，以致有人试了水温后跳着脚离开，到附近寻找水温较低的池子。顿觉池内清净起来。

若非目光无意越过环绕泉池客房低矮的房檐，或许注意力尚未离开池中的一汪清泉。怎奈蓦然一瞥，让我多少有些喜出望外，只见远处的青山在雾雨交融中若隐若现。稍许，一片低云被风吹过，之前被遮挡的半山腰处，居然显露葱郁的木栏围场，当中闷头吃草的奶牛，比池中半坐半躺的我还要悠闲。莫名而生一股艳羡，恨不得也成其中一员，哪怕从此改吃素斋。

晨钟暮鼓，安之若素。

亦幻亦真中，奇怪这些体硕温良、看似并不矫健的偶蹄类巨物何以攀上陡峭山坡，难道，果真有传说中的“桂树之路”通向其间？又杞人忧天地担心假如黑熊突现，奶牛当如何化险。

头缠阔叶繁枝、拉弓搭箭、赤裸潜伏于林中的印加武士不经意间悄然浮现。再次无序臆想，直至晚饭时间。

晚餐是重头戏。一上午舟车劳顿，到达之后又泡了一下午热水澡，免不了大快朵颐。只是，印象深刻的既非侍弄精美的鲜嫩烤羊排和樱桃巧克力甜点，亦非开胃的油炸木薯片，而是杯口粘着糖粒、加入桂皮的滚烫葡萄酒。小酌浅抿，顿觉一股暖意顺着嗓子眼儿直泻脚底，霎时，忘记了窗外冷风中仍在飘落的雾和雨。

转瞬，已是倦鸟知归暮色深沉。回廊壁上，昏暗的灯光在空旷的山谷发出催眠的召唤。

走回房间的路上，冷风吹来，不禁打个寒战，思忖如何熬过帕帕亚克塔雾雨交加的绵长夜晚。到了门口猛然发现，地上不知何时堆放着一捆长短不一的劈柴，枝杈间还挂着雨珠，晶莹欲滴。

山民的细微体恤就像一整天飘浮的浓雾，触手可及，又不留痕迹。

熊熊火光映红脸庞，燃起的木柴混着松油吱吱灼烧，发出噼里啪啦的爆响。我慵懒地陷进藤椅，随手拾起余秋雨的《非亚之旅》。书中描述的碧海黄沙、无垠戈壁，与窗外的空谷幽寂、丛林小溪情致严重不一，根本读不进去，索性合卷而起。

那晚，直立窗前，隔着淅淅沥沥的雨，徒劳地在朦胧夜色中寻觅全然不见轮廓的山际，可最终映入眼帘的，却是《福萩三十六景》，以及东瀛舞台聚光灯下伊人低吟浅酌时的梨花带雨。

红尘孤影，晓风残梦。

是夜，帕帕亚克塔的雾和雨，不知不觉飘进心底。

2012年6月16日

《干花》三

油画，1994年创作，110厘米X220厘米

图片来源：瓜亚萨明基金会

第四夜
瓜亚萨明——一代画坛巨匠的生前身后

瓜亚萨明作品2014年在国内展出前，内地互联网上关于画家的信息少得可怜。除去一篇称他为“中国人民老朋友”的前外交官回忆短文，就是中央电视台《极地跨越——前方报道》的一期专辑。

那期不远万里拍摄制作的前方报道，以“爱是血肉，正义感是骨骼”为标题，当中出现了一幅注明“瓜亚萨明向徐悲鸿学国画”的黑白照片。

瓜亚萨明访问中国是在1960年，徐悲鸿早在1953年就已作古，二者怎能同台切磋画艺？

这期标注中央电视台版权所有的专栏，今天仍在网络上，随便打开一个搜索引擎，只要输入“瓜亚萨明，徐悲鸿”就能找到。

正是这个显而易见的错误，把我带入了画家的生前身后，那是2012年的4月20日。

让我始料未及的是，从首次接触一代画坛巨匠的家人到明窗开笔，中间整整跨越了6年。

出道贫寒的艺术天才

奥斯瓦尔多·瓜亚萨明1919年7月生于基多一个穷苦人家，在10个兄弟姊妹中排行老大。父亲何塞·米盖尔·瓜亚萨明是土著人，做过木匠，当过出租车和卡车司机。母亲多洛雷斯·卡雷罗身上也有一半土著人的血液。

瓜亚萨明很小即展露了艺术天赋。7岁起，他就给学校的老师和同学画漫画像，每周还为母亲打理的杂品店更换自己绘制的广告牌。偶尔，瓜亚萨明也到总统府前的独立广场，向过往游客出售他创作的风光及明星肖像。

这些绘画，皆以母亲杂品店里装大米、面粉或者白糖的麻袋和废旧纸板当画布，颜料也由不同颜色的沙石、土壤磨成粉末，掺上亚麻籽油调制而成。从一个侧面折射出家境的窘迫。

1932年，13岁的瓜亚萨明考入基多美术学校，开始接受系统规范的训练。此前，鉴于“缺少慧根”，他曾先后被6所学校拒之门外。

面对挫折，瓜亚萨明并不气馁。进入基多美术学校后，凭借出众的才华，他如鱼得水，很快崭露头角。按照惯例，当时学校每年举行一次年终美展，只允许老师参加，而瓜亚萨明却是全校惟一获准展示作品的学生，水平可见一斑。

不过，尽管瓜亚萨明禀赋卓然，但父亲还是坚决反对儿子在艺术的道路上发展，老人希望子女都能成为军人、律师或牧师，捧上一个可以安身立命

瓜亚萨明（左一）访华期间向中国画家陈之佛学画国画

图片来源：瓜亚萨明基金会

的稳定饭碗。为此，父亲还动手打过屡教不改的倔强儿子。

说来奇怪，就是这样一个父母没有文化又人口众多的底层家庭，寒门子弟长大后却全都成了有用之才。他们当中涌现出了建筑师、工程师和音乐人，虽然名气无法与瓜亚萨明相比，但是也足以令人刮目相看。

有才之人多有个性。

瓜亚萨明桀骜不驯，从不循规蹈矩。在校期间，正值土著人反抗运动风起云涌，国家经历剧烈变革的年代，瓜亚萨明小小年纪就以极大的热情投身大潮。由于参与抗议政府的示威游行，还公开发表反对学校高层的言论，他曾被校方勒令退学，只因一才难求，后得以重返校园继续就读。

这段经历，经常引起瓜亚萨明沉思，也深刻影响了画家日后的人生及创作轨迹。尤其是他最好的朋友曼哈雷斯在“四日战争”① 中被流弹击中身亡，更促使画家将视线转向下层民众与社会不公。

瓜亚萨明1941年完成学业，获得了绘画和雕塑两项证书，还进修了与建筑学有关的课程。他的毕业作品为3幅油画，分别是《死去的孩子们》《采石场》和《罢工》。其中，《死去的孩子们》就是为纪念“四日战争”中惨遭屠杀的儿时伙伴而饱含激愤，挥泪创作。

从这3幅毕业作品中人们不难发现，此时的瓜亚萨明对穷苦百姓充满同情，已经开始用画笔作武器，踏上了声讨独裁暴政和与黑暗专制作斗争的征程。

从扬帆起航到分道扬镳

一个人的成功除了天分和努力，机遇也至关重要。

20世纪40年代的厄瓜多尔，一介布衣土著，若想在艺术领域获得主流社会认同，比登天还难。1942年，步出校门才一年的瓜亚萨明在基多举办了个

① “四日战争”：西班牙文Guerra de los 4 Días。是指1932年8月29日至9月1日，围绕保守党人内普塔利·博尼法斯(Neptalí Bonifaz)赢得总统选举一事，自由、保守两派势力支持者在首都基多爆发的流血冲突。这场武装冲突造成上千人遇难，被历史学家认为是进入共和时期后基多发生的最血腥惨案。

年轻时的瓜亚萨明

图片来源：瓜亚萨明基金会

人画展。这一年，画家刚满23岁。

出人意料，展览引起了巨大反响，只不过不是缘于作品本身的艺术水准和带有强烈个人色彩的表达方式，而是题材和内容涉及敏感的时政，揭露了不可见光的社会阴暗面。

就在众说纷纭之际，一位大名鼎鼎的人物悄然走入展厅，他的涉足如雪中送炭，帮助画家开辟了广阔天地。此公就是纳尔逊·洛克菲勒[1]。

其时，洛克菲勒担任美国国务院美洲事务协调员，刚结束在厄瓜多尔的旅行，因为返回美国的航班延误，被迫滞留机场。惜时如金的洛克菲勒不甘在候机室白白浪费宝贵的光阴，于是吩咐手下，就近找个画廊或随便看个展览。如此，歪打正着，进入了瓜亚萨明的个人世界。

对洛克菲勒而言，彼时的瓜亚萨明纯属无名之辈，他对画展之外的各种争议也一无所知，是作品本身让极具艺术修养的洛克菲勒眼前一亮。他急忙差人打探，期望能赶在飞机起飞前一睹作者真容。

当瓜亚萨明现身展厅的那一刻，面对乳臭未干的后起之秀，洛克菲勒简直惊为天人，大加赞赏之余，毫不犹豫购买了7幅展品。

这里面有个插曲。20世纪40年代初，信用卡还没有发明使用。根据西班牙文互联网信息的描述，一行摸遍全身口袋也未能凑足买画的钱款，无奈之下，洛克菲勒只好靠个人信誉背书，先预付订金赊购，回到美国后再汇去余款结清账目。

对网络传闻缺乏信任的我特意向画家的长子巴勃罗·瓜亚萨明求证。电话的另一端，巴勃罗先是表示闻所未闻，而后马上提供了另外一个版本。他说，当时父亲半开玩笑半认真地对洛克菲勒讲，假如能一次买下展厅里的7幅画，那么，还可以任意挑选1幅带走，权作赠品。已然对作品爱不释手的洛克菲勒听罢没有半点迟疑，当场选中了墙上悬挂的7幅展品。见此，瓜亚萨明也爽快兑现了承诺。

无论如何，这只是拉开了故事的序幕。

不久，瓜亚萨明如数收到汇款，他以为事情到此一了百了。可没有想到，洛克菲勒回国以后，日理万机中，一直把远在南美的艺术家挂在心上。很快，瓜亚萨明又收到了美国国务院发出的邀请信，以官方的名义，诚邀他携作品到美国办展，一切开销由美国政府负担，具体事宜亦无须画家劳神操办。

---

① 纳尔逊·洛克菲勒：Nelson Aldrich Rockefeller，1908年7月8日至1979年1月26日。美孚石油公司创始人约翰·洛克菲勒之孙，慈善家、政治家、商人，曾任纽约州州长和美国第41任副总统。

至此，瓜亚萨明这只诞生于安第斯山区的雏鹰，终于得以展翅高飞，迈出了驰骋画坛的重要一步。

1942年到1943年间，大半个世界烽火连天，同盟国和轴心国的战争机器开足马力，在北非、欧洲和远东太平洋战场狠狠对撞，每时每刻都有人命丧疆场。

而在地球的另一端，美洲大陆远离硝烟，成为无数人趋之若鹜的避风港。此时，得到资助的瓜亚萨明，正徜徉于纽约、芝加哥、华盛顿等美国大城市最著名的艺术殿堂。

瓜亚萨明在美国一共逗留了6个月[①]。办展之余，他利用难得的机会，抓紧点滴时间，像海绵吸水一样如饥似渴地获取知识，悉心钻研体会画廊、美术馆中的各种艺术流派。格列柯、戈雅、维拉斯克斯、莫奈、里维拉……年轻的画家博采众长，开阔了视野，积累了心得，为一飞冲天汲取了充足的营养。

半年的时光似白驹过隙，一晃而过。离开美国后，瓜亚萨明紧接着起身飞往墨西哥，拜他仰慕已久的绘画大师何塞·克莱门特·奥罗兹柯[②]为师。

艺术家本特立独行，加上奥罗兹柯年事已高，更为孤僻不易接近。但大师还是收下瓜亚萨明当助手，师徒合力完成了墨西哥城纳萨雷诺耶稣教堂壁画的创作和修复工作。

瓜亚萨明在墨西哥停留一年。朝夕相处的日子里，奥罗兹柯口传心授，使瓜亚萨明获益匪浅。这在画家早年的作品中表露无遗，包括瓜亚萨明后来偏爱创作大型壁画，也是深得大师真传。对此，瓜亚萨明从不避讳，他并不忌惮别人说其作品受到外来元素的影响，只要风格和技法能够表达内心的所思所想，他就加以借鉴和利用。瓜亚萨明曾形象地比喻，当艺术家最初拿起画笔的时候，一如只会爬行的婴儿，惟有站立起来萌生想要行走的意识，才

① 也有说7个月。

② 何塞·克莱门特·奥罗兹柯：José Clemente Orozco，1883年11月23日至1949年9月7日，墨西哥绘画大师，与迭戈·里维拉(Diego Rivera)等被视为19世纪后期到20世纪中叶墨西哥最有影响力的一代画家。

会抓住所能够到的一切，进而小心翼翼跨出第一步，踉跄前行，直到撒腿奔跑……

实际上，画家年轻时模仿过的大师不止奥罗兹柯一位，还有毕加索，还有其他艺术泰斗。

在墨西哥，瓜亚萨明的收获当然不局限于艺术领域，更有不期而至的友谊。正是在那里，他邂逅了后来的诺贝尔文学奖得主、智利诗人聂鲁达①。聂鲁达当时在智利驻墨西哥使馆当领事，二人从此结为莫逆之交。在以后的漫长岁月里，瓜亚萨明曾两度远赴智利面见聂鲁达，还为诗人画过肖像。

天下没有不散的筵席，向恩师的学艺过程转瞬即逝。与奥罗兹柯依依惜别后，瓜亚萨明靠着在美国办展省吃俭用结余的经费一路南下，开启了漫长的南美诸国之旅。哥伦比亚、委内瑞拉、玻利维亚、秘鲁、巴西、智利、乌拉圭、阿根廷，都留下了画家跋涉的足迹。

这趟旅行持续了一年半。所到之处，瓜亚萨明耳闻目睹了土著人、黑人和混血人遭到剥削、被边缘化的悲惨境况，真切体验了广大民众谋生的艰辛。他在用画笔一一记录的同时逐渐发现，人民的困苦和不幸，很大程度上与美国及其一手扶植起来的统治势力有关。

真正的艺术家，不只技法非比寻常，还有成熟的个人思想，否则即与匠人无异。

假如说少年时期热衷政治是瓜亚萨明思想的启蒙，那么，漫长的南美之旅则是这一启蒙过程的深入和延续。当褪去旅途的征尘回到始发地，画家的思想已经完成了巨大转变，形成了一生都无法撼动的牢固体系。

这种转变根植于内心深处，体现在后继作品的创作与表达方式中。

瓜亚萨明有言道：我曾为赤足洒泪，直到看到一个没有双脚的儿童出现，才止住哭嚎！

南美之行还是画家与美国分道扬镳的坐标点。之前对美国人知遇之恩心

---

① 巴勃罗·聂鲁达：Pablo Neruda，1904年7月12日至1973年9月23日，智利当代著名诗人，1971年获得诺贝尔文学奖。

怀感激的瓜亚萨明，自此以后不恋旧情。他将画室当作战场，把一支支画笔化为利箭，毫不留情地射向他认为给人类带来战火、仇恨、灾祸与苦难的华盛顿大本营及遍布世界各地的代理人。

辛勤耕耘的多产画家

瓜亚萨明一生作品无数，有人说达到5000幅，还有人称超过7000幅。我被彻底弄糊涂，直接找到画家的爱女维雷尼塞和长子巴勃罗，他俩分别担任瓜亚萨明基金会的主席和副主席。听完我的提问，两人面面相觑，谁也无法给出准确统计。

反正即便按照最少的数字，5000幅作品之于任何一个知名画家都不是个小数，这是画家有生之年呕心沥血的结晶。然而瓜亚萨明却不满足，72岁接受采访时他亲口对记者表述，至少再需要200年，方能完成头脑中成形的作品。

天道酬勤。瓜亚萨明的勤奋有目共睹。为将脑海中的创意付诸实施，成为职业画家以后，他每天埋头画室12到14个小时。通常，瓜亚萨明早晨9点进入画室，根据将要进行的创作，先选择合适的背景音乐营造气氛，之后便闭门不出。午餐后小憩一会儿，继续潜心工作。用完晚餐，他第三次回到画室，直待到深夜一两点才收笔。面对画板，瓜亚萨明常物我两忘，长时间驻足，完全沉浸于作品意境当中，鲜有人能在其工作状态被允许凑近。

周末是画家的休息时间，瓜亚萨明喜欢泡温泉，通过享受桑拿和按摩放松身心。他极少出席应酬。这种状态一直持续到36岁，此前，瓜亚萨明已将厄瓜多尔国内的各项绘画大奖悉数收入囊中。

改变一成不变作息规律的节点出现在1955年。那一年，瓜亚萨明的油画作品《白色灵柩》从西班牙和拉丁美洲的3万名画家创作中脱颖而出，于巴塞罗那一举捧得“第三届西班牙语美洲艺术双年大奖”。之后的几年里，画家有意放慢上紧发条的节奏，小酌，会友，不时抛头露面，参加社交活动。只是没过多久，他又恢复了往昔的规律。

《白色灵柩》

"泪途"系列。油画，1950年创作，138厘米X96厘米

图片来源：瓜亚萨明基金会

瓜亚萨明的绘画以系列作品见长。早在周游南美列国途中，他就边走边画，一路创作了"土地"[①]。可是，真正一炮打响让其扬名天下的，还是回归故土沉淀下来后创作的"泪途"[②]。

"泪途"始创于1946年，完成于1952年，整个系列由103幅作品组成，是瓜亚萨明头一次在绘画中尝试运用表现主义手法。用画家的切身感受描述，

① 土地：系列油画作品，西班牙文La Tierra。

② 泪途：基丘亚语Huancayñan，意思是"踉跄于洒泪之路"。西班牙文译成El Camino del Llanto。在不同语言中有多种译法。

泪珠夺眶而出，泪眼一片模糊；浑身被泪水洗刷，悲伤至无法痛哭……

倘若把绘画比作凝固的音符，那么，瓜亚萨明的“泪途”就好比是泪如泉涌的悲怆奏鸣曲。每一次落笔，都犹如演奏家的指尖在跳动，明暗色彩的对比，恰似黑白琴键的起伏，诉说着画家对社会底层土著人、黑人和混血人的爱抚。同时，是对带给人民痛楚的统治阶级的无情控诉。

“泪途”系列第一次与公众见面是1952年在基多殖民艺术博物馆。此后，作品走出国门，先后参加了圣保罗、巴塞罗那和墨西哥城画展，均得到很高评价。除了上面提到的《白色灵柩》荣获“第三届西班牙语美洲艺术双年大奖”外，该系列作品还于1957年在圣保罗获得“南美最佳画家奖”，1961年在墨西哥城收获“第二届美洲绘画和雕塑双年奖”。

一系列殊荣接踵而至，标志着瓜亚萨明这位曾经只会在地上爬行的婴儿，已经完成了直立行走，开始张开双臂，迈出双腿，享受自由自在的飞奔。

瓜亚萨明的第二个绘画系列“愤怒时光”[①] 于20世纪60年代动笔，主题是20世纪的战争与暴力，已知共有260幅作品。

在此系列中，人们已看不到前辈留下的痕迹，取而代之的是破碎、散乱的立体主义融入了之前表现主义的画风。枯干的双手，夸张的头颅，扭曲的面孔，呆滞的目光，映衬出独裁者的狰狞，霸权主义的残暴，集中营的酷刑和母亲的哀嚎。

鞭挞黑暗，捍卫人权，同情弱者，呼唤和平，是贯穿瓜亚萨明作品的主线。有人将“愤怒时光”视为20世纪最后的批判现实主义政治主题系列绘画，瓜亚萨明因而赢得了艺术家中的“反战英雄”和“人权卫士”称号。

1968年，“愤怒时光”于墨西哥城美术馆首次与国外公众见面。70年代，该系列作品在欧洲多地展出，每一次都引起了不小的轰动。为此，法国政府1974年授予瓜亚萨明法兰西文化艺术骑士勋章，这是法国政府第一次向拉丁美洲艺术家颁发此类勋章。

---

① 愤怒时光：西班牙文La Edad de la Ira。

系列作品《五角大楼的会议》

“愤怒时光”系列。油画，1970 年创作，179 厘米 X179 厘米

图片来源：瓜亚萨明基金会

需要补充的是，“愤怒时光”系列没有确切的截止年代，画家灵光闪现的神来之笔与接下来的第三个系列交叉并行。260幅也非终极数字，因为有些作品早年已经出售或者赠予他人，那些不知流落何方的画品如今几无可能逐一统计。这也是瓜亚萨明作品缘何在数量上出入较大的一个原因。

从1988年起，瓜亚萨明着手第三个绘画系列“温柔”[①] 的创作。此时，画

① 温柔：西班牙文 La Ternura。

《绿色的基多》
油画，1942 年创作，134 厘米 X89.5 厘米　图片来源：瓜亚萨明基金会

《母亲和儿童》
油画，1982 年 12 月创作，176 厘米 X105 厘米　图片来源：瓜亚萨明基金会

家已年近古稀，倍加思念46岁就离他而去的母亲。所以，提笔上色少了犀利与棱角，平添了之前系列中罕见的温情与滑顺。画面明快的色彩，生动的表情，无不抒发着画家“只要我活着，就永远怀念你”的心声。

“温柔”系列随着瓜亚萨明1999年撒手人寰画上了休止符。已完成的100余幅作品，不仅诠释了画家对自己母亲的追忆，而且也是唱给全世界所有母亲的赞歌，堪称是一首荡气回肠的母爱交响曲。

没人知道画家心中积蓄了多少温柔想对母亲表达，这道不尽的思绪，只能由瓜亚萨明到另一个世界去追诉。

上述3个系列作品之外，瓜亚萨明一生当中还绘制了大量人物肖像——学生时代的老师同学，成年以后的朋友顾客，家中的父母妻子，家外的情人知己，电视上的寡头政客……对画家来说信手拈来。有时，画家也不免自鸣得意。一次，瓜亚萨明和友人开玩笑，戏称在给人画像的过程中，他已悄悄把人物的灵魂摘走，想象不出，那些画中人怎么还能在家中自己的肖像前从容走过。

作为少年得志的天才画家，瓜亚萨明的作品题材广泛，风景花卉亦有涉及。他的风景画存世大约250幅，以基多为主，不是写生，而是靠着儿时的记忆，复原脑海中城市的过去。不论构图、线条，还是光线、对比，皆飘散着浓重的主观气息。那大片的暗绿，挥洒着画家对生养他的土地深沉的眷恋。瓜亚萨明笔下的花卉多为干花或是凋败的花朵，色泽异常饱满，从中可一窥印象派的影子。

瓜亚萨明还酷爱壁画艺术。他是20世纪最重要的壁画家之一，对大型作品创作尤其擅长，单件面积在200平方米以上的巨作就有20幅。他的第一幅壁画习作1938年在基多美术学校创作，取名《厄瓜多尔的历史》，处女作明显受到墨西哥绘画大师奥罗兹柯风格的影响。

瓜亚萨明认为，壁画应当具有画面之外的元素。他正式创作的首幅壁画

《印加与征服》[1] 1948年问世，陈列于首都基多的文化之家。画面清淡、中性，不见血腥。主体由3部分构成，左边是收获玉米的土著人，右边是3匹马和马背上的3名西班牙骑士，中间是印加帝国第十三位也是最后一个国王阿塔瓦尔帕[2]。

其实，瓜亚萨明的“泪途”系列就包括一幅壁画，题目叫《厄瓜多尔》，该画可看作是“泪途”全部作品的浓缩和提炼，风格也与绘画所蕴含的批判性思维一脉相承。在这幅壁画的创作过程中，画家开创性地用5幅单个成图的画板拼接一起，构成一幅完整画面。单独的画板隐喻厄瓜多尔社会阶层分化形成的条块。画板彼此之间没有固定位置，次序可任意调整，既相对独立，又紧密关联，通过排列组合，使整幅画具有极大的可塑性，赋予了难以言喻的悲愤无限的伸展空间，给人以强烈震撼。

瓜亚萨明另有一幅壁画名作《发现亚马逊河》，于1958年使用水晶马赛克为基多总统府创作。

画家的壁画作品不但遍及本国政府机构、议会、大学、博物馆，而且在世界其他角落也时有所见。

委内瑞拉首都加拉加斯西蒙·玻利瓦尔中心《向美洲人致敬》的壁画由瓜亚萨明1954年创作。巴黎联合国教科文组织总部的《母亲与儿童》同样出自画家之手。

1982年，西班牙举行世界杯足球赛。为筹备这一重大体坛赛事，首都马德里的巴拉哈斯机场进行翻修改建。西班牙方面找到瓜亚萨明，委托其创作一幅壁画，借以表达东道主对来自美洲各参赛球队和球迷的欢迎。

2012年7月14日，厄瓜多尔《商报》文化版以“瓜亚萨明壁画承接西班牙和美洲30载”为标题，刊登了画家女儿维雷尼塞接受西班牙埃菲社记者专访的节选。维雷尼塞对记者说，父亲是1982年应西班牙首相费利佩·冈萨雷

---

① 《印加与征服》：855厘米 × 520厘米，西班牙文原名El Incario y la Conquista。

② 阿塔瓦尔帕：Atahualpa，1533年被西班牙殖民者处死。

《印加与征服》

壁画，1948 年创作，855 厘米 X520 厘米

图片来源：瓜亚萨明基金会

斯[1]之邀为世界杯足球赛创作壁画。

读罢这条消息，我心中顿时起疑，因为冈萨雷斯于1982年底走马上任担任首相，而足坛盛事之前已然落幕，与之相关的各项准备工作理应更早铺开才是，所谓冈萨雷斯首相邀请画家作画一说在逻辑上难以成立。

我把想法告知巴勃罗和维雷尼塞。几日后，巴勃罗打来电话，再三感谢我指出疏漏，表示已在父亲的大事记年表中做了更正，从今往后不再提这一说法。

① 费利佩·冈萨雷斯：Felipe González，1942年3月5日出生，1982年12月2日至1996年5月5日担任西班牙首相，是迄今为止西班牙任职时间最长的首相。

无论如何，对于西班牙方面的邀请，瓜亚萨明欣然接受。审慎思考后，他用丙烯掺入大理石粉末做原料，创作了一幅长达120米的巨型壁画。

作品分成两部分，一部分反映西班牙，由代表地中海的舞蹈、前蹄离地的骏马和吉他等元素组成。另一部分描绘拉丁美洲，突出了前殖民时期吹奏乐器的土著人和神秘的图腾面具。每一部分各有两只醒目的手，象征着西班牙和拉丁美洲的真诚团结与融合。

这幅壁画当年被置于机场1号航站大厅，选址也是经过精心考虑。表现拉

瓜亚萨明为西班牙首都马德里巴拉哈斯机场创作的壁画反映拉丁美洲的部分

图片来源：瓜亚萨明基金会

瓜亚萨明为西班牙首都马德里巴拉哈斯机场创作的壁画反映西班牙的部分

图片来源：瓜亚萨明基金会

丁美洲的画面朝向飞往厄瓜多尔的离港航班区域，反映西班牙的部分则正对从厄瓜多尔飞抵航班的停靠区域。因此，壁画也被视作是连接包括厄瓜多尔在内拉丁美洲和西班牙的一座桥梁。

2006年，时隔20余载，巴拉哈斯机场再度扩建改造，工程完工后，进出港航班停机位调整。如今，每年大约有1500万名各国旅客从壁画前穿梭往来，不知当中是否有人停下匆匆的步履，欣赏品味那曾经的奇思妙想。

瓜亚萨明也不乏雕塑作品。小到人体躯干、头像，大到纪念性主题作品，都在涉猎范围。且取材广泛，石膏，木料，岩石，铜材，玻璃钢……因材施艺，因题选料，不拘一格，游刃有余。

作为紧张专注后的舒解和缓释，瓜亚萨明还有雕琢珠宝首饰的闲情雅趣。这些蕴含土著文化元素的饰物巧夺天工，无不显示了艺术家的精湛技艺。

有必要指出，不论表现主义或立体主义手法，还是印象派的影子，都不过是瓜亚萨明围绕脑海中翻腾的主题，借鉴西方画派在形式上的拿来主义。真正承载妙笔生花的土壤，还是质朴厚重的前殖民时期土著文明。这可追溯到画家的童年，是父亲无心插柳，随手捡来两个出土陶俑送给他玩，使瓜亚萨明幼小的心灵萌发了对土著文化不变的痴情。画家生前收藏的土著文化艺术品多达3000件，便是其矢志不渝的明证。

瓜亚萨明终生为身上流淌的土著人血液自豪，即使成为知名画家，跻身上流社会后，他也随时随地表明自己土著人身份。

另外，画家虽然一手绘制出了祝愿拉丁美洲和西班牙水乳交融的巴拉哈斯机场壁画，但是内心里，仍十分憎恨西班牙殖民主义给拉美土著文明造成的灭顶之灾。1992年是哥伦布航行到达美洲大陆500周年，许多国家纷纷举行纪念活动。瓜亚萨明对此嗤之以鼻。他说，西班牙人庆祝“发现”美洲自有其道理，可美洲是业已存在的客观事实，与被谁“发现”无关。西班牙殖民者在美洲犯下了滔天罪行，这片土地上的原住民至今还生活在水深火热中。因此，拉美人不该随着西班牙人的步点起舞。

与卡斯特罗的友谊

瓜亚萨明疾恶如仇，少不了得罪人，同时也不乏朋友。他与智利诗人巴勃罗·聂鲁达、哥伦比亚文豪加西亚·马尔克斯、西班牙国王胡安·卡洛斯、法国前总统密特朗的夫人达尼埃尔，以及诺贝尔和平奖得主里科贝尔塔·门楚都有私交。不过，若论往来的密切程度，恐怕无一能与画家和菲德尔·卡斯特罗之间的互动相提并论。

瓜亚萨明第一次到古巴是在1959年。次年故地重游，见到切·格瓦拉，二人进行了长时间私人会谈。这次交谈，使画家从此变成了古巴革命的坚定捍卫者。

瓜亚萨明与卡斯特罗的交往稍晚，始于1961年“猪湾事件”之后。自那时起到画家离开人世，两人见过10余次面。瓜亚萨明面对面为卡斯特罗画过4幅肖像，是为卡斯特罗画像最多的外国画家。

瓜亚萨明鄙视倚强凌弱，钦佩古巴人民不惧外来压力的坚强意志。他在30年后一次访谈中表示，纵使是发达国家，被全面封锁一个月也未必能撑得住，而古巴一个加勒比海岛国，在美国的眼皮子底下被持续打压超过30年，却依然顽强地生存，当属人间奇迹。

卡斯特罗生前一共4次踏上厄瓜多尔土地，其中3次属于正式访问。1988年，卡斯特罗第二次正式访问厄瓜多尔，应邀出席当选总统罗德里戈·博尔哈·塞瓦略斯① 的就职仪式。8月12日，瓜亚萨明在家中为卡斯特罗提前一天举行了62岁生日庆祝。由于次日才是诞辰日，卡斯特罗遂又在基多北城一秘密场所另外搞了一场派对庆生。对此，厄瓜多尔媒体以“菲德尔在基多的两场生日庆典”为题进行了长篇报道。这也是卡斯特罗一生当中绝无仅有的一次在国外度过自己生日。

卡斯特罗3次正式访问之外的那一次非正式访问颇耐人寻味。他是为兑现对画家的生前许诺特意飞往厄瓜多尔，出席瓜亚萨明基金会“人类殿堂”② 在基多的落成揭幕仪式。

2002年11月29日，北半球已寒风凛冽，地处赤道线的基多却阳光明媚。卡斯特罗与委内瑞拉总统查韦斯在时任厄瓜多尔总统古斯塔沃·诺沃亚·贝哈拉诺③ 的陪同下，一同点燃了“人类殿堂”大厅中央象征人权与和平的不灭火炬。此刻，距瓜亚萨明辞世已过去了3年半。

---

① 罗德里戈·博尔哈·塞瓦略斯：Rodrígo Borja Cevallos，1988年8月10日至1992年8月10日任厄瓜多尔总统。

② “人类殿堂”，Capilla del Hombre，系瓜亚萨明生前亲手设计的建筑。

③ 古斯塔沃·诺沃亚·贝哈拉诺：Gustavo Novoa Bejarano，1937年8月21日生于瓜亚基尔，2000年1月22日至2003年1月15日担任厄瓜多尔总统。

2002 年，查韦斯、卡斯特罗和时任厄瓜多尔总统诺沃亚出席“人类殿堂”竣工典礼
前排右一至右四依次为：查韦斯、诺沃亚、卡斯特罗和
瓜亚萨明之子巴勃罗 · 瓜亚萨明
图片来源：瓜亚萨明基金会

关于古巴最高领导人这场短暂而隆重的外事活动，古巴共产党机关报《格拉玛报》的报道简明扼要，内涵却令人遐想。报道说，此乃卡斯特罗截至当时惟一的一次非正式专程出访。

尽管古巴官方从未给瓜亚萨明贴上过“老朋友”之类的标签，但是，画家在卡斯特罗心目中的分量不言自明。

卡斯特罗对画家的情谊不只表现在公开场面上，也体现在私下行动中。瓜亚萨明晚年眼底黄斑渗出，视力大受影响。卡斯特罗获悉后二话不说，当即指派古巴岛内最好的眼科医生米盖尔 · 莫凯[①]博士前往治疗。在此后长达10年的时间里，莫凯多次往返哈瓦那和基多之间，为画家眼睛的康复竭尽

① 米盖尔 · 莫凯：Miguel Omar Mokey Castellanos，1970年毕业于哈瓦那大学医学系。

全力。

中国之行两次受到毛主席接见

瓜亚萨明于20世纪60年代访问过中国，巴勃罗和维雷尼塞明确告诉我是在1961年，对此我有文字记录留存。中央电视台《极地跨越——前方报道》引用上述来源，网络版配图也是这般注释。2014年6月，《拉丁美洲的颜色——瓜亚萨明生前作品中国巡回展》在北京首都博物馆举行揭幕式，厄瓜多尔驻华大使在致辞当中提到同样时间。可是，后来经向厄方知情人士查证核实，画家确切的中国之行当早至1960年。

1960年底，厄瓜多尔文化代表团开启了中国之旅。一行以蒂奥赫内斯·帕雷德斯[①]为团长，团员由瓜亚萨明、豪尔赫·伊卡萨[②]、内尔松·埃斯图皮南[③]和佩德罗·豪尔赫·维拉[④]4人组成。抵达北京前，代表团途经巴黎、布拉格和莫斯科。在莫斯科，他们受到了苏共中央第一书记尼基塔·赫鲁晓夫的接见。

从名单中，今天的人们不难发现，当年代表团规模虽然不大，可是汇聚了厄瓜多尔文化和艺术界的知名人士，且团员不是共产党员，就是左翼阵营的成员。

的确，该团得以成行，幕后推手即是当时厄共总书记佩德罗·萨德[⑤]，是他以总书记的身份，向中国方面发出了投石问路的第一封信函。

60年代初，新中国正努力打开外交局面，对厄方积极主动的姿态自然十

---

① 蒂奥赫内斯·帕雷德斯：Diógenes Paredes，1910年5月10日至1968年，画家，曾就读于基多美术学校，后留校任教并担任学校领导成员。厄瓜多尔共产党早年主要成员之一。

② 豪尔赫·伊卡萨：Jorge Icaza，1906年7月10日至1978年5月26日，厄瓜多尔著名作家，1934年发表第一部小说《养身地》(*Huasipungo*)。作品以抨击社会现实，描述土著人生活见长。左翼人士，1973—1977年出任厄瓜多尔驻苏联、波兰和民主德国大使。

③ 内尔松·埃斯图皮南：Nelson Estupiñan，1912年9月12日至2002年3月3日，著名诗人、作家兼记者，作品被翻译成多国文字出版。厄瓜多尔共产党人。

④ 佩德罗·豪尔赫·维拉：Pedro Jorge Vera，1914年7月14日至1999年3月5日，作家、记者、大学教授。1960年创办左翼杂志《明日》(Mañana)。厄瓜多尔共产党人。

⑤ 佩德罗·萨德：Pedro Saad，1909年5月19日至1982年2月26日，律师、工会运动领导人、政治家，1952年至1980年担任厄瓜多尔共产党总书记。

分重视。中方于是决定以对外文化联络委员会的名义发出邀请，中共中央对外联络部参与接待。

1960年11月下旬，中国北方地区已天寒地冻。厄瓜多尔文化代表团一行5人于23日抵达北京，当月28日离京南下，赴杭州、广州等地考察，12月23日重回北京，4天后结束访问离境。

出乎代表团意料的是，在京期间，他们受到了毛主席的接见。2014年6月在中国举办的画家生前作品展展册上，扉页背面照片即为毛主席与瓜亚萨明和团长帕雷德斯3人合影。但其实这张照片经过了剪辑处理，原图应是毛主席与代表团全体成员合影留念，左右两边还各有一名陪同会见的中方人员。

半个世纪过去了，画家子女对我提及这场会见时没有过多涉及谈话内容，只是用“代表团礼貌中略显拘谨”来形容当年的场面。

不过，正式会见之外与中国文化界人士交流、座谈，游览名胜古迹则是另外一种氛围。“每顿饭都有好多道菜，还有此起彼伏的干杯”，成了年少的画家子女从父亲口中得到对中餐的第一印象。

1960年年底，中国尚处于三年困难时期，北京的情况虽不及外地严重，但代表团成员参观中接触到的机关干部和普通市民，与宣传栏上工农兵黑红的脸庞、宽厚的胸膛和粗壮的胳膊还是形成了鲜明对比。

瓜亚萨明是艺术家，这种反差逃不过他善于观察的敏锐眼睛，其直来直去的性格又使他在私下交流或者公开发言时难免不有感而发。可画家并不知晓，陪同的中方工作人员每场活动之后都会写简报，他的某些表态被提炼出来，一字不差地呈送到国家领导人的文案上。

果不其然，上边有了反应。一天中午，代表团用完午餐行将离开住地，继续接下来的行程，一名中方工作人员这时突然急匆匆赶来。他把团长和瓜亚萨明叫到一边，压低嗓门道，毛主席要单独会见瓜亚萨明，就在此刻，请画家随他速去中南海！

团长帕雷德斯闻毕先是一怔，稍后缓过神来，顿感大事不妙。帕雷德斯早年在基多美术学校任教，当过瓜亚萨明的老师，对于自己的学生，他比代表团任何人都更了解。何况，到中国访问的几天里，瓜亚萨明的言语帕雷德斯听得一清二楚。

帕雷德斯把情况周知代表团，大家闻后也忧心忡忡。众人猜测，一定是瓜亚萨明口无遮拦，话传到毛主席耳朵里。见面后，毛主席弄不好会训斥他，而以瓜亚萨明的脾气必定不会沉默，那样，谈话没准儿不欢而散，代表团有可能就地打道回府。

就这样，瓜亚萨明跟随中方人员去了中南海，代表团其他成员则在忐忑不安中按日程接着参观。

在巴勃罗办公室，我的提问把画家长子拉回到几十年前，他凭着记忆，努力复原父亲当年对全家描述毛主席第二次会见的情景。

据巴勃罗讲，见到毛主席后，宾主稍事寒暄，随即各自落座。毛主席开门见山，主动提到了掌握的情况，希望能与瓜亚萨明进行一场开诚布公的会谈。毛主席说，他很愿意倾听外国友人对中国社会主义建设发表观感和意见。言毕，一边笑眯眯地看着画家，一边点燃一支香烟。

听完毛主席的开场白，瓜亚萨明平复一下一路上紧张的心情。他理清思路，直言不讳，说此系第一次访问苏联和中国两个伟大国家。在苏联期间，他看到街道两旁有很多镰刀斧头壁画，画面生硬，题材雷同，缺乏美感，就马上意识到，那里的艺术家是受到了某种外来压力不得已而为之。

针对在苏联的所见所闻，瓜亚萨明直截了当表示，就其所知，多数艺术家不爱卷入政治，可是要创作，要反映真实的生活，又脱离不开政治。他认为，艺术家只有听从内心召唤，从专业角度出发反映现实环境，那才是真正的艺术。反之，如果颠倒过来，一切围绕政治需要，那就是苏俄式的宣传。

具体到中国，瓜亚萨明表示，中国有几千年悠久灿烂的文化，艺术家的智慧和创造力令人钦佩。中国传统水墨画的技法和意境让他深受启发，他很高兴有机会与中国艺术家交流借鉴，真诚地盼望他们能像先贤圣祖一样创作出了不起的作品，也由衷地祝愿中国人民在中国共产党的领导下，不断取得更大进步。

画家像是打开了话匣子，话题一转又引到自己，称虽有左翼思想，但不会加入任何政党，原因在于顾忌受到约束，失去艺术上的创作自由。

瓜亚萨明滔滔不绝一口气讲完，之后就抱着听天由命的态度等候发落。

岂料，毛主席静静听罢，非但没有发火，反而温和地表示理解并基本同意画家的观点。毛主席还鼓励瓜亚萨明和厄方代表团能在余下的参观访问中畅所欲言，为新中国的发展和建设多提宝贵意见。

原本以为即将到来的暴风骤雨实则波澜不惊，这让厄方代表团成员全都放松了紧绷的神经。

此次单独会面后，在剩下的参观考察中，每当遇有正式座谈，参照之前作法，中方主人讲完话，团长帕雷德斯照例礼节性地有所回应。不同的是，厄方团长表完态，中方还要请画家再发表看法。瓜亚萨明认为，这显然与他和毛主席的会谈不无关系。

世事难料，厄瓜多尔文化代表团万万没有想到，他们圆满结束了对苏联和中国的成功访问后，却在回国途中遇到了麻烦。抵达美国中转时，移民局官员看到代表团成员都有苏联和中国的入境记录，立刻不由分说，在每个人的护照页上盖了不准入境章。

冷战时期，受意识形态支配的思维定式及其导致的行为举止，如今已匪夷所思。瓜亚萨明这位曾经由华府诚邀赴美举办画展的天才画家，时隔不到20年，又被美国人冰冷地拒之门外。而在瓜亚萨明指天发誓今生今世都永不踏上美利坚国土的36年之后，美国人又再一次主动给画家发放了入境签证。这种看似自相矛盾的做法，为一代画坛巨匠的生前身后平添了戏剧性的一笔。

诚然，那个年代被美国阻止入境的不仅是瓜亚萨明和厄瓜多尔文化代表团，还有智利诗人聂鲁达，还有一大批“通共”的拉丁美洲左翼人士，还有世界各地更多与美国政府持不同政见者。

创建基金会

瓜亚萨明的作品不计其数，可是多数散落境外，留存在国内的反倒是少数。这令画家每每想起来不禁痛心疾首，深感愧对养育他的祖国和人民。为使本国公众也能欣赏到他的作品，经与家人商量，瓜亚萨明于1976年7月21日创建了以他名字命名的基金会。基金会不以营利为目的，旨在促进艺术交流，推动人文思想的传播。

为此，瓜亚萨明陆续捐出了身边所有的艺术品和个人收藏，其中包括大约150幅“愤怒时光”系列作品，部分“温柔”系列作品，500多件殖民时期的绘画、雕塑和家具，2000余件殖民时代之前的陶器、泥塑和土著人日用品，在国外购买或被赠予的艺术品，以及不等完成创作便驾鹤西去遗留下来的半成品。

设立之初，基金会位于基多北城BOSMEDIANO与JOSÉ CARBO两条街之间的半山腰处。1985年，相距不到两分钟车程的“人类圣殿”奠基。2002年，主体工程落成。大约在21世纪第二个10年中叶，所有展品完成搬迁。

与原址相比，“人类殿堂”展厅面积更大，内部设施更完善。可是，由于瓜亚萨明生前作品和藏品数量巨大，即便搬进“人类殿堂”也无可能全部同时陈列，所以，为满足公众需求，基金会工作人员只得轮流更换展品。

2012年，画家生前最后居住过的地方也作为博物馆对外开放。故居紧临“人类殿堂”，院落墙角有一棵枝繁叶茂的松树，瓜亚萨明便长眠树下。这棵被画家后代取名为“生命之树”的青松傲然挺立，象征着瓜亚萨明奋斗不息的铮铮铁骨。

细心的观众参观完“人类殿堂”可能会发现，画家3个系列作品中，“愤怒时光”占比最大。的确事出有因。实际上，在严肃的艺术批评领域，对瓜亚萨明的绘画风格褒贬不一，负面评价和质疑之声始终存在，且至今不绝于耳。有人认为，从单纯的艺术角度出发，“愤怒时光”突出暴力，缺乏美感，作品悬挂书房、客厅或者卧室墙上令人心生恐惧，销售不佳乃情理之中，不足为奇。这也是该系列作品得以保存较多的原因之一。还有人指责画家把底层民众的不堪当噱头，达到追名逐利的目的，直接对其展开人身攻击。

应该看到，古往今来，不同时期，不同阶段，对艺术的欣赏和评判并无

“人类殿堂”内景

作者摄于 2012 年 6 月 22 日

一定之规，已得出的结论还会随着时间的推移产生变化，这样的事例比比皆是，毫不罕见。人类发展到21世纪，社会越进步，越应包容不同声音。瓜亚萨明作品所引发的不同凡响，本身即是厄瓜多尔社会多元文明兼容并蓄的一个缩影，这也正是本文从不同角度聚焦画家的初衷。

另外，基金会创立伊始，为保持独立性，瓜亚萨明曾将不接受外界捐助作为原则。但如今，画家的子女已改弦更张。2014年，《拉丁美洲的颜色——瓜亚萨明生前作品中国巡回展》展册前几页上醒目的赞助商寄语便是注脚。对此，有上了年纪的当地人士不无感叹，称瓜亚萨明的后代全是精明的商人，较之他们的父辈更会经营。

三段婚姻、四处留情与多重个性

瓜亚萨明曾云，任何一段婚姻都没有理由超过15年。画家是这么讲的，也确实是这么做的，他的一生经历过3段婚姻。

第一任妻子玛鲁哈·蒙特维尔德①，1918年生人，与画家同在基多美术学校就读，两人自幼青梅竹马，以常人的眼光十分般配。1939年还未毕业，这对年轻人就怀揣对未来生活的美好憧憬，迫不及待步入婚姻殿堂。

此段姻缘持续至1954年，孕育了萨斯奇亚、巴勃罗、克里斯托瓦尔和维雷尼塞两双儿女。蒙特维尔德至今健在，已是百岁老寿星。

画家的第二任妻子吕斯·德庇隆②，1928年在巴黎出生，父亲是比利时人，母亲是斯摩棱斯克人，家庭背景与瓜亚萨明截然不同。

1945年第二次世界大战结束，德庇隆的父亲在纽约联合国总部谋到高级外交官职位，收入丰厚，全家于是搬到纽约，德庇隆进入纽约大学学习。

德庇隆的母亲是雕塑家。小姑娘自幼受到艺术熏陶，生性浪漫，多才多艺，又掌握几门外语，很是招人喜欢。1949年，德庇隆在美国与一位学医的犹太小伙子成婚，不到3年缘尽分手。很快，她又与哥伦比亚大学一位攻读文学的青年才俊结合。孰料，第二段婚姻还未满月即告搁浅。

之后，德庇隆的父亲被派往厄瓜多尔工作，她也进入基多美术学校。此时，瓜亚萨明和蒙特维尔德早已毕业，不过，当年教过瓜亚萨明夫妇的老师仍然在校，他们成了瓜亚萨明和德庇隆相识的媒介。

是瓜亚萨明首先闯入了德庇隆的生活。

一个偶然机会，画家得知后者的父亲是联合国高官，母亲是艺术家，小姑娘是自己的师妹，就主动邀请德庇隆参观自己的工作室。

彼时，瓜亚萨明虽声誉鹊起，可是画品卖得并不理想，经济上也不宽裕。衣食无忧的德庇隆对此毫不介意，完全沉浸在不接地气的艺术天地，甚至对

---

① 玛鲁哈·蒙特维尔德：Maruja Monteverde。

② 吕斯·德庇隆：Luce Deperón。

画家的妻子蒙特维尔德亦视而不见。她与画家一同外出写生，时常切磋画艺，没过多久就擦出火花，迅速发展成形影不离的情侣关系。

瓜亚萨明1954年与蒙特维尔德离婚。此前两年，他就和德庇隆出双入对，公开同居。

新生活伊始，瓜亚萨明与德庇隆琴瑟相鸣，日子尽管清苦，可过得还算如意。为帮助丈夫作品打开销路，德庇隆用从父亲那里学来的外交场合应酬技巧，频频出入常驻基多的外国大使官邸，效果立竿见影。与此同时，她又放下千金小姐的身段，以丈夫的名义开了一家珠宝店，一个人忙前忙后，经营得好不辛苦。德庇隆还多次陪同画家到国外办展，巴塞罗那，圣保罗，加拉加斯，都留下了夫妻俩的身影。

20世纪60年代初，基多旅游业开始小有起色，第一家五星级酒店拔地而起，外国游客纷沓而至。这让画家如久旱逢甘雨，遇到了难得的商机。此时，瓜亚萨明展现了连他自己之前都没发现的营商潜力，他的画廊几乎成了基多上流社会有钱人和外国游客的必去之地。

手头稍显宽裕，夫妻俩立刻买房置地，那便是1976年瓜亚萨明初创基金会时原址的所在地。只是当时，那个区位还没通水电，条件远不如今。

德庇隆不但在事业上助画家一臂之力，而且危急时刻还挺身而出，英勇救夫。1963年，厄瓜多尔军人政府上台，瓜亚萨明因一贯的政治立场，第一时间就被投入牢狱。德庇隆马上动用她与各国大使的私交，仅几个小时就让丈夫重见天日。

有人说，婚姻像是一双鞋，合不合脚只有自己知道。外人眼中和美的一对夫妻，背后却有着鲜为人知的一面。

其实，早在度过了头几年的甜蜜后，夫妻俩在各方面的巨大差异就逐渐显现。瓜亚萨明和德庇隆生有3个女儿，1964年，两人走到尽头，各奔东西。

离婚后的德庇隆又与一位考古学家组成家庭，可是婚姻依旧以破裂告终。2013年2月19日，德庇隆过世，享年84岁。

2001年，德庇隆自传《一束无影之光》出版发行。她在书中语出惊人，披露瓜亚萨明自私，狭隘，大男子主义严重，并且下流，猥琐，酗酒，经常对她施以变态的肉体和精神折磨。

针对画家人权卫士的光环，德庇隆不无讥讽地挖苦，称瓜亚萨明只捍卫人权，从不尊重女权。

关于酗酒这一点，古巴医生米盖尔·莫凯不止一次对画家进行过劝诫。我在基多80多岁的当地朋友也予以证实，说曾有一次与画家对饮，两人一晚上喝光了一箱6瓶白葡萄酒，其中绝大多数由瓜亚萨明一人包办。

至于德庇隆提到画家的其他方面，关起门来夫妻俩的私生活，外人无从得知。但有评论指出，德庇隆在画家过世后择机出版自传，旨在盖棺定论，因为死无对证，所以权当一家之言。

总之,《一束无影之光》的问世，让瓜亚萨明在朋友和公众心目中的形象一落千丈，也令画家与第一个妻子所生的孩子们无法接受。姐弟几个曾打算与德庇隆对簿公堂，终因缺乏证据不了了之。维雷尼塞只得以“一生中仅有的成就即是4次失败的婚姻”来宣泄她对德庇隆一口难咽的恶气。

2012年5月，已是德庇隆生命的倒计时阶段，我第一次、也是惟一一次见到画家的第二任妻子。当时在场的还有德庇隆与画家所生的第二个女儿希尔玛。

是日，乌云压城。德庇隆背靠公寓客厅临窗的沙发而坐，无影之光全然照不到她脸上，我只闻其声，根本看不清促膝交谈对象的面孔。

都说人之将死，其言也善，可是整个下午，我的耳旁却充斥着无尽的哀怨。想象不出，画家生前施与这位集作家、诗人、艺术家于一身的优雅女人何等伤害，以至于她不肯放过任何一个机会，向所有素不相识的陌生人倾倒积蓄心中的难言之隐。

返回途中，暴雨如注。车内，我如释重负。瞥一眼副座上有德庇隆签名的那本《一束无影之光》，心想再也不会回到这几乎令人窒息的压抑氛围中。

画家与两任妻子一共哺育了7个子女，其中最小的年龄也比我大。在和他们分别接触的过程中，我有一个深刻感受，即瓜亚萨明与前任所生的后代对

瓜亚萨明故居，今已成为博物馆

作者摄于2012年6月22日

父亲崇敬有加，而与后任所生的孩子，则对父亲充满了憎恨。以我局外人的身份和相对简单的人生经历，对此实在搞不明白。

瓜亚萨明的第三任妻子海伦娜·赫耶丝[①]是出生在法国的美国人，两人于1983年离婚。基多70多岁的德国朋友得知我正在搜集与画家有关的素材，主动提出帮我联系赫耶丝。老太太的好意被我一口谢绝，因为我不愿重温采访德庇隆的一幕。

---

① 海伦娜·赫耶丝：Helena Heryes。

从最后一次婚姻解体到生命的尽头，瓜亚萨明的身边并不缺少女人。一次，维雷尼塞领我进到画家故居不对公众开放的空间，指着满墙画家生前所绘的素描春宫画，笑盈盈地对我说：“父亲离不开女人，这些女人可能都曾与之有染。”

我马上颔首笑答：“看来，迈入令尊的卧室比进入他的画室要容易。”

与世长辞

从1995年起，在生命的最后时光里，画家克服眼底黄斑渗出带来的不便，全身心地投入到“人类殿堂”的建造和装修工作中。

尽管米盖尔·莫凯医术高超，为完成卡斯特罗的托付也尽心尽力，但是，由于在长达几十年的时间里处于被孤立封锁状态，古巴俨然已跟不上世界医学领域最前沿的发展。知情者透露说，面对基多芬兰医院里价值300万美元精密复杂的欧洲专业眼科设备，作为主治医生，莫凯一筹莫展，这多少影响到画家眼疾的康复治疗。

意识到陷入僵局的画家子女打算改换门庭。就在他们举棋未定之时，一顿意外的晚餐，让画家时隔36年之后，再度踏上了那片当初令其一举成名、之后又被他恨之入骨的美利坚合众国国土。

那是1996年2月9日，智利驻厄瓜多尔大使罗勃托·皮萨罗[①]为新任命的智利驻厄瓜多尔名誉领事何塞·库埃瓦颁发委任状。仪式结束后，皮萨罗大使在官邸设晚宴款待受邀嘉宾。厄瓜多尔前总统罗德里戈·博尔哈·塞瓦略斯、美国驻厄瓜多尔大使皮特·罗梅罗[②]、新任命的智利名誉领事何塞·库埃瓦和瓜亚萨明同主人围坐一桌。

席间，瓜亚萨明率性而为，突然发难，将外交礼仪彻底抛在一边。他当众猛烈抨击美国的外交政策和霸权行径，令晚宴气氛一度陷入尴尬。

在那样一种场合，紧挨画家而坐的罗梅罗大使没有反唇相讥。他转移话

① 罗勃托·皮萨罗：Roberto Pizarro。

② 皮特·罗梅罗：Peter Romero。

题，主动过问起画家眼睛的治疗情况，并且保证，假如画家愿前往美国治疗，他本人将亲自负责解决签证问题。

面对罗梅罗大使的善意，瓜亚萨明怒气渐消，却将信将疑。第二天一早，他和子女试着将护照递进美国驻厄瓜多尔使馆。罗梅罗大使说到做到。下班前，画家和子女就分别接到使馆领事部官员打来的电话，告知已为他们加急办好了签证，可随时领取护照。

1997年，巴勃罗陪同父亲飞赴美国寻医问诊，主治医生是已经加入美国籍的多米尼加人萨罗蒙·梅尔根①。这是瓜亚萨明第二次踏上美国国土。

1999年，维雷尼塞陪同父亲前往美国巴尔的摩治病，这是瓜亚萨明第三次、也是最后一次赴美。

3月10日，父女俩准备离开下榻的酒店。瓜亚萨明先行一步，坐在大堂前台对面的沙发上等候女儿结账。维雷尼塞从房间下来，见一群人聚集沙发一角，并未觉得异常。她想当然地以为父亲又被众多艺术爱好者认出后团团围住，请其签名，与之合影留念。但是这一次，维雷尼塞大错特错。瓜亚萨明因心肌梗塞倒地不起，再也没能站立起来。

按照流程，美国方面要进行尸检，然后遗体才能装殓，最短也得8天时间。在维雷尼塞的哀求下，厄瓜多尔驻美国使馆文化专员豪尔赫·萨德②和智利驻厄瓜多尔名誉领事库埃瓦里应外合。次日，一架运载瓜亚萨明棺椁的商业客机就降落在基多苏克雷元帅国际机场的跑道上。

一代画坛巨匠魂归故里。

身后的遗产纠纷与徐悲鸿的《奔马图》

瓜亚萨明达到了厄瓜多尔土著艺术家梦寐以求且迄今无人企及的高度。

画家的猝然离世，留下了一笔巨额遗产，包括“人类殿堂”、故居、与

---

① 萨罗蒙·梅尔根：Salomon Melgen。

② 豪尔赫·萨德：Jorge Saad，黎巴嫩移民后代，商人、小提琴演奏家，现为比利时驻瓜亚基尔名誉领事。

第二任妻子购置的房产、在巴塞罗那的公寓、名下位于基多的医院、沿海地区的别墅、厄瓜多尔内地的6公顷土地、大量的出土文物、收藏品及当代艺术品……

以20世纪末市值估算，累计超过5000万美元，还未包括画册、书籍的出版，光盘的发售等属于知识产权范畴的无形资产衍生收入。

与历史上许多穷困潦倒、在饥寒交迫中挣扎的伟大艺术家相比，成年后的瓜亚萨明不为衣食所困，尽享优裕的物质生活，能随心所欲投入艺术创作，无疑是幸运的。

然而，财聚人散。画家来不及交代后事就不辞而别，亦让配偶和后代为巨额财产的分割、继承展开了一场旷日持久的纷争。

更加火上浇油的是，瓜亚萨明过世当年，作为对联合国教科文组织提案的回应，在哈瓦那举行的第九届伊比利亚美洲国家首脑会议上，他被追授为“伊比利亚美洲画家”。厄瓜多尔议会获悉此事，立即全票通过决议，宣布画家名下所有作品和收藏为国家文化遗产。

根据厄瓜多尔当年文物保护法相关条款规定，凡被宣布为国家文化遗产的物品，未经特别许可一律不得出境。这意味着画家作品和藏品的持有者将来在出售变现时，会遇到无法逾越的法律障碍。瓜亚萨明配偶和后代对此极为不满。希尔玛难压满腔怒火，痛斥议员，称他们既没有实地看过一眼，又未列出一页物品清单，高高在上就凭空捏造出一堆莫名其妙的“国家文化遗产”，此举滑天下之大稽，无异于渎职犯罪。

从1999年3月10日画家逝世，到2007年9月28日各方达成一致签订协议，围绕着瓜亚萨明的遗产，画家的配偶和子女演绎了一场长达8年的拉锯战。其间总共进行了23次法律诉讼，直到最后一锤定音，方告落幕。而等到各方全部履行完毕法庭判决，更迟至2016年。

2014年，站在瓜亚萨明基金会的院中，望着草坪上散落的纸箱和正在搬运物品的工作人员，我转身问维雷尼塞：“您兄妹几个与令尊和第二任夫人所生的子女平素有来往吗？”

画家长子巴勃罗和女儿维雷尼塞与作者同徐悲鸿的《奔马图》合影
照片摄于2012年4月21日

“有！为了遗产天天打架！”维雷尼塞闻后想都不想就轻松回答。

这场跨世纪的财富争夺，一段时间内频频见诸报端，成为当地上流社会和寻常百姓茶余饭后的谈资。它离散了亲情，也导致画家故居内部分文物损坏。因为按照法律规定，在正式宣判前，若无双方律师同时到场见证，任何一方擅自进入贴有封条的故居，都可被另一方以入室盗窃的罪名起诉。所以，在将近10年间，故居大门紧闭。基多一年里有半年是雨季，漏雨、虫蛀、霉变、返潮……使一批藏品不同程度损毁，这其中，就包括一幅瓜亚萨明从中国带回的徐悲鸿《奔马图》。

很长时间我一直纳闷，瓜亚萨明一生仅去过一次中国，其时徐悲鸿已经离世。而巴勃罗和维雷尼塞却不止一次亲口告诉我，说小时候他们总听父亲提起徐悲鸿。

那么问题就来了，瓜亚萨明对与之切磋交流过的同时代中国艺术家只字不提，为何偏偏是阴阳两隔的画家令其心心相念？瓜亚萨明是通过什么途径知道的徐悲鸿？后者又是如何给画家留下深刻印象的呢？答案就在那幅《奔马图》。

有人说，《奔马图》系中国领导人所赠。我不知这一传闻从何而来，但是，彼时国家领导人会见外宾，确有赠送水墨丹青的做法。

不管怎样，巴勃罗和维雷尼塞对家中藏有《奔马图》似乎并不知情。我是听说此画曾在画家生前一次展览上亮相，就抱着一试的心态打去电话，兄妹俩忙派人寻找，几个星期后给予肯定答复。

原来，《奔马图》与众多藏品一道被锁在瓜亚萨明故居，不巧被置于屋内漏雨处附近。所幸是立轴，被雨滴溅湿后，水蚀由表及里向内渗透。这样，画面展开，上下两端留白处水渍明显，中间部分水渍略浅。

与21世纪头10年在国内已被拍卖的那幅相比，这幅《奔马图》除左边落款处少了“蜀生先生惠存”几字之外，其余部分别无二致。由于互联网上对已拍卖作品的情况有详尽介绍，在此不再赘述。

目睹父亲生前所爱近在眼前，维雷尼塞惊喜地瞪大双眼。她不加思考，脱口而出要找古巴专家进行修复。我不知哪来的底气，当即以“您所找的专家只会修补西洋油画，对我们的纸本水墨一窍不通”将其厉声喝住。

画家生前的中国藏品不止一幅《奔马图》，还有玉章，还有八仙过海彩绘泥塑，还有那个年代国人不稀罕的清代豆青釉洗。这些漂洋过海的中国文物和工艺品，如今已于异国他乡找到了它们各自的新主人。

采访德庇隆那次，起身告辞前，希尔玛向我展示了条案上的一对牙雕狮子，两匹分别以杨家将和穆桂英故事背景创作的马背英雄牙雕工艺品。4件作品皆具有典型的1949年后创汇时期工艺品的特点。

由于画家的后代不懂中文，所以，那面刻有“穆”字的牙雕旗帜被插在了杨家将身后，而雕有“杨”字的旗子则被插到穆桂英背上。

希尔玛小声对我说，法庭将一匹马判给她，而另一匹属于哥哥。我把两面旗子对调过来，开口对希尔玛玩笑道：“这样您和兄台谁都不会吃亏。”

至今，我清楚地记得2012年4月第一次见到巴勃罗和维雷尼塞时的情景及当场说辞。我说，揭掉官员随手贴上的标签，更正媒体的不实之词，还令尊以本来面目，是我登门拜访的原因。这非我本职工作，但定会秉持中立、忠实的立场，以严谨的态度调研。

我刻意强调，自己无意冒犯画家，如若提问令兄妹不快，可随时中断访谈，甚至可下逐客令，对此我已做好心理准备，但恳请所说的每一句话都经过深思熟虑，最好有据可循。

我没有忘记，维雷尼塞闻毕即刻对我一番话表示赞许，说这是第一次有中国人对她已经过世的父亲显示出浓厚兴趣，她和哥哥一定全力配合。

在以后的日子里，巴勃罗和维雷尼塞又吩咐基金会保安，准许我自由出入，随意拍照。

对于我分别与画家两任妻子子女的接触，他们双方全都知晓，因为每次进行完，我都会主动告知另一方，既是为避免误解，也是换一个角度验证获得的情况。

我以为，这是到目前为止我所写的难度最大的一篇文章。困难不在于落笔，而是追溯随故人远去的本源。大相径庭的说法，自相矛盾的传闻，前后不一的年代，相差悬殊的数字，不知多少次把已取得的进展带进死胡同，以致不得不一次又一次推倒重来。借用巴勃罗的原话，有些真相已永远无法搞明白。

为尽可能还原本真，在前后断断续续的6年里，我所接触过的当事人累计不下20位，他们当中绝大多数年逾花甲。与这些或两鬓斑白，或坐在轮椅上的长辈交谈，我时时感到有一种紧迫感，深深意识到，随着时光的流逝，哪怕是再进行同样的工作，都会难上加难。

好在，一切为时不晚。

本文大部分配图由瓜亚萨明基金会提供。存储图片的移动硬盘从基多寄出的那天，我接到巴勃罗从基多办公室打来的电话。巴勃罗在电话中说，基金会从不轻易向外界提供家父生前照片。随后，巴勃罗语调轻快地玩笑道："对你使用照片有一项附加条款，那就是新书付梓后，希望能赠送基金会一本，尽管不懂中文，可我们依旧会妥善保存。我们的家庭一向尊重敬仰和热爱文化艺术之人。"

照片上被误当作徐悲鸿的画家，多位懂画的人士认为应是陈之佛先生。

瓜亚萨明用拉丁美洲的色彩，描绘了一幅魔幻现实主义人生画卷。他有一句名言：为我掌着灯，我还会回来！

2018年8月29日

日落时分正在喷发的通古拉瓦火山

作者摄于 2013 年 5 月

第五夜
与火山面对面——拍摄通古拉瓦火山喷发

厄瓜多尔是名副其实的火山王国。不算深入太平洋、由火山喷发形成的加拉帕戈斯群岛，仅陆地上的火山就超过80座，其中20座为活火山，位列印度尼西亚和智利之后，在全球15个多火山国家中排名第三。

通古拉瓦火山[①]海拔5023米，地处纵贯国土的安第斯山脉中部，距首都基多南城边缘80公里，离通古拉瓦省省会安巴托[②]33公里，高度在全国所有火山中居第9位，与桑盖[③]、雷本塔多尔[④]和科托帕科希[⑤]构成境内最危险的4座火山。

华盛顿史密斯学会[⑥]全球火山项目部主任本·安德鲁斯认为，通古拉瓦是世界上最活跃的10座火山之一。

火山成因与历史上的喷发

就其构造而言，通古拉瓦与多数火山一样属于复合型，或称成层火山。

当代火山学家汇总各项监测数据并结合实地考察认为，通古拉瓦火山最早形成于770000至350000年前。这一时期，火山持续猛烈喷发，此后处于休眠状态。

在距今33000到14000年间，通古拉瓦火山再度活跃，并在之前喷发形成

---

① 通古拉瓦火山：Volcán Tungurahua。
② 安巴托：Ambato。
③ 桑盖火山：Volcán Sangay，海拔5300米。
④ 雷本塔多尔火山：Volcán Reventador，海拔3562米。
⑤ 科托帕科希火山：Volcán Cotopaxi，海拔5897米。
⑥ 史密斯学会：Smithsonian Institution。

的岩浆层上叠加了约百米厚的新岩层。

公元前1000年左右，通古拉瓦火山岩层发生断裂，遗留的痕迹今天在山体南部清晰可见。

大约公元前350年，通古拉瓦火山又一次剧烈喷发，大量的岩浆冷却后堆积，形成10至40米厚的岩层及当下30—35度倾角的锥形山口。

从殖民时期至今的500多年里，通古拉瓦火山分别有过5次规模较大的喷发，分别在1640年、1773年、1886年、1916至1918年和1999至2016年间。

最近一次活跃期

通古拉瓦火山最近一次活跃期始于1993年。1994年伊始，监测手段记录到源自火山深层的地震。1998年9月到12月间小震频繁，到了翌年5月至7月间，达到每周上百次的峰值。

伴随地震频发的是火山口飘散出二氧化硫。仅1999年8月27日当天二氧化硫排放量即达到2300吨，这一数字到了同年10月升至每日逾10000吨。从10月的第三周起，通古拉瓦火山开始喷发。11月底至12月初的一周内，各观测点记录到喷发240次，稍后，降至平均每周40次。

火山喷发和地震改变了一切。大地颤抖，黏稠的岩浆夹带着碎石飞溅，令周边半径13公里范围内巴尼奥斯①、佩尼佩②、佩里莱奥③、科塔洛④和帕塔特⑤等地居民的生命财产受到严重威胁。

当局随即宣布火山周边区域进入紧急状态，并发布火山喷发橙色⑥警报。很短时间内，数万人被疏散到主要分布于里奥班巴和安巴托两座城市的避难所。

在以后的日子里，流离失所的难民挤爆了各处避难点。环境恶劣、食物

---

① 巴尼奥斯：Baños。
② 佩尼佩：Penipe。
③ 佩里莱奥：Pelileo。
④ 科塔洛：Cotaló。
⑤ 帕塔特：Patate。
⑥ 火山喷发警报：分黄色、橙色和红色三个等级，红色为最高等级。

短缺、混乱嘈杂，让人心力交瘁。暴力冲突、治安案件和官民对峙更令人提心吊胆。在度日如年的煎熬中，越来越多的人置官方警报于不顾，只身返回已被岩浆和火山灰吞噬的家园。

火山喷发必然干扰到正常的生产生活。农田草场被火山灰覆盖，作物绝收，牲畜死亡。厚重的火山灰压塌房顶。细小的火山灰颗粒进入汽车、机器设备和飞机发动机，导致机械故障。万米高的烟柱使多条空中航路受到影响，有的改线，还有的暂时关闭。时速最高达250公里的火山熔岩掺杂着几百摄氏度的高温气体、泥浆和碎石块，在重力作用下势不可挡。巨大的冲击力瞬间冲毁房屋、桥梁，还造成河道淤塞，引发水患。

进入11月后雨季到来，连日暴雨将山体表层的火山灰变成淤泥冲到山脚，道路中断，部分灾区宛如灰色笼罩下的陆地孤岛，与世隔绝。

比起物质经济损失，更为严重的是人体健康受到危害。直径一毫米以下的火山灰颗粒损伤人的视力和呼吸系统。有毒杂质与气体污染土壤水源，致人残障。

在钦博拉索省的儿童福利院，有患儿被诊断出余生不足5年。天真顽皮的孩子自然不可能知晓，病魔正一天天勒紧套住他们稚嫩脖颈的铰链。每天陪伴他们玩耍的成人，实则强作欢颜。

自相矛盾的是，火山周围土质肥沃，孕育出的玫瑰花朵硕大娇艳，成为一方百姓安身立命的收入来源。

始于1999年的本轮活跃期止于2016年。18年间，通古拉瓦火山喷发时断时续，几次较为猛烈的喷发分别在2002年、2004年、2006年、2008年和2014年。其中仅2006年7月14日的那次喷发就造成6人死亡，10人受伤，60人失踪，约3000人被强制疏散。火山灰甚至飘落到上百公里外的基多北城，致使机场停用，原定举行的足球赛被迫取消，总统宣布国土中部为灾区，救援力量进入紧急状态。

为避免生灵涂炭，减少财产损失，厄瓜多尔政府很早即采取措施监测境内火山活动。

自1999年通古拉瓦火山新一轮喷发起，国家理工学院地球物理所就在征得允许的前提下，于通古拉瓦省瓜达卢佩私人庄园设立了永久观测站。这个观测站与火山口之间直线距离13公里，科学家在此对火山进行一天24小时，一周7天，全年不间断的密切监测。

与此同时，该机构还于火山周围设立了数个临时观测点，在附近乡镇村落派驻了巡逻员，并组织志愿者对火山活动进行密切监视。

各行各业的志愿者以极高的热情，维护、保养所负责的观测站设备，整理观测数据。他们在火山喷发的早期预警中发挥了无可替代的作用。

桑切斯的树上小屋

在所有志愿者当中，75岁高龄的卡洛斯·桑切斯是个传奇人物。他从1999年担任志愿观测员后从未停息，已连续干满18年。

更加不可思议的是，桑切斯在距火山口仅2.5公里的山坡开阔处选择了一棵大树，于离地8米的树杈上搭建了一个简易木屋作为观测点。

每天天不亮，老人就早早起来，从山脚下巴尼奥斯的家门口，沿崎岖山路摸黑步行到观测点。然后在树上小屋里举着望远镜一呆就是一整天。

桑切斯年事已高，膝关节又有毛病，一路往返十分不便，可他对此全然不顾。当地媒体以“世界上惟一在树枝上观测火山的人”为标题对其事迹进行报道，使他一夜之间家喻户晓，也让树上小屋成了游客趋之若鹜的景点。

为一睹桑切斯真容，2014年，两名游客专程来到树上小屋，恰巧遇到火山喷发。一时间，岩浆喷射，石块崩落，烟柱升腾，险象环生。

为安全起见，桑切斯力劝游客赶紧下山避险。途中，兴致不减的游客不忘回头拍摄，并且无心插柳，将作品发至美国《国家地理》杂志社。不曾想，照片很快被刊登出来。那高达8000米的冲天烟柱与详实配文，让桑切斯和他的树上小屋一下子名扬四海，由此，也吸引了世界各地的游客慕名前来。

桑切斯回忆，1999年火山喷发时，大量岩浆和石块散落到巴尼奥斯及附近村落，政府立即对这一地区的人员进行疏散。当时情况危如累卵，允许灾民收拾家当的时间只有4个小时，且无人知晓何日能够重返家园。

在临时避难所蛰居的日子如坐针毡。刚满2个月，返乡心切的桑切斯就不顾禁令尚未解除，只身回到家中。

出乎意料，想象中残垣断壁的惨烈场景全然不现，不仅房舍完好无损，而且牲畜安然无恙。

目睹眼前的一切，桑切斯悬着的心平复下来。他当即双膝跪地，感谢圣母保佑，同时暗下决心，发誓当一名志愿火山观测员，尽自己微薄之力，保护乡亲们的生命财产。

在桑切斯心中，承诺一掷千金，对圣母许下的诺言更是必须兑现。如此，弹指一挥间。18年里，无论遇到何种危险与困难，桑切斯从未离开过火山。而且，常年与火山为伴，还让他觉得火山时而似友、时而如敌，产生了爱恨交加的复杂情感。

“在搭建树上小屋之前，我住在山坡空地的帐篷里。一天，一支专业火山考察队途经这里，他们给我留下了一部对讲机，告诉我一旦看到山顶冒出浓烟，听到响动，或者闻到硫磺气味，就火速通知巴尼奥斯城里的应急中心。后来，有退役消防队员和电气工程师在附近安装地震测量仪及探测空气中二氧化硫含量的设备，这让我更加觉得所做的事情有意义。”桑切斯如是道。

在火山喷发最猛烈的日子里，桑切斯经常24小时不下山，有时甚至一连几个星期不回家，即使2006年火山熔岩奔涌而下，将山脚的几个村庄夷为平地，他也毫不退缩，坚守在观测点。

与桑切斯执手相伴50载的老伴儿放心不下，背着水和干粮，就像冒着枪林弹雨上火线，深一脚浅一脚上山来看他。

面对外人提问，不善言辞的桑切斯道出了实情，说搭建树上小屋纯属偶然。

2006年，一次通古拉瓦火山猛烈喷发，空气中弥漫着刺鼻的有毒气体，碎石如雨点般落在身旁，其中一块差点砸中他。

情急之下，桑切斯就近找到一棵大树，钻进树洞躲了起来。其间，他还不时探出头，透过烟尘，将观测到的情况通过对讲机及时播报。

那一次，桑切斯提供的信息拯救了上百条人命。这让他萌生了在树上设立观测点的想法，觉得既相对安全，视线又不会受到妨碍。

桑切斯有5个子女，11个孙子孙女。他们全都到过树上小屋，有的甚至小小年纪还不会走路就被大人抱过来。对桑切斯和老伴儿来说，火山平静的夜晚，老少三代齐聚树下，仰望满天星斗，沐浴拂面轻风，共享天伦之乐，是人生最为快慰的时刻。

如今，厄瓜多尔政府在全境设立了500余个固定或流动火山观测站，但是在通古拉瓦火山西北方向，仍然只有树上小屋这惟一一座观测点。

国家理工学院地球物理所前主任帕特里西亚·莫耶茨表示，没有人比桑切斯更熟悉火山，他能洞察细微变化，这一点就连精密仪器有时都无法比拟。

那块差点要他老命的石头，一直被桑切斯留在身边，与之一同珍藏的，还有总统为他签发的表彰证书。

再往后，鉴于前往树上小屋的游人络绎不绝，国家旅游部决意将此地辟为观光景点。为便于统计游客人数，旅游部规定游客须购票参观，成年人每人一美元，未成年人票价减半，收入全部归桑切斯所有。

截至目前，桑切斯手头共有14本厚厚的留言簿，每本都写满了游客的签名，还有各种文字表达的真诚感谢和祝愿。

至于收入，除了贴补日常开销，还用来资助家中的下一代上学。其中，一个孙女在大学所学的专业就是地质学。小姑娘在爷爷的帮助下，还完成了一篇关于通古拉瓦火山的研究论文。

火山传说与神话

与厄瓜多尔安第斯山区的众多伟岸群峰相比，通古拉瓦火山本算不上出众，只因1999年以来持续喷发，才变得引人瞩目。

2006 年 8 月 20 日，通古拉瓦火山喷发后被岩浆冲毁的村庄

图片源自《宇宙报》，瓜亚斯省历史档案馆提供

关于通古拉瓦火山一名的由来，多数历史学家认为源于舒阿尔人[①]的语言，是“魔鬼”之意。舒阿尔人笃信，魔鬼藏身火山洞穴，山口冒出的火焰，发自它的脏腑。可是，在基丘亚语[②]里，通古拉瓦则被解释为“喷火的咽喉”。

在山区一部分土著人眼中，通古拉瓦是钦博拉索火山的女人，后者海拔6310米，是厄瓜多尔境内最高峰。他们还拟人化地称前者为“通古拉瓦妈妈”，为其披上了一层阴柔的女性外衣。

土著人敬畏山神，但火山在不同地区土著人心中的形象却大相径庭。东部亚马逊雨林的土著人视通古拉瓦火山为左右一切生灵的恶魔，而山区通古

① 舒阿尔人：Shuar，主要居住在厄瓜多尔和秘鲁境内的亚马逊热带雨林，厄瓜多尔西部沿海地区的瓜亚斯省(Guayas)和埃斯梅拉达斯省(Esmeraldas)也有少量分布。

② 基丘亚语：Quichua，也被写成Kichwa，是基丘亚人的语言。

拉瓦和钦博拉索两省的土著人则尊其为女神，以为女神温良恬静，只有在发怒之时才会口吐污物，以此惩戒不服管教的众生。

围绕通古拉瓦火山，各地流传着不同的神话故事。达里奥·甘波阿，21岁，大学旅游专业在校生，出生在火山脚下。从其曾祖父时起，家中即有人传诵火山故事。耳濡目染，甘波阿从小就对各种火山神话烂熟于心，尤其对群山之间的爱恨情仇倍感兴趣。

在甘波阿的记忆中，科托帕科希火山与“通古拉瓦妈妈”是夫妻，可婚姻并不美满，两口子龃龉不断。科托帕科希于是背地里与伊利尼萨火山[①]私下拜了天地。但是科托帕科希并不知道，他的另一半也与埃尔阿尔塔尔火山[②]眉来眼去。一次，伊利尼萨火山和埃尔阿尔塔尔火山结伴拜访他们的朋友钦博拉索火山，“通古拉瓦妈妈”获悉后醋意大发，立刻喷出灼热的岩浆，将伊利尼萨火山弄得花容失色，从此变成休眠火山，再不敢肆无忌惮勾引她的丈夫。

这个土著神话其实是在讲述通古拉瓦火山的威力以及给周边带来的破坏。

不过，在60岁的安赫拉·卡斯科口中，火山之间的恩怨变为另一个版本：钦博拉索火山和卡利瓦依拉索[③]火山为争夺“通古拉瓦妈妈”大打出手，最终钦博拉索火山战胜情敌，赢得了“通古拉瓦妈妈”的爱慕。

在与通古拉瓦省毗邻的钦博拉索省佩尼佩县，当地土著人除了放牧，还在房前屋后种植果树。他们用采摘的果实制作果酱、酿制甜酒，然后与鲜果一道拿到方圆几里外的集市上出售。

每当通古拉瓦火山喷发，佩尼佩县便鸡犬不宁。这个时候，65岁的罗萨·巴尔德隆就常安慰惊恐万状的左邻右舍，称火山灰飘落到地上是大家的福分，因为正是不断有火山灰从天而降，他们这些用不起进口化肥的农家才有了肥沃土地，进而种出香飘四溢的漂亮果蔬。

---

① 伊利尼萨火山：Volcán Illiniza，厄瓜多尔境内安第斯山脉的休眠火山，由南北两座姊妹山组成，南峰海拔5248米，北峰海拔5126米。

② 埃尔阿尔塔尔火山：Volcán El Altar，海拔5319米，位于首都基多以南170公里。

③ 卡利瓦依拉索火山：Volcán Carihuairazo，海拔5018米。

通古拉瓦火山脚下佩尼佩镇的村民

作者摄于 2018 年 4 月

在巴尔德隆口中，“通古拉瓦妈妈”是钦博拉索火山的女人，仪态万方，就是特别爱吃醋，恰恰钦博拉索火山在外喜欢偷鸡摸狗。不难想象，一旦事情败露，“通古拉瓦妈妈”必定勃然大怒，作为对花心男人的报复，继而喷吐出滚烫的岩浆和冲天的烟柱。

上面只是区区几个关于通古拉瓦火山的传说。实际上，在安第斯山区，与通古拉瓦火山有关的神话故事说不完，道不尽。这些神话故事流传久远，如同民俗歌谣，伴着田间地头的土著孩子从襁褓长大成人，构成了植埋于他们体内无法割除的文化基因，也深深影响和吸引了这个国家的其他族裔。

罗伯特·吉布森[①]，生于通古拉瓦火山脚下的巴尼奥斯城，自幼羡慕背着

① 罗伯特·吉布森：Robert Gibson。

日落时分巴尼奥斯周围的群山
作者摄于 2012 年 11 月

照相机来来往往的各地游客，梦想着有朝一日也能透过相机取景框，记录下怦然心动的时刻。后来吉布森如愿以偿。他把通古拉瓦火山当作拍摄对象，前后历时11年，终于在2011年出版了个人摄影专集《通古拉瓦妈妈——一座火山的历史》。不到两个星期，这部记述通古拉瓦火山历史和神话传说的影集就卖出了500本，实在是了不起的成绩。要知道，摄影集非大众读物，在任何地方都难以成为畅销书。这样的销售业绩，既反映了影集的拍摄制作水平，又折射出厄瓜多尔上流社会和知识阶层对这座火山的浓厚兴趣。

巴尼奥斯

在厄瓜多尔，谈到通古拉瓦火山，就免不了提及巴尼奥斯。巴尼奥斯坐落在距通古拉瓦火山8公里外的狭长谷地，译成中文是“圣水的温泉”[①]。顾名思义，此地以温泉出名，所以享有温泉之乡的美誉。

不仅如此，巴尼奥斯一侧还有大河流经。这条大河叫帕斯塔萨河[②]，它由阡波[③]和帕塔特[④]两条河流汇集而成，气势磅礴，奔腾不息，令激流探险爱好者心驰神往。

依山傍水，气候温润，海拔又明显低于基多、里奥班巴和安巴托几座山区大城市，加之便利的交通，使得巴尼奥斯这座小城集万千宠爱于一身，成了人们度假休闲的理想去处。

1919年出土的人类头盖骨、砍砸器和黏土器皿等考古发掘显示，巴尼奥斯一带最早的居民系前殖民时期长途跋涉到达此地的圣湖镇人[⑤]。这之后，普鲁阿人[⑥]、潘萨莱奥人[⑦]和基丘亚人为躲避西班牙人的血腥杀戮曾在此混居。

但是，在西班牙人留存的殖民时期编年史中，只有各个族裔、特别是商旅携货往返山区和东部雨林的记录，而找不到巴尼奥斯建城的蛛丝马迹。至于西班牙人1553年建城一说，尚无可信依据。

事实上，巴尼奥斯一带15至17世纪的史料几乎一片空白。一星半点的零散资料显示，最早时候，普鲁阿人称这一地区为伊波[⑧]。1541年，在当地土著人的引导下，一批西班牙人来到这里，风闻附近藏有银矿，于是留了下来。可是没过多久，视线又被传说中的异地金矿引开，开挖银矿一事不了了之。

根据编年史学家伊萨伊亚斯·托洛·鲁伊斯[⑨]的描述，1585年，西班牙

---

① 圣水的温泉：Baños de Agua Santa。

② 帕斯塔萨河：Río Pastaza。

③ 阡波河：Río Chambo。

④ 帕塔特河：Río Patate。

⑤ 圣湖镇人：Hombres de Lagoa Santa，位于今天巴西米纳斯吉拉斯州，距今大约14000至11000年，是目前为止发现的南美洲最古老人类。

⑥ 普鲁阿人：Puruhá，厄瓜多尔土著民族，曾经人口众多，分布在中部山区的钦博拉索、玻利瓦尔、通古拉瓦和科托帕科希省。

⑦ 潘萨莱奥人：Panzaleo，厄瓜多尔土著民族，今人口不足10000，分布在科托帕科希省南部，以务农为主。1553年首次出现在西班牙编年史学家佩德罗·希埃萨·德莱昂(Pedro Cieza de León)的史料中。

⑧ 伊波：西班牙文为Ipo。

⑨ 伊萨伊亚斯·托洛·鲁伊斯：Isaías Toro Ruiz。

人佩德罗·费尔南德斯·德埃斯皮诺萨[①]将当下巴尼奥斯这块土地赠予了阿尔瓦罗·格雷罗·萨拉梅阿[②]神父，后者自封伊波酋长，并将这片土地命名为圣母玛利亚庄园。而史料中首次出现巴尼奥斯则可追溯到1604年，其时被称作“巴尼奥斯的座椅”[③]。缘得此名没有注解，只提到有个小村落。居民为几名西班牙人和40名土著人。村落仅有8个街区，还有一个土坯垒砌、茅草作顶的小教堂。不远处是道山崖，一条瀑布垂直洒落，附近地上冒出两处泉眼，一处涌出滚烫的热水，另外一处正相反，刺骨的凉水。村民就将冷热水混合，然后浸泡其中。土著人尤其喜爱泡温泉，称之为ISHPAYPAE，意思是浸泡在通古拉瓦妈妈的尿液里。

后来的巴尼奥斯即是在这个村落的基础上演化而成，这也是第一次在文字中出现关于巴尼奥斯温泉的记载。

1694年，西班牙将军安东尼奥·帕洛米诺·弗洛雷斯[④]成为巴尼奥斯的新主人。为讨好教士阶层，他许诺每年提供3000比索，用于教堂的维护及教士的日常开支。显然这笔钱不会凭空得来，全部出自土著人没日没夜的血汗。

1764年，意大利神父马里奥·希卡拉[⑤]在他的《厄瓜多尔地貌描述》一书中提到巴尼奥斯。他这样写道：这里水资源丰富，气候湿热。各色人种穿梭不绝。居民有300人，绝大多数为西班牙人和土著人的混血后代。所有人都栖身于低矮破旧的土坯房中，靠种植玉米、木薯、红薯、香蕉和青椒为生。村落附近有条大河，穿过山谷，流向东部无垠的茂密雨林……

1773年2月4日，通古拉瓦火山喷发，巴尼奥斯一带遭到严重破坏。此次喷发首次留下了涉及这座火山剧烈活动的详细记录，后人据此推断，今日通古拉瓦火山的圆锥形状，很可能由这次喷发形成。

时光进入19世纪，厄瓜多尔国运多舛。冲突、内战，流血悲剧反复上

---

① 佩德罗·费尔南德斯·德埃斯皮诺萨：Pedro Fernández de Espinoza。
② 阿尔瓦罗·格雷罗·萨拉梅阿：Álvaro Guerrero Zalamea。
③ 巴尼奥斯的座椅：Asiento de Baños。
④ 安东尼奥·帕洛米诺·弗洛雷斯：Antonio Palomino Flores。
⑤ 马里奥·希卡拉：Mario Cicala。

演。而巴尼奥斯竟能始终超然于祸乱之外，俨然沙漠中的绿洲，成为不少政治人物和芸芸众生逃难的首选，也吸引了邻国哥伦比亚的大批移民扎根落户。在加夫列尔·加西亚·莫雷诺[①] 任总统期间，哥伦比亚移民获准在巴尼奥斯一带购置田产，由此诞生了罗默[②]、艾拉索[③]、冈萨雷斯[④] 和费耶罗[⑤] 等一批名门望族。

从19世纪末起，巴尼奥斯得到快速发展。特别是比利时神甫托马斯·哈弗兰茨[⑥] 在担任市长期间，规划了城市布局，翻修了教堂，兴建了桥梁，开挖了引水系统，为日后城市的进一步发展奠定了基础。

比利时人的功绩有目共睹，这也为其同胞在当地赢得了尊重。哈弗兰茨卸任后，另一位比利时人范·舒特[⑦] 继任。他们一同为这座火山脚下的幽静小城烙上了深深的比利时印迹。

1928年，正值伊希德罗·阿约拉·库埃瓦[⑧] 总统在位主政，巴尼奥斯连接今日通古拉瓦省省会安巴托的公路贯通，这让巴尼奥斯成为当时山区通往东部雨林的必经之路。

1944年12月16日，中央政府正式将巴尼奥斯升为县，佩德罗·托马斯·巴尔加斯[⑨] 成为首位县议会议长。

1949年8月5日，通古拉瓦省突发大地震，巴尼奥斯毁于一旦，险些成为无人区。

---

① 加夫列尔·加西亚·莫雷诺：Gabriel García Moreno，1821年12月24日生于瓜亚基尔，1875年8月6日在基多遇刺身亡。律师，作家，记者，政治家，保守党人。1861年4月2日至1865年8月30日和1869年8月10日至1875年8月6日，两度担任厄瓜多尔共和国总统。

② 罗默：Romo。

③ 艾拉索：Erazo。

④ 冈萨雷斯：Gónzalez。

⑤ 费耶罗：Fierro。

⑥ 托马斯·哈弗兰茨：Tomás Halflants。

⑦ 范·舒特：Van Shoote。

⑧ 伊希德罗·阿约拉·库埃瓦：Isidro Ayora Cueva，1879年8月31日生于厄瓜多尔洛哈省，1978年3月22日卒于美国洛杉矶。激进自由党人，1926年4月3日至1931年8月24日担任厄瓜多尔总统。

⑨ 佩德罗·托马斯·巴尔加斯：Pedro Tomás Vargas。

拍摄火山喷发

2011年底到2014年上半年我在厄瓜多尔期间，通古拉瓦火山一直处于低强度喷发状态，每次喷发持续时间不等，与下一次的间隔最长可达数月。

我第一次到巴尼奥斯是2012年11月初，在一家客栈住宿两晚。日落时分，站在与火山一河之隔的对面山坡举目四望，紫云飞渡，红霞满天，“通古拉瓦妈妈”安静祥和，灰黑色的身躯近在眼前。半山腰处，耕地、围栏、塑料大棚清晰可见，低头吃草的黑白花奶牛点缀其间。

次日，同样时辰故地重返，云蒸雾绕，十米开外一片缥缈的奶白。若非头天景象历历在目，实在想象不出对面有座蓄势待发的火山。

那次短暂之行的收获，一是为日后拍摄火山喷发选好了一处纵览全貌的落脚点。二是结识了古斯塔沃，他是本地居民，经营的餐馆毗邻我看中的落脚点。有了古斯塔沃，即便远在3小时车程外的首都基多，亦可通过电话随时了解火山动态。

此前，尽管置身火山王国，但却从未亲历过喷发，更不曾用镜头捕捉到惊心动魄的那一刻，不能不说是一大遗憾。而当时正在筹划出版影集，离与出版社商定提交图片的大限为期不远。

诚然，搜集素材不能仅凭热情和冲动，否则即等于无谓冒险。

一次一时兴起，未做充足准备，只身怀抱照相器材跟随一支偶遇的登山队攀登科托帕科希火山，结果行至海拔4800米高度落了单。本意料中事，当就地原路折返，然却执意孤行，直至被一条遍布积雪的裂谷挡住去路。

停下犹如灌满铅块的沉重脚步，苍茫天地间，依稀听见裂谷深处传来冰层塌陷的闷响，山体随之轻微震颤，指甲盖大小的碎石颗粒开始朝山下加速滚动，至此方意识到危机四伏。

从那以后，又分别两次与友人相约，专程拍摄通古拉瓦火山喷发。一次就在上面提到的落脚点。可惜时运不济，浓云似厚厚的帷帐将“通古拉瓦妈妈”紧紧裹住，只闻滚滚惊雷在空谷回荡。苦等一天，在吸足了空气中飘散的二氧化硫恶臭后，心有不甘地悻悻离去。

通古拉瓦火山脚下的科塔洛镇

作者摄于 2012 年

另一次，已然抵至火山脚当局设置的安全警戒线，与对面被岩浆蚀刻成褐色的沟壑相距不过咫尺间，怎奈依旧无法一睹“通古拉瓦妈妈”怒发冲冠。扼腕长叹！

在一趟又一趟的无功而返中，凭借一张折得皱皱巴巴的旧地图，我走遍了火山四周的主要城镇和村落：佩尼佩、帕塔特、佩里莱奥、科塔洛、皮亚罗……

不知何时西班牙人起的拗口地名，一个个变成了车轮碾过留下的辙印和身后的足迹。这些村镇当中，印象最深的要算隐匿于山间的科塔洛。

是日，原本寻常的旱季，天空忽然飘起绵密的雨滴，时而淅淅沥沥，时而细如蚕丝，于无声处过滤着清冷的空气，禁不住摇下车窗，贪婪地大口呼吸。

通往科塔洛的山路蜿蜒起伏，喜出望外的是，臆想中的混沌泥泞，被冲刷得锃亮的柏油路面代替。不时地，羊群、马匹从舞动的雨刮器两侧掠过，来不及定睛细看，就呼啦啦一股脑钻进朦胧的雨幕里。

驶过穹顶运动场，拐过砖石小教堂，算是到了村落的中心。熄火，下车，装好胶卷，端起相机。

山村是清静的，除了偶尔传来的鸡鸣犬吠，就再也听不到一点声音。

山村是寂寥的，老宅屋脊上晃悠悠的绿草，与起伏的丘陵遥相呼应。

循着袅袅炊烟摸到丁字路口的农家小馆，推开吱吱呀呀的斑驳门板，昏暗的室内，一对母女正蹲在地上摘菜叶子。点点头，得到默许，抬腿迈过门槛，找个临窗的位子落座，一张字迹模糊的菜单递上来。

约莫一刻钟工夫，一碗滚烫的土豆鸡汤端到面前。捻起沾着水滴的葱末，一把撒进冒着热气的大碗，顿时忘记了窗外阴冷的天气和总也停不下来的小雨。

或许精诚所至，通古拉瓦火山又一次喷发。估计这当是影集截稿前最后能与火山面对面的机会。

说来难以置信，第一时间告知我的竟是远在北京的弟弟。他从晚报上看到火山喷发，本意是提醒我注意安全。弟弟搞不清火山的位置，当然更不会想到，若不是他及时提供消息，哥哥我对此还一无所知，因为通古拉瓦火山已活跃了10多年，像这种不甚猛烈的间歇性喷发，当地媒体一点不放在眼里。

次日是星期五。中午打电话给古斯塔沃，得到证实后收拾行囊。相机、胶卷、靴子、雨披、照明手电、望远镜、机械指北针……做好了野外宿营的准备，还特意带上御寒衣帽，却偏偏忘记将饼干、罐头等应急食品揣进包里，好在吉普车上有瓶装水。

离开基多是下班以后。周末晚高峰时段，道路被一望无际的车流堵得水泄不通，不巧又赶上一场瓢泼大雨，仅出城就用了个把钟头。

此系我在厄瓜多尔首次独自一人跑夜路，眼睛高度近视加散光，之前一直极力回避。

小心翼翼疾驶了大半程，中间还是走错了路，多亏经人指点迷途知返。

直行至通古拉瓦省地界，一颗七上八下的心总算踏实些许。

这个时候雨停了，漆黑的山路上，只见通往安巴托和基多方向的对面车道车流滚滚，是赶赴城里度周末？还是躲避火山喷发？我倒更希望是后者。反观自己所在通往巴尼奥斯的一侧，车道空空荡荡，前方视距内一辆车子没有。

“我们是伞兵，对四面楚歌处之泰然。”

不知什么时候，《兄弟连》中温特斯上尉面对后撤友军的铿锵话语回响在耳边，好似也是给自己打气。

“但凡火山出现，就一定把握住机会。”我自言自语。

驶抵目的地大约是晚上9点。因为事先通过电话，所以古斯塔沃一直在等候，如若不然，肯定早已人去屋空。

古斯塔沃年龄与我相仿，中等个子，典型山里人轮廓。他有3个孩子，全在巴尼奥斯上学。太太住城里，白天在信用社做事，晚上操持家务，照顾孩子们读书。为免受上下山路之苦，平日里，古斯塔沃孑身一人留守餐馆，只有周五到周日这3天晚上才住到山下家里。

和当地许多民房一样，古斯塔沃的餐馆也是不等完工即投入使用。底层外立面尚未涂漆，灰色的框架和红色的砖墙一目了然。二层仅有几根孤零零的水泥柱，不见屋顶，没有四围。

见我姗姗来迟，古斯塔沃笑着步出门外，击掌，拍肩膀，寒暄两句，转身进厨房。透过朝向餐厅上菜的窗口，我一眼瞅见灶台不锈钢托盘上有块化完冻的鸡胸肉，饿过劲儿的胃又条件反射般苏醒过来。

“八珍有弗甘，念彼饥饿伦。”

养心殿乾隆御笔诗屏想要表达的含义，此刻算有了体验。到了这个钟点，荒郊野岭，能有一顿正餐，夫复何求？

等饭菜上桌的空当里，又有两男一女3位法国人背着大包小包来到餐馆。看样子也是饥肠辘辘，且同样准备找地方过夜。见此，古斯塔沃出面照应一下，就又回到厨房接着忙碌。

吃完饭已经过了10点。墨染的山谷，大团的雾气从眼前飘过，挡住了对面的火山，也听不到任何响动。

就在众人解囊取物的当间儿，急着下山的古斯塔沃麻利地拾掇完了锅碗瓢盆。临出门前，他把大家召集到厨房，拉开冰箱门，示意切片面包、鸡蛋、火腿和汽水就在里面，又摸遍全身口袋找出一张皱皱巴巴的纸摊平，在空白处逐一列出每样食品的价格，拿出一支玻璃杯，把纸压在下面，告诉大家食品饮料随时自取，只需照价付款，把钱放在杯中。

末了，古斯塔沃回身指指灶台上的铝锅，说里面是新熬好的卡内拉索[①]，一杯5毛钱，饮用前点火加热，夜里可以驱寒。

至此，众人恍然大悟，原来古斯塔沃是不忍关门大吉一走了之，把大家锁在外面。他的举动，等于是把餐馆交给了几个素不相识的异乡客。

古斯塔沃离开以后，餐馆里只剩下我和3个法国人。同为异乡客，西班牙语、法语、英语，掺杂着手语，成了沟通的语言。交谈中得知，3名法国人都是地球物理学家，他们带来了便携式伽马能谱仪、手提式激光测距仪等监测设备。激光测距仪测得的精确数据表明，餐馆所处位置距通古拉瓦火山脚5公里，离火山口3公里。

我对法国人的精密仪器很是好奇，而他们则对我仍在使用20世纪70年代的胶片相机十分诧异。

周末的夜晚，时光在寂静的山谷停滞。无谓的等待漫长无边，好在守着古斯塔沃的餐馆，至少不必露宿野外。

几个人分头找个角落，把座椅排在一起充当床板，然后各自和衣而枕。直到此时，一切都比预料中的顺利，只等老天开恩，让火山露面。想到这里，我闭上眼睛，一会儿便不知世事……

迷迷糊糊躺了许久。一片悄无声息中，突然，一声惊雷耳边炸响，几乎要把平躺的人从椅子上掀翻在地。紧接着，空气撕裂，地动山摇，门窗哗哗

---

① 卡内拉索：西班牙文Canelazo，一种加入烧酒、糖、桂皮和青甜橙熬制的热饮，常见于厄瓜多尔、秘鲁和哥伦比亚的安第斯山区。

晾玉米

作者摄于 2018 年 10 月

作响，山下村庄鸡飞狗跳，恍如世界末日来临。

没有丝毫迟疑，众人撩开铺盖，同一瞬间翻身而起。双手揉揉惺忪的睡眼，但见窗外灰蒙蒙的黎明中，火山喷吐出冲天的烟柱，一幅完整的素三彩画面跃然眼前。

见此，众人纷纷抄起身边的装备器材，有的来不及穿鞋，就兴奋地冲出门外。

清晨的天空还不十分透亮。我定定神，装好50标头，深吸一口气，像是要对准固定靶射击，然后以1/125秒的快门速度，分别用8和11两档光圈横竖各拍摄了几张，顿觉如释重负。

幽兰空谷，局部小环境气象万千，变幻莫测。在接下来的一整天里，利用云开雾散的短暂空隙，我依次使用50、90和200三枚镜头，不断按下快门，尽力捕捉不同光线下通古拉瓦火山喷发的实景。直至夕阳西下，天边不剩一抹余晖。其间，纵然适应了火山喷发难以描述的轰鸣，可是，每一次怦然巨响，还是情不自禁地弯腰附身，好似五脏六腑都要被震出体外。

那天只吃了一顿饭。暮色将至，下意识地看了一眼半步之遥的一簇安第斯女王花。蓦然发现，一早还傲然绽放的姹紫嫣红，已被厚厚的一层火山灰覆盖。

生如夏花之绚烂，死如秋叶之静美。日出日落间，生命的脚步，就此在灰飞烟灭中戛然而止。

2014年7月24日，厄瓜多尔驻华使馆在北京金台艺术馆为我举办个人摄影展。40幅展出作品中，一张日落时分通古拉瓦火山喷发的照片赫然在列。

这幅与火山面对面的作品，将我数次从首都基多往返通古拉瓦火山，总计1200公里的历程定格在了一瞬间。

2018年7月22日

太平洋沿岸

Costa de

每年 10 月 10 日是瓜亚基尔消防队员的节日

图片来源：瓜亚基尔消防队

第六夜
瓜亚基尔消防队——南美洲第一支专业消防队

考古发掘揭示，人类有组织的灭火行动始于古希腊、古罗马和古埃及时期。那个时候，人们自水源地排起长队，用牛胃盛水，依靠接力，通过众人之手把水传递至火场，以注满水的动物大肠或小肠充当灭火枪。

公元前3世纪，古罗马诞生了灭火合作社，人们用木盆或动物的皮囊取水，用沾湿了的毯子扑火。根据现有史料推测，有可能是奥古斯都·凯撒组建了世界上第一支灭火力量。

瓜亚基尔位于瓜亚斯河三角洲入海口，濒临太平洋。瓜亚斯河由源自安第斯山脚下的达乌勒[①]和巴巴奥约[②]两条大河汇集而成。

阴阳相克，水火不容。费解的是，一向不缺水的瓜亚基尔却始终摆脱不了火患，无论文学作品，还是历史古籍，均少不了关于火灾的记载。1896年的“大火灾”，更成为城市记忆中挥之不去的痛点。

瓜亚基尔有明确记载的第一场火灾发生在1535年。

在瓜亚斯河畔安营扎寨的西班牙殖民者横征暴敛，点燃了乔诺人[③]和万卡维尔卡人[④]反抗的火焰。瓜亚基尔市政厅内，艺术家帕乌尔·帕拉希奥斯[⑤]以壁画的表现形式，还原了这座城市的第一把火。

以后的岁月里，美洲的广袤和富庶好似一块磁石，深深吸引着垂涎三尺

---

① 达乌勒：Daule。
② 巴巴奥约：Babahoyo。
③ 乔诺人：Chono。
④ 万卡维尔卡人：Huancavilca。
⑤ 帕乌尔·帕拉希奥斯：Paúl Palacios。

的冒险者。继土著人的抵抗之火被扑灭后，从16世纪末到17世纪上半叶，来自英、法、荷兰的海盗纷沓而至，轮番洗劫立足未稳的新住民。入侵者的纵火和抵抗者的复仇之火交织，学校、医院、教堂、民居，在一轮又一轮的火攻中化为灰烬。

1709年，大海盗罗杰斯上岸，大肆劫掠后意犹未尽，遂放火焚城，房舍被毁，生灵涂炭。海盗中有位曾在智利海岸胡安·费尔南德斯岛遇险获救的水手。他的求生经历被英国作家丹尼尔·笛福[①]获悉，意外成就了流芳百世的《鲁滨逊漂流记》。

频发的火灾使瓜亚基尔人意识到，密集的建筑，狭窄的街道，木材和秸秆建造的房屋，令整座城市遍布火险。人们于是规范房屋的最小间距，设定街道的最窄宽度，采用石料替代易燃的木材和秸秆。与此同时，组建巡逻队，一旦发现火情，第一时间吹响喇叭报警。

直到这个时候，灭火方式仍然是面对面两列人墙，一列用木盆或者皮囊从河边取水传递至火场，另一列将空的盛具从火场运往河边，循环往复。

是一次偶然促成了改变。

1772年，一家船厂失火。情急之下，几名船员动用船上的储水罐，效果之好出乎意料。很快，储水罐取代木盆和皮囊，极大提高了灭火效率。

随着城市的扩展，工厂和仓库大量出现，火灾愈加频繁，损失愈发惨重。1827年，一种基于保险公司和志愿灭火人员组合的安保会在人们的质疑声中出现。不过，里程碑式的事件还是始自1835年。这一年8月13日，厄瓜多尔第二任总统比森特·罗卡富艾尔特·贝哈拉诺[②]下令成立专业消防队。总统令于8月17日签发，20日见诸报端。至此，南美洲第一支专业消防队——瓜亚基尔消防队破茧而出。

新生事物孕育着希望，也意味着推陈出新，突破常理。一方面，消防队

---

① 丹尼尔·笛福：Daniel Defoe，1660年9月13日至1731年4月24日。英国小说家，记者。

② 比森特·罗卡富艾尔特·贝哈拉诺：Vicente Rocafuerte Bejarano，1783年5月1日至1847年5月16日。1834年9月10日至1839年1月31日任厄瓜多尔共和国总统。

是市政府的行政单位，既非军队，又非警察，却使用军衔，设立一名由市长任命的上校级别最高指挥官以便于指挥管理。

另一方面，虽然执行相同任务，但并非所有人都领取俸禄。消防队员分成两类，一类有军衔无酬金，哪怕官至上校，皆为各行各业的志愿者，这类人员占多数。另一类无军衔有薪水，属于专职消防员，占少数。不过，无论志愿还是专职，无论是否获得报酬，都是专业消防队员，均接受同样的训练，配发同样的装具，肩负同样的使命，面临同样的风险。这一做法自创建之日起延续至今，未曾有过改变。

此外，固然消防队在建制上归属市政府，可并不意味着市府会插手消防事务。市政当局只负责与消防有关的城市基础设施的规划、承建和运营，而消防队的组织、训练和灭火等专项业务则完全由上校统管。而且，一旦出现重大火情，上校必亲临一线。

1952年4月8日，市区突发大火，时任最高指挥官龙贝阿上校身先士卒，脸部、胸部、手部多处被灼伤，坚持不下火线，直到大火被完全扑灭，才在昏厥状态下被送入医院。

既分文不取，又重任在肩，投入大量时间精力姑且不论，还要甘冒生命危险，上校这份差事非常人所能承担。

事实上，瓜亚基尔消防队历任最高指挥官均出自殷实世家，非富即贵，他们占据着这座城市金字塔的顶尖，但追求和志向却绝非谋官敛财，而是一班有着强烈使命感的荣誉骑士团成员。

关于经费来源，罗卡富艾尔特总统1837年提请国会从外贸盈余中划拨。这在当年有其合理性，因为商贾普遍财力充裕，且每次火灾损失最大，对消防事业最为支持。

正式成立后，瓜亚基尔消防队的组建全面铺开。体系上，设总队、支队和小队3级建制。训练方面，每月第一个星期日，全体消防员实装参演。装备建设，到19世纪中叶，从欧美引进的蒸汽动力取水车已逐渐淘汰之前的人力杠杆取水车。保障环节，1881年2月19日成立了消防员保护协会,旨在募集资金，救治在灭火行动中受伤的消防员，解决他们的实际困难，料理牺牲消防员的后事，并为其家属提供扶助。

一切有条不紊，看似一帆风顺。然而，正当人们感到高枕无忧之时，一场史无前例的大火吞噬了这座欣欣向荣的城市。

1896年10月5日晚11点，地处滨河大道与阿吉雷街之间的一座仓库发生火灾。起初人们不以为然，仅投入了就近的消防力量。孰料，半夜里平地刮起大风，风助火势，自南向北席卷城市。与此同时，随着火势的蔓延，恐慌遍及每一个角落，失魂落魄的人们拖家带口，将所有能搬动的物品集中到空旷的圣弗朗西斯科广场，以为就此可以躲过一劫。可惜事与愿违，堆积如山的家什在熊熊烈火中荡然无存，连存放已故总统何塞·华金·德奥尔梅多[①]棺椁的教堂也未能幸免。

凶猛的大火映红了天空，灼热了河水，一直肆虐到7日凌晨才被扑灭。此次火灾，瓜亚基尔共有89个街区的1200幢各类房屋被付之一炬，25000余人无家可归，从当时拍摄的照片上看，过火后的城区如同原子弹爆炸的景象一般凄惨。

历史学家称这场火为"大火灾"。关于它的起因莫衷一是，有说燃放烟花引起，有说两口子厨房吵架失手导致，更不乏蓄意纵火传闻。尽管最后一种说法百年后的今天仍有所闻，但却始终找不到确凿证据。当年匆匆宣布抓到的所谓"纵火犯"，日后证实不过是当局为平息众怒而临时挂出的挡箭牌。

"大火灾"给瓜亚基尔造成难以愈合的创伤。人们痛楚地想到，此前消防队曾就城市消防设施不足屡次发出警告，还多次敦促增加预算用以添置必要的设备，但均石沉大海。倘若这一切能够引起足够重视并及时得到响应，那么很可能会是另外一番局面。

至于"大火灾"中消防队的表现，虽然偶有批评和指责，但肯定和赞扬远多于前者。大多数媒体和公众没有因为惨痛的不堪而迁怒于已经竭尽全力

---

① 何塞·华金·德奥尔梅多：José Joaquín de Olmedo，1780年3月20日至1847年2月19日。1845年3月6日至1845年12月8日担任厄瓜多尔总统。

1896 年的大火灾

图片来源：瓜亚基尔消防队

的消防队员，反而视他们为这场灾难中出类拔萃的英雄好汉。

挫折使人成熟，对一座城市亦然。瓜亚基尔没有就此沉沦，而是浴火重生。人们从“大火灾”中汲取了深刻教训，重新审视城市的消防布局，完善消防管线铺设，建造大型水厂，用泵抽河水上岸，储存在密布城区的消防井中，彻底告别排队递水的原始做法。

1905年1月1日，圣安娜山脚下的水厂落成使用。1920年，瓜亚基尔消防队实现摩托化，汽车完全取代了马车、驴车和人力车。1936年，分布在大街小巷的电话报警网络系统和救火指挥中心启用，使靠发射土火箭、奔走相告或吹喇叭预报火情成为历史。在硬件设施上，瓜亚基尔消防队已与同期工业化国家齐头并进。

消防工作是本职。可有时，瓜亚基尔消防队也会被赋予其他使命，有些即使在今天看来，也纯属分外。

1894年末，厄瓜多尔多地爆发推翻执政当局的“自由革命”，革命于次年6月5日宣布胜利。在新旧政权过渡留下的真空期，瓜亚基尔消防队毅然承担起了本应由军队或警察执行的恢复城市秩序，维持社会治安的重任。

1910年，厄瓜多尔成立红十字会，瓜亚基尔消防队又被临时征调，填补新机构组建初期的力量空缺。

真正为消防队铸就不朽丰碑的标志性事件发生在1906年。年初，瓜亚基尔爆发制宪派与自由派之间的武装冲突，平日熙熙攘攘的街道瞬间变成刀光剑影的战场。枪林弹雨中，身着醒目制服的消防员不顾自身安危，穿梭往来于双方阵地，救治伤员，收敛尸骸，为手无寸铁的平民寻找隐蔽，甚至不惜用血肉之躯筑起屏障，保护无辜市民撤至安全地带。其舍生忘死的无畏壮举感天动地，赢得对峙双方和市民的一致赞许。

冲突平息后，人们钻出废墟瓦砾，自发地为倒在血泊中的消防队员举行葬礼。有人说，那是这座城市有史以来最庄严肃穆的一场葬礼。

一次又一次临危受命，一次又一次赴汤蹈火，毫不犹豫，从不退缩。渐渐地，瓜亚基尔消防队成了市民心目中不折不扣的保护神，赢得了越来越多市民的由衷敬意。

1917年10月4日，市政府大火刚被扑灭，市民便自发涌入圣弗朗西斯科广场，向英雄的消防队员致敬。在现场热烈情绪的感召下，诗人贡萨洛·约纳① 一气呵成，当场谱写了传唱至今的《消防队之歌》。

1926年，伊希德罗·阿约拉·库埃瓦② 总统下令，从当年起，每年的10月10日为消防队员日。同样是这位总统，在履职期间，又以法律形式明确了国家对专职和志愿消防队员因公受伤、致残乃至牺牲的救助补偿或赡养方案。作为进一步完善，不久，又明确了专职和志愿消防队员的权利义务与招募条件。

---

① 贡萨洛·约纳：Gonzalo Llona。

② 伊希德罗·阿约拉·库埃瓦：Isidro Ayora Cueva，1879年8月31日生于厄瓜多尔洛哈省，1978年3月22日卒于美国洛杉矶。激进自由党人，1926年4月3日至1931年8月24日担任厄瓜多尔总统。

1930年10月25日，厄瓜多尔国会宣布，赋予瓜亚基尔消防队BENEMÉRITO称号。在西班牙语里，BENEMÉRITO有“功勋卓著、值得表彰”之意。将一个带修饰性前缀的称谓以这样一种形式赠予一个行业，尚无先例。从此，BENEMÉRITO就印在每一名消防队员的头盔、服装等个人装具上，印在消防车、驻地等设施上，固化为一个群体的专属称谓。

瓜亚基尔消防队还装备有一艘极具传奇色彩的消防船，此船便是“万卡维尔卡”号。截至2018年，这艘排水量33吨的汽船已服役107年，是厄瓜多尔有史以来寿命最长的一艘船。

“万卡维尔卡”号于1911年建成入役，起初是为瓜亚基尔海事局建造的内河杂务船，当时的船名是“蒙特·阿尔托”[①]号。

1913年，“蒙特·阿尔托”号船名被改为“恩里克·巴尔德斯”[②]号，在变更船名的同时，定位和职能也发生了转变。鉴于初创伊始的厄瓜多尔现代海军实力薄弱，“恩里克·巴尔德斯”号被征调从军，充当起了海军编制内的勤务船。

1934年，已列入军方退役名单的“恩里克·巴尔德斯”号眼看寿终正寝，却被瓜亚基尔消防队接手后起死回生，改为“万卡维尔卡”号并一直沿用至今。与新船名启用同步，“万卡维尔卡”号的船体和艏楼分别按消防队礼服的颜色被漆成了红色和白色。

没有人能够料到，之前在海事局和海军一直默默无闻的这艘汽船，三易其名后迎来了大显身手的时代。

1941年4月1日，为防止厄瓜多尔政府不能恪守二战爆发后宣布的中立政策而使商船落入英国皇家海军之手，锚泊在瓜亚斯河面的德国商船“基西拉”号的船长下令焚船。发现火情的“万卡维尔卡”号在奥雷里奥·卡雷拉上校的指挥下快马赶到，和另一艘海军勤务船协同奋战7个小时，终将火势控制，从而避免了火烧连营，波及岸上设施的悲剧发生。

---

① 蒙特·阿尔托：Monte Alto。
② 恩里克·巴尔德斯：Enrique Valdéz。

老兵不死。1971年，“万卡维尔卡”号被送入海军船厂翻修改造，除了保留船体外壳，内部设备几乎彻底更换。焕然一新的“万卡维尔卡”号知恩图报。2003年，已投入使用92年的“万卡维尔卡”号将海军从德国引进的“希利斯”号潜艇的明火扑灭。相隔不到一个月，又用高压水枪挽救了瓜亚斯河私人码头并列停泊的3艘游艇。

今天，老当益壮的“万卡维尔卡”靠泊在瓜亚基尔滨河大道旁的消防专用码头，了解这艘百年老船沧桑经历的市民从旁经过时，无不对它投以敬佩的目光。

经过近200年发展，如今，瓜亚基尔已经有52个消防小队分布城区，共有450名专职消防员和1600名志愿消防员。根据规定，专职消防队员只面向成年男性市民招募，月薪视服役年限，从刚入职的500美元到1500美元不等，满25年即可退休。志愿消防员则性别不限，除了不领取工资以及无须驻地值守，其他方面皆与专职消防员无异。

至于经费来源，百余年前从外贸盈余中划拨的做法，早已改为一部分从企事业单位和居民电费中按比例提取，另一部分来自各类公共和商业机构每年缴纳的消防费。瓜亚基尔人笃信，只有经济上与官僚机构毫无瓜葛，才能杜绝行政干预，从而保证消防队始终不偏离专业轨迹。对于这一点，并非所有人都认同，可是瓜亚基尔人深信不疑。

今天，在瓜亚基尔的三百六十行里，如若有人问及哪个行业知名度最高，最能成为代表城市的一面镜子，恐怕不少市民首先会想到瓜亚基尔消防队。

的确，瓜亚基尔消防队头顶特殊光环，备受市民爱戴。

自1935年消防队成立100周年确定火炬游行至今，每年的10月10日消防队员日当晚，除驻地值班留守人员外，所有瓜亚基尔消防员都会身穿红上衣、白裤子的传统礼服，高举点燃的火炬，在无数市民的夹道喝彩声中从市中心主要大道出发，一路途经滨河大道，步行至1905年竣工的第一座大型水厂旧址。这一活动业已成为城市的一张名片。此外，由大型财团、知名公司赞助印制的精美消防海报，还会随当日发行的报纸，免费送至读者手中。而记录

瓜亚基尔消防博物馆内陈列的100年前的老式消防车
图片来源：瓜亚基尔消防队

消防队发展演变的精装摄影画册，已经累计出版了10多集。

在消防队驻地，各种形式的公众开放活动令人眼花缭乱，消防队员用高压水龙喷射出的多变水柱，成为孩子们的最爱。这种看似其乐融融的轻松气氛，实则是普及防火安全知识，加深人们对消防事业理解，激发民众投身公共服务的绝好契机。

诚然，瓜亚基尔消防队获得的荣誉远不止一年一度的消防队员日，市民们用一切方式表彰消防队的英雄事迹，用各种方法表达对消防员的无限崇敬。

自1824年1月6日第一位消防员何塞·阿维兰为保卫城市献出生命以来，先后已有数百位消防员以身殉职。他们每一位的姓名、事迹和照片，都被完好保存在城市档案馆，供市民永久铭记。

在市内公墓，人们辟出专门的消防员陵区，用以安葬牺牲的消防队员。在市立医院，人们设置了20余张消防员病床，即使闲置也不做他用。人们还把一条市内主干道命名为消防员大道。

1976年壳牌石油公司加气站爆炸

图片来源：瓜亚基尔消防队

1982年7月25日，在城市第一座水厂原址基础上改造而成的消防博物馆落成，成为全国第一座消防主题博物馆。

2004年7月24日，豪尔赫·蒙塔内罗上尉在灭火行动中身负重伤，被紧急送往美国进行救治。在上尉住院的6个月期间，他的治疗和康复牵动瓜亚基尔民众和媒体的神经，成为那段时间最受关注的公共事件。

2008年，一尊反映消防队奋战1896年“大火灾”的雕像在消防员大道街心公园与公众见面。这尊雕像，早在1935年即由艺术家阿尔弗雷多·帕拉希奥[①]用石膏做好原型放于中央银行，直到70多年后，才由老艺术家的弟子路

① 阿尔弗雷多·帕拉希奥：Alfredo Palacio Moreno。

易斯·戈麦斯[1]用黄铜铸成。

2008年12月15日，厄瓜多尔前总统莱昂·费夫雷斯·科尔德罗[2]与世长辞。弥留之际，这位曾担任过瓜亚基尔市市长的老总统留下遗言，希望过世后由瓜亚基尔消防队将其灵柩抬至墓地。

瓜亚基尔消防队不仅在厄瓜多尔国内家喻户晓，而且声名远扬。

1976年3月10日，荷兰皇家壳牌石油公司位于瓜亚基尔的煤气站发生爆炸。重达几十公斤的煤气罐如同玩偶，瞬间被抛上高空，然后又像纸片一样四处飞落，整座城市在极度恐惧中震颤。惊慌失措的人们唯恐避之不及，纷纷向安全地带疏散。只有一批又一批不同方向赶来的消防队员逆流而动，在震耳欲聋的爆炸声和重金属的碰撞声中冲入火海。

那次爆炸，财产损失巨大，竟无人员伤亡，实属不幸中的万幸。远在梵蒂冈的教皇被消防队员顶天立地的气概深深打动，通过埃切维里亚大主教[3]向指挥这场灭火行动的戈麦斯[4]上校授勋，并向参与抢险的全体消防员致以问候，一时传为美谈。

在宝马公司瓜亚基尔代表处，我与总经理库卡隆上校隔着宽大的办公桌对坐。库卡隆上校同时还担任着厄瓜多尔汽车协会主席一职。不过，二人的话题与汽车毫不沾边。现磨的咖啡满屋飘香，可是直到放凉，两人谁都没有碰。几次响起的内线电话，他也是吩咐秘书去处理。联想到之前拨通上校的手机，不是无人接听，就是人在消防队，让我感到他对生意似乎不十分上心，甚至恍然觉得，名义上的宝马汽车代表处，实则更像是去掉标识和涂装的城市消防总队。

库卡隆上校告诉我，他与消防有着不解之缘。早在1918年，父亲家族即有成员投身消防，而母亲家族与烈火搏斗的记录可上溯至1896年，至于他自

---

① 路易斯·戈麦斯：Luis Gómez Albán。

② 莱昂·费夫雷斯·科尔德罗：León Febres Cordero，1931年3月9日至2008年12月15日。1984年8月10日至1988年8月10日任厄瓜多尔共和国总统。

③ 埃切维里亚大主教：Bernardino Echeverría Ruiz，1969年4月13日被册封为瓜亚基尔大主教。

④ 戈麦斯：Gabriel Gómez Sanchez。

瓜亚基尔消防队总指挥马丁·库卡隆上校
图片来源：瓜亚基尔消防队

己，不到10岁就有穿戴消防服的照片。

更令家族几代为之自豪的是，库卡隆的父亲曾任瓜亚基尔消防队的最高指挥官。1959年10月10日，老库卡隆[①]被授予一级英雄十字军团勋章。正当授勋仪式隆重举行之际，市内突发火灾，老库卡隆来不及穿戴防护，身着笔挺的礼服，披挂耀眼的勋章，就气宇轩昂地步出市政厅，乘坐指挥车，直接奔赴火场。

在库卡隆7个兄弟姊妹中，他与孪生兄弟子承父业。1999年至2007年间，库卡隆受命担任瓜亚基尔消防队的上校，卸任后，由其孪生兄弟继任，而他

① 库卡隆：Genaro Cucalón Jiménez。

异地履新，被任命为与瓜亚基尔毗邻的圣博隆东市消防队长。一个家族，两代之内，3名成员分别担任城市消防最高指挥官，这在厄瓜多尔绝无仅有。

可是万事开头难，先辈炫目的光环不能确保后辈一马平川。

上任伊始，库卡隆就遇上所有前辈未曾碰到的棘手难题。20世纪90年代末期，厄瓜多尔深陷通货膨胀泥潭，本国货币苏克雷一贬再贬。货币的持续贬值殃及金融业，导致银行大规模倒闭。万般无奈之下，政府于2000年1月出台美元化政策，流通116年的苏克雷被迫退出历史舞台。

货币和金融政策的巨变影响到各行各业，瓜亚基尔消防队亦不可能置身其外：无钱支付专职消防员工资，无力购买进口消防器材，无法兑现进口消防车合同条款，加之中央政府跃跃欲试，试图趁乱接管消防队，库卡隆的处境不可谓不难。但任凭我几次询问，上校对过去的磨难就是闭口不谈。

后来查阅资料得知，在上校任内，瓜亚基尔消防队的自治问题一劳永逸得到解决。消防队拥有了拉丁美洲最先进的培训学校，完备的设施不仅能够逼真模拟各类火灾，而且为消防队员全面掌握搜救、破障、排险等实用技能提供了操演平台。消防队还积极开展跨国交流合作，广泛与各国同行切磋技艺，分享经验，视野更加开阔，专业水平进一步提高。消防博物馆得到翻新改造，大量珍贵的图片和实物充实了馆藏。其中，一辆晚清时期中国侨民捐赠的消防手推车引起我的兴趣。它静静地陈卧于光洁的展厅地板上，像一位风烛残年的老人，向公众诉说着早年漂洋过海的华人对这座城市消防事业做出的贡献。

了解到库卡隆的家史和经历，从此我不再称他经理先生，而是一口一个上校。因为我知道，在上校心中，销售宝马汽车赚取的利润，显然不能与拯救生命于水火相提并论，哪怕前者是他安身立命的生计，而后者既充满风险又无利可图。

君子喻于义。

在弹尽粮绝，败局已定，身负重伤或者突围无望的情况下，为避免无谓伤亡，以西方传统的骑士标准，军人可以选择体面的投降。但是，面对无情

冲进火场的瓜亚基尔消防队员

图片来源：瓜亚基尔消防队

烈火，身为消防队员，却连后退一步的余地也没有。

在许多人看来，瓜亚基尔消防队就是当代都市浪漫将士组成的世袭军团。他们用高贵的理想主义、刚毅的英雄主义和卓著的专业主义精神，将一个偏冷的行业打造成一座令人仰止的丰碑。它的轨迹已融入历史，成为公众的记忆。它的标识已气冲云霄，化为沸腾的符号。

1940年8月20日，有感于皇家空军战斗机飞行员在不列颠之战中拯救英伦的出色表现，英国首相丘吉尔在国会发表了名为“少数人”的著名演讲。

他说，在人类战争史上，从来没有过如此少的人，对如此多的人，做出过如此大的贡献。

就人数而言，瓜亚基尔消防队的专职和志愿消防队员全加起来不过2000余人，仅为这座城市300万人口中的一千五百分之一。我以为，他们正是对这座城市里如此多的人作出过如此大贡献的如此少的那群人。

瓜亚基尔消防队的经验或许不易借鉴。

瓜亚基尔消防队的模式或许难以复制。

但是，瓜亚基尔消防队的传奇，一定会世代续演。

2017年12月。一日我心血来潮，忘记了当地人正一门心思准备过圣诞节，也全然不顾生意人年底忙到加班加点，不合时宜地抄起电话打给库卡隆上校，希望他能为文章提供一些照片。

电话中，我罗列了对照片题材、规格和拍摄方面的要求。直至听筒另一端传来压低嗓门的说话声，我才猛然意识到自己的唐突，尴尬中草草收场。

半个月后，距圣诞节仅剩不到两天，邮箱里收到10余张不同时期，不同场景的消防队高清图片，署名瓜亚基尔消防博物馆公共关系部帕乌拉·科埃略女士。

面对电脑屏幕，我痴坐了好长时间，半晌才回过味儿来。

这便是书中所采用的相关配文图片。

迟至今日，我和帕乌拉·科埃略女士都还未见过一面。

谨将此文献给功勋卓著的瓜亚基尔消防队英勇的男女消防队员。

2018年7月28日

老船长在航行中使用六分仪定位

图片摄于 20 世纪 90 年代初，由老船长遗孀约兰达提供

第七夜
老船长与海

自大航海时代以来，在西方海运界，船长就一直被视为仅次于上帝的人。

时隔三载与老船长故地重逢，惊觉上帝并不遥远。

之前与老船长一共只见过两面。本以为，再见仅仅是一闪而过的幻念。

那是2014年回国前的最后一个月，趁着周末，买张机票，最后一次飞赴海边，与友人话别。午饭的钟点，被朋友拽进岸边悬崖上一家客栈。

正是老船长的客栈。只不过更像是一个微缩的海事博物馆，目力所及都和船与海有关。

在那里，第一次与老船长见面。天地之间，船海之缘，坐地论舟，凭眺远帆，相谈甚欢。

所谓人无趣不可与交，更何况是同趣。

毕恭毕敬接过老船长郑重递过的名片，小心翼翼放进贴胸的衬衣口袋。

半个月后的一个上午，收拾行囊正手忙脚乱，突接老船长电话，嗓音激奋高亢，告知已从海边飞抵首都，此刻正候在门外。

原来，老船长专程赶来，是要将他用过的两件航海仪器——六分仪和倾斜仪执意相送……

就此别过，万水千山。

然而山不转水转。转眼3年又半，出乎意料旧地重返，再见仿佛弹指间。

怎奈初到异乡千头万绪，加上分别期间老船长被查出骨癌，不得不频繁造访医院。于是，这第三次见面，看似指日可待，却久未达成心愿。其中一次，眼看即将实现，老两口欣然赴约，已行至路上，不料突感不适，只得半途折返。

那一次，着实把我吓了一大跳。由此，与老船长见面被置于最高优先。

老船长全名阿尔贝托·埃德蒙多·狄龙·格兰达，祖籍爱尔兰，1938年生于基多，祖辈或多或少都与政坛沾边。用老人的话讲，家里往上三代都是海盗，只因一路打劫流落南美，却摇身一变，混迹官场当差。

也许是血液里流淌着蓝色的海洋基因，也许是后背长了反骨，总之，生来倔强的老船长不喜欢基多所在的山区，尤为反感家中驱之不去的官气。在他看来，官员少廉寡耻，不做实事，惟有远走高飞，方能眼不见为净。所以，高中一毕业，他就不顾劝阻，远离亲人与故土，毅然投考位于萨利纳斯[①]的海员学校，立志当一名与大海为伴的水手。

那一年，老船长只有17岁，正是青春年少时。

从地图上看，萨利纳斯海员学校拥抱浩瀚的太平洋，地处厄瓜多尔大陆国土嵌入东太平洋最深处那个细长的小尖角。学校坐东望西，视距内就是繁忙的航线，穿梭往来的船舶近在眼前。

20世纪90年代初，海员学校择址另建，厄瓜多尔海军高等学院异地迁入，从此，那里成了海军候补军官的摇篮。2012年7月，中国海军“郑和”号训练舰环球航行访问瓜亚基尔，作为两军交流，舰上3名大连舰艇学院学员在海军高等学院度过一晚。学院优美的环境，完备的设施，严酷的作训，始终如一师从西方大海军的理念，给首次到访南美的年轻中国学员留下了深刻印象。令人记忆犹新的是学院教学楼上的励志名言：帆船不会消失，因为风不会消失。只要乘风鼓起希望的风帆，就能勇往直前，驶抵梦想的彼岸。

厄瓜多尔虽是安第斯山国，但崇山峻岭从来不是走向大洋的羁绊。以马纳比[②]省的马塔赫[③]为起点，沿蜿蜒的太平洋海岸一路向南到萨利纳斯，全长

---

① 萨利纳斯：Salinas。
② 马纳比：Manabí。
③ 马塔赫：Mataje。

748公里。这条路，今天被冠以太平洋干道[①]或阳光大道[②]，历史上则以贝壳之路[③]闻名遐迩。

起源于圣埃莱纳省的拉斯维加斯文化[④]距今大约11000年，是厄瓜多尔境内最古老的人类遗迹发现。早在那一时期，厄瓜多尔人的祖先就已乘坐排筏出海。北至墨西哥，南达秘鲁，他们在广阔的太平洋东岸捕鱼狩猎，还通过海路与沿岸其他地区关联。

尽管史学界对此存有争议，可随后出土的瓦尔迪维亚文化[⑤]和马查里亚文化[⑥]，还是为厄瓜多尔拥抱大海的悠久历史提供了无可辩驳的佐证。海豚形的盛水器，鲨鱼状的煮饭器，打磨光洁的鱼骨项链，陶土烧制的独木舟，驾驭木排的泥人……一件又一件栩栩如生的文物承载着文明的演进，也忠实还原了数千年前厄瓜多尔先民临海而居的生活。

进入殖民时期以后，在外力作用下，厄瓜多尔人的海洋潜质得以极大释放。瓜亚基尔不仅是举足轻重的货物吞吐商港，而且在西班牙海权旁落前，还一度成为北至阿拉斯加，南达智利的太平洋东岸最大的造船厂。许多满载财宝驶向伊比利亚半岛的海船均由瓜亚基尔船厂建造，其中包括硕大无敌的三桅大帆船。这种集精妙复杂构造与流畅舰船美学为一身的海上巨帆，被法国文豪维克多·雨果称为“人类的伟大杰作”。有人说它的出现，撼动了唐代至明初中国海船领跑世界的局面，为波澜壮阔的大航海时代提供了物质基础，其历史地位和作用被各国航海家与船模爱好者所推崇膜拜。

厄瓜多尔人重视海洋，也不乏捍卫海权的勇气。仅以全国第一大港口瓜亚基尔市为例，历史上虽然屡次被外来势力从海上封堵，但是，每一次当地人都能化解危机。

---

① 太平洋干道：Troncal del Pacífico。

② 阳光大道：Ruta del Sol。

③ 贝壳之路：Ruta del Spondylus。Spondylus是一种特有的贝类，厄瓜多尔太平洋沿岸大量出产这种贝类。

④ 拉斯维加斯文化：Cultura Las Vegas。

⑤ 瓦尔迪维亚文化：Cultura Valdivia，大约公元前3500年至公元前1800年的厄瓜多尔沿海文化。

⑥ 马查里亚文化：Cultura Machalilla，大约公元前1800年至公元前1000年的厄瓜多尔沿海文化。

瓦尔迪维亚文化时期的出土文物

照片源自《厄瓜多尔历史》第五卷第一部分，Salvat 拍摄。瓜亚斯省历史档案馆提供

1530 年准备驶往美洲的大帆船

插图源自马里奥 · 桑切斯 · 布拉沃所著《厄瓜多尔海军史》。瓜亚斯省历史档案馆提供

1941年7月25日，在汉贝利[1]水道一对一的较量中，拉斐尔·莫兰·巴尔维尔德[2]不畏强敌，率领排水量仅300吨的“卡尔德隆”[3]号炮船，一举击伤了排水量达1300吨的秘鲁海军“比亚尔海军上将”[4]号驱逐舰，迫使后者掉

① 汉贝利：Jambelí。位于瓜亚斯河入海口。迄今关于这场海战的所有资料均来自厄瓜多尔一方，秘鲁方面对战况及损伤无记载。

② 拉斐尔·莫兰·巴尔维尔德：Rafael Morán Valverde。

③ 卡尔德隆：Calderón。

④ 比亚尔海军上将：Almirante Villar。

头返航，从而解除了厄瓜多尔商船所受来自近邻的海上威胁。自此，莫兰便成为本国的民族英雄和海军几代人无法超越的标杆。

1952年8月18日，厄瓜多尔响应倡议，联手智利和秘鲁发表《圣地亚哥宣言》，向世人宣示维护蓝色领土，推动设立200海里海洋管辖权的决心。

1966年至1971年间，32艘美国金枪鱼捕捞船擅自闯入厄瓜多尔12海里水域进行作业，被厄方扣押后遭到经济处罚。在执法过程中，厄国海军落后的二手战舰“汉贝利”号登陆艇[①]和“贝拉斯科总统”号驱逐舰[②]，分别用舰上的大口径机枪和40毫米速射炮，对企图脱逃的美国渔船进行了警告性射击，把目中无人的美国船长吓傻了眼。

1971年1月10日至1972年1月15日，厄瓜多尔执法力量在本国宣布的200海里专属经济区扣押了53艘美国金枪鱼捕捞船，并对其处以总额200万美元以上的罚款，从而引发两国外交争端，爆发了名噪一时的“金枪鱼战争”。其后，为维护自身权益，厄方不惧美国恫吓与制裁，展开了坚决斗争，此举赢得拉美众多发展中国家的支持。

居于一隅，局于一隅。世世代代依山傍海，朝朝暮暮与强邻相伴，且间或受到不同巨擘轮番袭染，塑造了厄瓜多尔人的多重性格，突出表现在山民的温良、保守、坚韧和港口人的精灵、机敏、善变。既善于巧技谋利，又无惧以小搏大，颜面与惠益统揽，凡事利字当先。这些特点，普通个体或多或少有所体现，而在从事对外关系、商贸的特定人群以及海员身上表现得更为明显。

从1956年入校到1960年毕业，老船长在校学习3年，上船实习一年，顺利完成了从山区小子到闯海硬汉的转变。其间，精力无处发泄的他闲极无聊练起拳脚，竟在全国轻量级拳击赛中一路斩将过关，先后击败进入半决赛的陆海空三军搏击高手，轻松摘得桂冠。

---

① “汉贝利”号登陆艇：美国根据“互助法案”于1958年向厄瓜多尔出售的两艘登陆艇之一。

② “贝拉斯科总统”号驱逐舰：1955年9月，厄瓜多尔向英国购买的两艘二战退役军舰之一，属于皇家海军“狩猎”级(Hunt Class)护航驱逐舰。

之后，老船长离开海校，扬帆起航，历经三副、二副、大副直至升任船长。惯常每6年上一个台阶，他把全程缩短了两年，便在袖口镶满象征着职务标识的4道金边。

当华美的叶片落尽，生命的脉络才历历可寻。

1993年，老船长将自己的舱室里里外外擦拭一新，依依不舍走下甲板。至此，这位自称出道大山的海盗后代，在3家航运公司的20艘船上累计干满33年，终于惜别心爱的海轮，反身上岸。远在香港的海运公司求贤若渴，明知老船长已经解甲归田，依然委托经纪公司三顾茅庐，开出优厚条件请他出山。

老船长有两段婚姻。与前妻育有一子，由于感情疏淡，父子少有往来。和小他10岁的第二任夫人约兰达也波澜不惊，远没有诺贝尔文学奖获奖诗人聂鲁达在《船长的诗》中描述的炽烈缠绵。

聂鲁达向往大海，年轻时一度动过加入海军的心思，只因惧怕晕船止于陆地，不免有叶公好龙之嫌，但这无碍诗人面对大海浮想联翩。不知是否出于妒忌，在一首诗中，聂鲁达以每一位海员在每一个港口都有一个被其遗弃的女人来形容水手风流成性。虽有失偏颇，可用在老船长身上倒恰如其分。

在老船长的书房，紧挨写字台的案儿上一字排开摆着几个烟斗，他却说从不吸烟，烟斗只是船舶靠港酒吧猎艳时手中的装点。在老船长看来，一身熨烫笔挺的海员制服，一脸浓密的络腮胡子，口中再叼着一个古色古香的樱桃木烟斗，不管到哪里都容易俘获女人的芳心。

第一段婚姻结束的时候，老船长已过而立之年。他对此并不以为然，身边的女友仍像走马灯似的频繁更换，可家中的母亲却急得团团转。有段时间，老人甚至为儿子的终身大事寝食难安，每次见面，一个劲追着他唠叨个没完。为解除老人心病，也为使自己耳根子清静，老船长浪子回头，下决心开始物色人选。

其时老船长住在瓜亚基尔，同一幢公寓楼里有户邻居，家中7个女儿，老船长觉得，这正是机缘。

一日，老船长看准时机，在楼道里堵住七仙女的父亲。老汉尚在错愕，他已开门见山。

这一次，老船长动了真格。

只是，最终许配给老船长的无奈是七仙女中他不看好的约兰达，老船长嫌姑娘家个子矮，不漂亮。可女孩的父亲却觉得，女儿拥有建筑师资质，才美不外现，老船长能讨得约兰达欢心已算高攀。

再婚后的老船长与约兰达育有2个女儿，但依旧以海为家。海上行舟枯燥乏味，风险又无处不在，几十个汉子同舟共济，常年击风搏浪，那种滋味和体会，非陆上脚踏实地的人可以想见，更与诗人闭门杜撰的激情四射相距甚远。与老船长同一批步出校门的海员，在日后漫长的岁月里，一多半因为各种原因放弃了船和大海。而老船长能够顺风顺水一路下来，除了个人的意志和禀赋，自然也离不开约兰达的相守相助。

1984年，约兰达用两人的积蓄，在海滨度假胜地萨利纳斯附近一处被称作小鲸鱼的岸边悬崖上买下一块土地，为老船长营造远航归来的栖息港湾。

之所以叫小鲸鱼，源于每年的5到10月间，从智利南部海域北上的鲸鱼在厄瓜多尔洛佩斯港外海完成交配后原路折返，站在悬崖即能看到鲸鱼跃出海面嬉戏，故此得名。

今天，小鲸鱼沿岸是低矮幽静的居住区，已不允许开辟商业用地，而当年约兰达购置的时候，那里一片荒芜，尚无人问津。这位貌不出众女人的心思和眼力可见一斑。

地皮到手，约兰达从此告别清闲。她一手抚养2个女儿，一手运用所长，绘制蓝图，组织施工。起初只是修建餐馆，至生意兴隆逐步扩展，慢慢演变成今天拥有18间客房和15名雇员、远近闻名的海边度假客栈兼海事博物馆，里里外外，独当一面。

只有约兰达自己知道，在老船长正式退休之前的10年间，她从没有哪怕一天能够睡个安稳觉。只有约兰达自己明白，她在燃尽一个平凡女人一生的能量，用心血谱写一首属于她、老船长和大海的诗篇。

得知我和太太不日登门拜访，实现期盼已久的第三次见面，老船长大喜过望。他特意差人，提前腾扫出客栈内与老两口最近的房间。那是专门为他们远在西班牙的女儿省亲留备的空房，挑出悬崖，面朝大海，一道悬廊，与二老的住所相连，远离宾客，自成庭院。低头浪花拍岸，举目鹈鹕戏天，近赏花虫鸟趣，远观百舸竞帆。

是日，浓云压天，然而，丝毫遮挡不住老船长一脸阳光灿烂。车子刚驶进客栈，透过扬起的尘土，就已看见老船长和约兰达站在院落中间。握手拥抱的一刻，再次感受到拳击冠军结实的臂膀和身板。上上下下打量一番，欣喜发现，之前照片上老船长因化疗而光亮的头顶已生出缕缕新发。

趁着暮色将至，老船长像一位向导，陪我重走之前留下过足迹的每一个角落。高高耸立的桅杆，漆成白色的扶栏，迎风飘扬的信号旗，固在墙上的救生圈，酒吧台下的舢板，水密门后的吊篮，古色古香的轮舵，锈迹斑斑的锚链。

18间客房，除了3间以老船长3个外孙的名字分别命名，其余一律使用旗语代替房号。公共区域的洗手间，则全部安装船上卸下的舱门和舷窗。整整两个40英尺集装箱的航海仪器和物件，皆为老船长航迹天涯的收藏，将整个客栈装点成一个名副其实的海事博物馆，或者一艘不折不扣的陆地航船。

除了个人收藏，客栈还摆放有意思的纪念品，比如美国海军LSN48惠特贝岛级船坞登陆舰“阿什兰”号的徽牌，又比如带有艇长签名的SSN660“玉筋鱼”号核潜艇在北极冰面上浮的照片。

“玉筋鱼”号属于20世纪60至70年代美国海军批量建造的鲟鱼级，于1971年9月25日至1998年8月7日间服役。1996年7月12日，“玉筋鱼”号首航北极，其间，它用坚固的指挥台围壳撞开厚厚的冰层浮出海面。退役前，“玉筋鱼”号奉命参加与委内瑞拉、秘鲁和厄瓜多尔等当时美国地区盟友的年度海上军演。演习结束后，艇长率领艇员上岸，到老船长的客栈用餐。这便是带有签名照片的由来。

客栈也有海底打捞发现的物品。博物馆里矗立着一组高及屋顶的粗硕木

老船长的客栈面向大海，正前方就是航道
作者摄于 2014 年初

料，黝黑暗淡，一看便知年份久远。它们出自1654年沉没的西班牙大帆船“圣母玛利亚”号龙骨残段。这艘三桅大帆船，1641年在瓜亚基尔造船厂铺设龙骨，3年后下水投入使用，一共配有44门火炮，是当时世界上最大、最壮观的三桅帆船。当这艘硕大无比的帆船用它锋利的船艏劈开海浪，昂首跃进大洋之际，远在太平洋的另一端，大明王朝气数已尽。失魂落魄的崇祯皇帝走投无路，在无可挽回的四面楚歌中于煤山的清风凉月下上吊自缢。

非亡国之君，当亡国之运。曾经显赫一时的中国海船和独步世界的中国航海技术，早于大明王朝的土崩瓦解而香消玉殒。连七下西洋的存根，也在刘忠宣公的一把火中化为万劫不复的灰烬，在随后的斗转星移中，再无法掀起诏安天下的涟漪。

一个国人不知但在事实面前又不得不承认的事实是，移植了西班牙造船

老船长的书房兼客厅

作者摄于 2017 年

技术的瓜亚基尔船厂，在17世纪其鼎盛时期建造的海船，水平亦远非同期的天朝大国能够比拟。

1654年10月18日，投入使用仅10年的“圣母玛利亚”号由弗朗西斯科·索萨船长指挥，从秘鲁卡亚俄港拔锚起航。当月26日，“圣母玛利亚”号途经厄瓜多尔阡杜伊[①]时触礁，大量银锭、银币及船员私带的奇珍异宝，随着繁华旧梦折戟沉沙。

① 阡杜伊：Chanduy。

20世纪90年代初，长眠海底300余年的“圣母玛利亚”号被发现，1997年开始打捞。考古学家根据所掌握的情况推断，船上运载的货物价值超过沉船当年秘鲁一年的国内生产总值。因此，“圣母玛利亚”号的沉没，被认为是大航海时代西班牙在太平洋上最惨痛的损失。

物随其人。

老船长热情豪爽，好恶分明。他也珍藏友情，尤爱结交有故事的性情中人。不少住店客人，日后都与他成了莫逆之交，这其中还包括一位进入太空的苏联宇航员。

当晚，匆匆在餐厅用过简餐，迫不及待穿过静谧的花园，回到与老两口卧室仅一墙之隔的书房。在那里，我一边信手翻阅书架上厚重的船舶画册，一边听老船长说海道船。偶尔，趁他眉飞色舞之际，我会按动快门，用胶片固定稍纵即逝的瞬间，可这毫不妨碍老船长侃侃而谈。

33年以船为伴，让老船长对海船的了解超过自家的客栈。货仓的位置，舱室的布局，动力的配置，几十本画册里收录的船他都如数家珍。面对型号繁杂、用途多样的各类商船，老船长就像是一名对人体器官了如指掌的解剖师，透过外部差异，对内部构造和机能了然于心。

不过，老船长对船的洞悉仅限于商船，而不包括军舰。他视兵者为不祥之物，故不论当年在海上，还是退役后上岸，他对军舰一向敬而远之。

老船长介绍，早年他当海员期间，有一年，一艘美国导弹巡洋舰无视海上避让国际规则，强行横穿一条繁忙的商业水道。美舰的鲁莽之举直接威胁到航线上正常往来的商船，距离最近的一艘厄瓜多尔货船连忙发出警告。但是美舰自恃性能优越，武备强悍，全然不予理睬。见此情景，气上眉梢的厄瓜多尔船长下令保持航速和航向，直至眼睁睁注视自己的船拦腰撞上目中无人的美舰。

事后，美舰被判负有全责，舰长遭撤职，美国海军赔偿厄瓜多尔货船的全部损坏。

老船长对海船的熟悉也为船东所知。他曾以技术人员的身份被派驻日本两年，替公司监造新船。这使老船长得以接触到日本的方方面面。古都寺院、田野乡间、深邃茶道、考究料理、先进科技、精湛工艺……都让他醉心迷恋。可是，他也差一点将岛国特色的剖腹自杀用在自己身上。

那是老船长身患骨癌之后，持续化疗产生的副作用使头发脱落，指甲凹陷，痛苦难耐。在最绝望的时候，他曾一度想到以剖腹自杀求得解脱，幸被约兰达第一时间发现。与老船长守望42年的约兰达，不允许老伴儿以这种方式先行一步，把她孤零零留给大海。

互道晚安已是子夜。不远处的锚地，等待涨潮进港的巨轮甲板灯光点点。回到房间，余兴未减，索性推开门窗，任海风拂面。良久，才嗅着海水的腥咸，枕着大海的波涛，渐入睡眠。

诗人莫非说，好东西总是躲着摄影师的眼睛。

尽管次日起个大早，天不亮就拿起相机走出房间，岂料半个时辰过去，乌云依旧不散。

大失所望之余，隐隐听到厨房传出声响。于是，轻手轻脚穿过庭院，透过窗户向里张望。只见昏黄的灯光下，老船长正和约兰达站在灶台前。老两口一位榨果汁，煮咖啡，一位烤面包，煎鸡蛋。

我立时诚惶诚恐，赶忙放下相机，撸起袖子，三步并作两步穿堂入室，还是被老船长不由分说推出门外，并被一路引到老两口卧室窗外的吊床旁边。那里是老船长平日里早起读书望海的地方。

老船长故意板起脸，告诫我不得再迈入厨房，称即便是自掏腰包住店的客人，到了他的“船上”，一切也必须听从安排，更何况是他请来的朋友。言毕，弯下腰，拾起茶几上一张照片，指着上面的雪山提高嗓门道，就在脚下的庭院，曾有一次，他居然隔着海面看见了几百公里外日出时分的钦博拉索雪山，那一刻，红日当头，朝霞满天。讲这话的时候，老船长声如洪钟，手舞足蹈，依然沉浸于多年难得一现的罕见自然奇观。

那天的早餐几乎与中饭相连。自制的果酱，羊奶酪，肉泥，土鸡蛋，谷物面包，各色水果。醇香美味尽在唇齿间缭绕，不觉将清凉的海风驱散。直到日上三竿，4人仍在庭院遮阳伞下的小方桌旁久坐不散，听老船长继续说他的船，他的海，还有他到过的地方，见过的人，遇到过的事。

抚今追昔，老船长念念不忘他所处的航海年代，乍听上去，这颇像是一个长者怀旧的无奈。

随着时代的变迁，海上的航船日新月异。24小时无人机舱，避碰雷达，自动导航，卫星通信，放在过去根本无从想见。因此，以往船上由人工完成的诸多操作，时至今日已被精密的电脑系统取代。每次出海，只需输入停靠港口的信息，途经的航线和相关气象水文资料，计算机就会依照程序操控轮船，只有在进出港、程序故障或者出现意外时才需要人力介入。当下的有些船长是完成商业或国际贸易学业后再进海校，一年左右即登船远航。每次出港，船长的手提包里都少不了一张备用光盘，一旦遇到与船舶本身有关而电脑又解决不了的问题，则不是求助陆上，就是双手一摊，一筹莫展。老船长当年驾驶过最大的轮船排水量有15000吨，配备40名水手，而今排水量10万吨的巨轮也仅有不到20名海员。老船长戏言，现在的船统统是给女人开的。

类似的情况同样发生在岸上。港口设施的现代化，集装箱的广泛普及，使码头装卸周期大为缩短，从过去的数天被压缩到当下以小时计算。较之前有闲上岸观光购物，如今，有的船长一年也下不了一次船，这让老船长对航海的热情骤减。

老船长不是《一千零一夜》中的辛巴达，可发生在身上的传奇故事足以令我艳羡。他感谢一去不复返的故去岁月，有机会认识和了解无边的浩繁世界，也让他有着与众不同的经历和见解。

老船长曾遍访全球100多个港口；到过非洲所有临海的国家；秘密将美国援助的军用飞机通过集装箱运至与尼加拉瓜兵戎相见的洪都拉斯；还因为不服输的性格，差点酿成一起后果不堪设想的严重事件。

这事发生在20世纪80年代的巴拿马。一次，老船长的货轮靠岸实施补给，本不过是正常作业，却因个别船员与岸上发生小小摩擦而引发港务当局的介入和刁难。

当时，补给刚刚结束，几名身着制服的港务代表在武装护卫下突然出现在船舷。他们先是用高音喇叭喝令老船长下船，然后依仗人多势众，呼啦啦将立足未稳的老船长团团围在中间，晃一眼证件，草草说明来意，即打算登船将涉事船员带离上岸。

面对突发急情，老船长没有半点慌乱。他不动声色地用眼角余光扫视一圈四周，猛然一声大喝，发力分开人群，一个箭步跨到舷梯，先一步挡住港务代表和武装人员的去路。随即转身，亮出腱子肉，迅速摆开拳击台上的格斗架势。

当时的运河区尚为美军控制，老船长的举动无异于太岁头上动土。他那一气呵成的动作疾如闪电，令在场的所有人为之愕然。港务代表和武装人员面面相觑，尽管有枪械在手，可咫尺之内，竟无人迈步上前。

趁着港务人员目瞪口呆的工夫，老船长用急促的语调，首先高声发令砍断绳缆紧急起锚。紧接着，下令不在岗位的船员按平时操演的反海盗预案，躬身弯腰，沿岸边一侧船舷一字排开，人手一把闪亮的消防斧，同时高压水枪严阵以待，居高临下防止武装人员强行登船。

那一天，老船长发出的每一道指令港务人员都听得真切。只是不知何故，就在眼皮子底下，他们目送老船长从容上船，扬长而去，鬼使神差般没有采取进一步行动。

脱离险境的老船长未忘与对手道别。货船才离岸，老船长就悠然踱到船艉，望着码头上如梦初醒的人群，他一面用左掌使劲击打自己的胸脯，颇具挑衅地示意武装人员向他开枪射击，一面伸出右手中指指向空中，还授意船员用高压水枪朝航道喷出象征欢乐与庆贺的水柱……

回顾往昔惊涛骇浪，老船长一脸淡然。他感叹世界如此美好，然而却总有人一叶障目。

在老船长航迹天涯的所到之处，他对中国怀有极为特殊的情感。每每论及中国，他常引用拿破仑的名言，提醒人们把中国当作一头觉醒的睡狮看待。

因为航线的安排，20世纪60至70年代，老船长多次乘船到过上海和香港，

老船长在书房

作者摄于2017年

最长的一次，他在上海停留超过8天。

那时的中国正值旌旗招展，锣鼓喧天的六十年代，所见所闻，一切都让老船长这位远道而来的南美人倍感新鲜。他想当然地将沪上见闻与伦敦格罗夫纳广场的反战游行、巴黎的5月风暴和芝加哥的民主党全国代表大会嫁接并联，凭空赋予了“中国革命”一抹臆想的拉丁式浪漫色彩，并进而萌生了一股难以言喻的乌托邦幻觉。这种缥缈的幻觉，在以后的漫长岁月中一直伴随着老船长，通过书房里的瓷质伟人半身像，以及九州大地带有年代烙印的摆件得以一窥。

无论如何，老船长的中国永远定格在属于他的红色年代。对于中国的最新变化，他并非没有耳闻，可能又不便直白，索性含蓄地表示，希望腰包渐鼓的中国人还能一如既往的质朴简单，衣食无忧的都市青年都会成为奋发图强的一代。

老船长最后一次去中国是2012年。他与夫人结伴，从南到北，足足畅游了一个月。此行，一方面是让约兰达也能亲身体验和接触曾令老船长魂牵梦绕的国度，另一方面，也是以这种方式，向中国做深情的告别。

在曾经共事过的船员眼中，老船长总是举重若轻，气定神闲。然而作为一名四海为家的海员，老船长时刻清醒，海面的祥和平静不过是诱人的假象，大洋深处的凶险无时不在，稍有疏忽大意就会招致灭顶之灾。尤其是当上船长以后，这种忧患愈发强烈。除了坐着吃饭，躺着睡觉，只要人在船上，他一刻也不敢懈怠，不是翻阅航海日志，就是巡视值班岗位，不是检查设备运转，就是观察人员状态。他不轻信任何人和设备，除了上帝，只相信自己。他从不在意别人的意见，只相信自己的判断，并且笃信，这是职业生涯屡次逢凶化吉，始终未发生一起事故的经验。

兴许是惯性使然。尽管阔别大海20载，可是依旧积习难改。

早餐后的午餐也是精心安排。吩咐厨师烹制菜单上没有的私家海鲜饭，邀请亲朋好友共赴欢宴。

见饭菜全部上齐，老船长招呼来宾面对面分坐长桌两边，而他俨然一副船长模样，独坐桌子顶端。

不让服务员分菜，也不许有人起身走动，所有人都按由远及近的顺序，将面前的餐盘递到老船长手上，由他亲自将食物均分到盘中，再传给每一个人，最后轮到的才是他自己。老船长说在他的船上就是这样，假如食物不足，作为船长，他理应第一个挨饿。

老船长最为鄙视海难后苟且上岸的同行。自从担任船长的第一天起他就做好准备，万一迫不得已弃船，他将竭尽全力让手下都登上救生筏，而自己则会整好衣冠，反锁舱门，目睹海水没过头顶。他宁愿长眠海底，也不想劫后余生作为被告在法庭任人羞辱，因为大海即是海员最好的归宿，更何况，船长又是仅次于上帝的人。

历经沧海，阅尽世事。

而今的老船长，已经越来越清晰地感受到来自上帝的召唤。经历了之前的未遂冲动，老船长不再悲观和不安。他不止一次对家人和朋友袒露心迹，说水手一旦离开了航船和大海，生命的意义即不复存在，他的一生，始于海，终于岸，没有遗憾。

老船长和约兰达有一个共同而又迫切的心愿，那就是早日盘出凝聚着无尽情感的海边客栈，以便从事无巨细的经营琐碎中抽出身来，无忧无虑地尽享人生倒计时的最后阶段。

上了年纪的人或多或少都是老小孩。云淡风轻的日子里，有好几次，老船长童心大发，拉着正在庭院中与爱猫戏耍的约兰达，非要老伴陪他一起玩儿类似石头剪子布的游戏，猜谁会驾鹤先行，离开这个五彩斑斓的世界。老两口心照不宣，每一次均不约而同选择了将风烛残年的孤寂留给自己。

老船长坦言，果真出现期颐中的一刻，之于他并不艰难，因为身为船长，他已做好准备。倘若最不愿看到的一幕降临眼前，他会含笑目送手下登艇离去，而后独自平静地随船沉入深不可测的大海。

那里，是一个水手的魂之所在。

那里，可以安枕长眠。

2018戊戌年正月初四，与太太探望老船长和约兰达。

临别之际，老船长从墙上摘下一架20世纪50年代西德制造的卡尔·蔡司望远镜。这架斑驳掉漆的老物件，从老船长升任大副就一直伴随他，直到退役。由于长年处在浸着海盐的潮湿环境，金属套筒外墨黑色的塑料覆盖层已呈霜白。

老船长意味深长地说：“我已是外强中干，不久于世。孩子，你的余生还长，用它好好看清前面的方向。”

是日，农历雨水。视距内，天海一色，混沌一片。我双手举起沉甸甸的望远镜，调好目镜，对准几公里外航道上模糊的油轮侧影，船名和舷号如在面前。

冒着如注的暴雨返回驻地，此时，市内驾车如逆水行船。

刚进家门，就接到约兰达电话，原来太太的手机充电器落在了客栈。听着电话另一端焦急万分的声音，仿佛暴雨将会下破天。

按照事先计划，和太太次日将要远行。我告诉老人家，旅行结束后上门去取，约兰达闻后没有多言。

翌日下午，人在几百公里外，意外收到约兰达发来的短信，告她已乘坐长途车到达瓜亚基尔，知道我们不在，便将充电器放在住所一街之隔对面小区的收发室，并妥善交代。

从小鲸鱼湾到总领馆，地图上标注的单程距离是130公里。这是约兰达第一次到总领馆，过门而不入。

那天，暴雨持续不歇，半个瓜亚基尔陷入汪洋，多年罕见。

2018年2月26日

后记

2018年正月别过仅个把月，老船长的身体状况就急剧恶化。偶尔通电话，他不是人在医院，就是在往返医院的路上。趁病情稍微稳定，我和太太利用他们来瓜亚基尔体检之机，请二老吃了顿便饭。

2019年大年初一，我以持续3日高烧开启了自己的己亥年。高烧消退不过一天，腿脚还在发软，我强打精神，与太太共赴小鲸鱼湾探望老船长。

那天，约兰达正好去接老船长出院。出门前，她叮嘱客栈，安排好我俩的午餐。

吃到一半的时候，老船长坐在轮椅车上被约兰达推到面前。

相隔一年，老船长体重骤减20公斤，被病魔折磨得不成样子，看了让人心酸。尽管虚弱不堪，但他不要人搀扶，强撑着自己站起来。

见我俩专程赶来，老船长兴致高昂。胃口不佳的他点了一道汤，权作陪我和太太共进午餐。餐桌上，老船长没有过多谈及自己的病情，而是对我们问寒问暖。

为不打扰老船长休息，刀叉一撂，我俩便婉拒约兰达书房小坐的提议起身告辞，相约不久再见。

不到一个月，2019年3月2日，狂欢节长假的第一天，厄瓜多尔全国沉浸在节日的欢乐之中。正在外地旅行的我通过朋友得知，老船长于一天前在客栈，用一颗射向心脏的子弹，为自己80年的人生轨迹画上了句号。

工作人员循着枪声赶到老船长房间时，他倒在地板上，脉搏已停止了跳动。

我把噩耗告诉身旁的太太。而后，两人出神地望着窗外。伤感之余，谁都不感到意外。

因为客栈，因为海事博物馆，还因为个人魅力，老船长是小鲸鱼湾一带家喻户晓的人物。

当地媒体获悉不幸，一改平素点评时政的犀利文风，以《半岛失去了著名的狄龙船长》为标题，迅速而小心翼翼地做出报道。

远在比利时的厄瓜多尔前总统科雷亚也在推特上发文，对老船长的辞世深表哀悼。

老船长的儿子道格拉斯告诉记者，像所有海员一样，父亲拼尽全力，英勇搏斗到最后一刻。

老船长生前留有遗嘱，过世后不搞遗体告别仪式，他的骨灰将一半撒进大海，另一半埋在出生地。

英雄末路！

英雄不惧死，惟恐生不如死！

老船长宁折不弯。他选择了与海明威一模一样的方式，踏上了驶向另一个世界的航船。

2019年3月3日

“瓜亚斯”号风帆训练舰搭载远航实习的厄瓜多尔海军学员驶过南非好望角

厄瓜多尔海军提供图片

第八夜
海军高等学院的一天零一夜

四九城里出生长大的我，跨出国门前没见过大海。

忆不起缘何迷上了海军和军舰，只记得初一放学路上捧着《舰船知识》边走边看，迎面撞上见棱见角的粗壮水泥电线杆。一阵金星闪耀，顿觉头晕目眩，恨不得拿出撞沉“吉野”的狠劲儿，拦腰折了那根立于步道不当不正的歪斜物件。

那期杂志刊载的是“初雪”级，战后日本海上自卫队第一级通用型驱逐舰。

尤记得，20世纪90年代，天子脚下中外禔福图书馆里最不起眼的角落，毫无声息地躺着《海权对历史的影响》。这部老马汉毕其一生的泣血之作，掸掉表面浮土，扉页一片惨白，之前从未被人翻看。一连续借3次，直到引起管理员注意，扔下一句“这书没人读，踏踏实实看够了再还”。

因为视力，无缘大海，一度纠结于外军能有戴眼镜的战斗机飞行员，偏偏自己却无法登舰。

再往后，见过异国的海，上过洋战船，迟至不惑，才第一次目睹自己国家的军舰。

那是2012年，中国海军“郑和”号训练舰执行代号“和谐使命”的环球航行。

此系中国海军首次派出单艘训练舰环球访问，也是继2002年113号编队后中国海军的第二次环球远航，旨在增进与被访国民众和军队间的相互了解，向国际社会传递中国推动建设和谐世界、和谐海洋的决心。

“郑和”号在众人注视下停靠瓜亚基尔港 6 号码头

作者摄于 2012 年 7 月

在那次以“探索海洋，传播友谊”为主题的远航中，“郑和”号先后访问和停靠了14国港口，航经三大洋、9个海峡、两条运河，总航程33000万海里。每到一地，“郑和”号指挥员都会拜会当地军政首脑，组织学员上岸参观，与到访国开展文体交流，举行甲板招待会，对公众开放舰艇。

“郑和”号于7月13日抵达厄瓜多尔最大城市瓜亚基尔港6号码头，7月19日离港返航。

由此，瓜亚基尔成了“郑和”号本次环球航行正式访问的最后一站，也是整个航行途中停靠天数最多的港口。

殖民时期瓜亚基尔的造船厂

插图源自马里奥·桑切斯·布拉沃所著《厄瓜多尔海军史》

瓜亚斯省历史档案馆提供

之前，除了上面提到的2002年113号编队，中国海军还曾于2009年到访厄瓜多尔。两次均为1艘驱逐舰加1艘补给舰的编队模式。

作为军事爱好者，我被临时征调，参与了“郑和”号访问瓜亚基尔的接待工作，并有幸在厄瓜多尔海军高等学院驻训一天零一夜。

远离国人视野的厄瓜多尔海军

厄瓜多尔西临太平洋，有着悠久的海洋文化传统。距今11000年前，居住在沿海地区的祖先拉斯维加斯人即能在岸边捆扎排筏，扬帆出海。为了捕鱼，他们搏浪击风，练就了良好的水性和非凡的胆量。

进入殖民时期，大西洋沿岸欧洲一侧演变成文明的中心。在那个没有运河的年代，南下绕道合恩角进入大西洋的航路充满风险，跨越太平洋东岸赤道线的厄瓜多尔痛感滑落到了边缘，有识之士甚至发出了离世界心脏最远的哀叹。

在强烈危机感和紧迫感的驱使下，西班牙人倾尽全力，将瓜亚基尔变为重要的商港，还利用当地茂密森林取之不尽的优质木材和为数众多的能工巧匠，把这座港口打造成太平洋沿岸最大的造船厂。

瓜亚基尔是厄瓜多尔的经济首都，1535年7月25日建城，1820年成为厄瓜多尔第一个摆脱西班牙殖民统治获得独立的城市。

早在17世纪，瓜亚基尔已能建造当时世界上最大的帆船，到了19世纪初，造船能力不仅在美洲无出其右，而且，下水的帆船不论质量还是吨位，都完全能与欧陆或英伦最知名的船厂媲美。关于这一点，有时任西班牙驻瓜亚基尔总督写给本国的报告为证。

对财富的向往和追逐促进了商业的发展，贸易和航运的繁荣又推动了海军建设。如不然，到手的财富也会顷刻间化为乌有。

为保护港口及航道，早在1823年，瓜亚基尔人便采购了“瓜亚基尔女人”号,“钦博拉索”号和“皮钦查”号3艘军舰，它们构成了日后厄瓜多尔海军的雏形。

今日厄瓜多尔海军由水面舰艇、潜艇、海军航空兵、海军陆战队、海岸警备队和后勤保障6个兵种组成，不算陆战队的6个营，兵力只有4000人。按照装备发展历程，厄瓜多尔人将本国海军划分为共和国、现代和导弹时代3个阶段。

厄瓜多尔于1830年成立共和国。1832年11月3日，相当于议会的宪法大会就通过了成立海事部的决议。在1832至1833年的两年间，海事部为海军订造了6艘主力舰，其中最大的“哥伦比亚”号三桅帆船，装备30门42磅炮和32门32磅炮。以这艘舰的火力和排水量，假使列入同时期的英国远征舰队，也能成为中坚骨干。

厄瓜多尔海军历史上曾经装备的“西蒙·玻利瓦尔”号驱逐舰

厄瓜多尔海军提供图片

厄瓜多尔海军“洛斯里奥斯”号高速攻击艇内的作战指挥中心

厄瓜多尔海军提供图片

伴随着英国皇家海军独霸海洋时代的到来，以及工业革命的硕果从欧洲向北美扩散，号称“太平洋明珠”的瓜亚基尔渐渐被后来者取代。以种植业为基础的经济无力支撑蒸汽动力的铁甲战舰，辉煌的造船业止步于木制帆船时代，海军主战装备不得不依赖外购。

厄瓜多尔人将始于20世纪第二个10年与70年代后期导弹时代之间的时期归为海军的现代阶段，以1913至1916年间为分水岭，主力舰是“科托帕科希”号巡洋舰，该舰后来被命名为“海陆武装力量超级统帅”号。其余舰艇还有驱逐舰、鱼雷艇、近海巡逻艇和军辅船。

在从现代迈向导弹时代的半个多世纪里，厄瓜多尔海军先后列装过多种型号的欧美战舰，跨入导弹阶段前的最后一级主力舰是美国海军退役的基林级DD819“霍尔德”号驱逐舰。这艘舰于1945年进入美国海军服役，1977年退役售给厄瓜多尔，被命名为“埃洛伊·阿尔法罗”号。

1976年，以从当时西德吕森船厂采购的3艘TNC-45型导弹快艇的到港接装为标志，厄瓜多尔海军进入导弹时代。海军以“基多”级命名这级尽显条顿风骨的快艇，3艘艇分别是“基多”号、“瓜亚基尔”号和“昆卡”号。

“基多”级标准排水量268吨，最大航速40节，在艇艏和艇艉分别安装有76毫米奥托·梅莱拉单管高平两用炮和40毫米达多·布莱达双管速射炮各1座，舯部交叉布置了2座箱型双联装MM38“飞鱼”反舰导弹发射装置。

“基多”级的入役，让厄瓜多尔海军跟上了时代的脚步，第一次拥有了超越地平线的视距外攻击能力。

随后，在1982至1984年间，厄瓜多尔海军又从意大利陆续引进了6艘“埃斯梅拉达斯”级高速攻击艇。该艇以“阿萨德”级为蓝本，标准排水量650吨，最大航速37节，艇艏1座76毫米奥托·梅莱拉单管高平两用炮，艇艉1座40毫米达多·布莱达双管速射炮，艇舯部密集布置了1座四联装“信天翁”舰对空导弹发射装置、2座三联装MM40“飞鱼”反舰导弹发射装置、2座MK32三联装反潜短鱼雷发射管和供贝尔206使用的直升机起降平台。

厄瓜多尔海军当下的主力舰为两艘英国建造的“利安德”级护卫舰“拉

斐尔·莫兰·巴尔维尔德”号和“阿尔法罗总统”号。两艘舰起初在英国皇家海军服役，退役后转入智利海军，1991年和1992年进入厄瓜多尔海军战斗序列时已是三手舰。“郑和”号到访期间，厄方的甲板招待会就在“拉斐尔·莫兰·巴尔维尔德”号的舰艉直升机甲板上举行。

“利安德”级是二战后英国建造数量最多的一级护卫舰，首舰1963年服役，为当时世界上吨位最大的护卫舰，采用双层艏楼，短舯楼布局，以反潜护航为主要使命，拥有坚固的舰体，良好的耐波性和适航性。

今天，在一些发展中国家，仍能见到“利安德”级与众不同的身影，它超过半个世纪的服役期，再次从旁印证了近代英国海军的开拓者菲舍尔勋爵的不朽名言——皇家海军的主力舰永远都是极品。

厄瓜多尔海军“利安德”级“拉斐尔·莫兰·巴尔维尔德”号护卫舰

厄瓜多尔海军提供图片

不过，厄瓜多尔海军从智利手中接收2艘“利安德”级舰时并未完全照搬，而是在保留电子设备和大部分舰载武器系统的同时，对舰艉直升机库上方的武备做了改动。

1982年英阿马岛战争中，英国皇家海军有几艘“利安德”级参战，当时安装的是“海猫”舰对空导弹，另有几艘21级护卫舰上也安装了同型导弹。

实战证明，这种无线电指令方式制导的老式近程低空防空导弹性能不佳，以至于连A-4“天鹰”投掷常规炸弹的亚音速攻击都抵挡不住，两艘安装“海猫”的21级护卫舰“热心”号和“羚羊”号葬身冰海。

我读过阿根廷飞行员写的《我率“天鹰”出击》一书。在那本回忆录里，阿海航飞行员以亲历者的口吻，向人们重现了他们驾机穿梭在英军天上“响尾蛇”，水面“海标枪”“海猫”和“海狼”以及陆地“轻剑”“吹管”等各型对空导弹设置的导弹陷阱中的情景，并且透露说，阿军飞行员普遍害怕“海狼”，而无惧“海猫”，因为“海猫”发射后尾迹明显，机动性有限，战机可以规避，“海狼”则不同，一旦被锁定即凶多吉少。有鉴于此，战后，英国皇家海军毫不犹豫淘汰了“海猫”，连同“利安德”级和21级一道作价出售。

厄瓜多尔海军自然也不会留用老态龙钟的“海猫”，取而代之的是在舰艉直升机库顶部安装1座MK15“火神”密集阵近程快速反应系统。失去利爪的“海猫”就此结束了在海上颠沛流离的戎马生涯，被迫上岸点缀军校花园，靠在暮霭中追忆往昔峥嵘岁月打发残年。

主力护卫舰高大的桅杆上有功率更强、探测距离更远的对空搜索雷达，却不装防空导弹，反而在探测能力有限的高速攻击艇上安装“信天翁”，这只能说明，不论多么经典的武器都有离开战争舞台的一天，“利安德”级风光不再，离退役的日子或许为期不远。

厄瓜多尔海军的水下力量由两艘德国制造的209级柴电潜艇构成，“郑和”号靠港期间，两艇均在智利进行中期升级改造，故在港内不见踪影。

厄瓜多尔海军航空兵的主力是贝尔230和贝尔430两型直升机，从外表即能看出，部分机型未安装水面搜索雷达和前视红外跟踪装置，也不具备携带吊放式声呐、投放声呐浮标，以及发射324毫米反潜短鱼雷进行水下搜索与攻击的能力，只能在目视范围内进行搜索救援与联络任务。这部分机型恐怕也不具有为水面舰艇发射的“飞鱼”导弹提供中继制导的能力。

厄瓜多尔有上千公里海岸线，依作战使命，海军将本国领海划分为3个海区，第一海区司令部设在瓜亚基尔，第二海区司令部位于距本土1000公里外东太平洋加拉帕戈斯群岛的首府圣克里斯托瓦尔，北部沿海城市埃斯梅拉达斯是第三海区司令部的所在地。

需要指出的是，第一和第三海区司令部的作战区域并不仅局限于海上，还跨越中部高原山区，一直延伸到与秘鲁和哥伦比亚接壤的陆地边境。只有第二海区司令部专门司职海务，但也绝非宣示主权，保护国家公园的海洋资源和生态环境那么简单。

因所处的位置，厄瓜多尔在地缘安全战略中举足轻重，外界一向视其为南美大陆面向太平洋的门户。历史上，该国亦的确曾被纳入大国争霸的全球战略版图。

为构筑抵御外敌染指美洲大陆的前沿阵地，早在1938年的夏天，时任美国总统罗斯福就亲率大批军事人员，乘坐“休斯顿”号巡洋舰“巡视”厄瓜多尔领土深入太平洋1000公里处的加拉帕戈斯群岛。总统本人还信步登上其中面积最大的伊莎贝拉岛，饶有兴致地戴着遮阳帽拍照留念。

1941年太平洋战争爆发后，面对初期日军在东南亚战场所向披靡的进攻态势，从歌舞升平中被拖入战火的美国仓促应战，处处显得被动。为防胆大包天的日本人袭击美洲西海岸，或者切断连接太平洋和大西洋的咽喉要道巴拿马运河，美军决策机构迅速将目光锁定加拉帕戈斯群岛，决定将这座英国博物学家查尔斯·达尔文生前考察过的群岛改造成一个突前的军事基地。

如临大敌的美国大兵将先贤圣祖的《物种起源》抛到脑后，用推土机、挖掘机等工程设备轰走了海狮，驱散了巨龟，吓跑了海蜥蜴等对其完全不构成威胁的“原住民”，在群岛中一座被称为巴尔特拉的半岛上大兴土木，修建航空兵基地并部署规模可观的B-24轰炸机群。一时间风声鹤唳，草木皆兵，群岛千百年来一成不变的宁和恬静荡然无存，取而代之的是浓烈的硝烟和刺鼻的火药。

美军一直驻扎到第二次世界大战结束才班师回朝，然后，将一个面目全非的烂摊子归还厄瓜多尔政府。今天，游客乘坐民航客机前往圣克鲁斯岛降落的巴尔特拉机场跑道，就是在当年美军的设施基础上翻修而成。

海军高等学院和“瓜亚斯”号风帆训练舰

从地图上看，厄瓜多尔大陆国土嵌入东太平洋最深处那个细长的小尖角就是萨利纳斯。萨利纳斯位于圣埃莱纳省，有阳光、沙滩和浴场，是著名的海滨度假胜地，每年圣诞节前后及次年5月之前的旅游旺季，那里游人如织。小尖角的顶端有一块区域被划为军事禁区，分别坐落着陆海空三军的军事设施，其中便有厄瓜多尔海军高等学院。

厄瓜多尔海军高等学院由南美“解放者”西蒙·玻利瓦尔在1822年创建，历史上曾几度搬迁，1992年正式迁至今天的所在地。

作为未来海军候补军官的摇篮，学院从应届高中毕业生中招收学员，学制4年，毕业后授予少尉军衔及军事学学士学位。

“瓜亚斯”号风帆训练舰隶属海军高等学院，虽不是战斗舰艇，但却是厄瓜多尔上至国家元首，下至普通百姓心目中不折不扣的军中第一舰。

1974年3月1日，当时的军人政府吉列尔莫·罗德里格斯·拉腊将军签署第250号总统令，下令采购“瓜亚斯”号。同年5月22日，军方与西班牙毕尔巴鄂塞拉亚造船厂签署订单。1976年9月23日，“瓜亚斯”号下水。1977年10月1日，帆船驶抵瓜亚基尔。

“瓜亚斯”号水线长78米，型宽11米，满载排水量1300吨。厄瓜多尔海军以“瓜亚斯”号命名训练舰有双重含义，其一纪念瓜亚斯河，其二则是为铭记“瓜亚斯”号蒸汽船。

始建于1841年的“瓜亚斯”号是南美洲第一艘蒸汽船。那一年，大清王朝还未把第一次鸦片战争伤口上的血渍舔干，南美洲已一步从风帆跨入蒸汽动力时代。厄瓜多尔国徽上就有这艘船，足见其意义深远。

“瓜亚斯”号风帆训练舰的母港设在瓜亚基尔滨河大道码头，不在航的时候，相当于一个浮动的海军历史博物馆供市民参观。

在21世纪的今天，发达国家海军主战舰艇动力已由燃气轮机向全电力推进过渡，看似落后的帆船，却未失去一席之地，反而有许多国家对其情有独钟，并视帆船为搭载学员远航实习的首选平台。

兴许是深受西班牙大航海遗风的影响，在南美国家海军中，认同帆船作为训练舰者众，哥伦比亚的“光荣”号、委内瑞拉的“西蒙·玻利瓦尔”号和墨西哥的“瓜乌特莫克”号，这3艘船与“瓜亚斯”号均系同一家西班牙船厂建造，它们在排水量和尺寸上几乎如出一辙。而智利海军的“埃斯梅拉达”号、阿根廷海军的“自由”号和秘鲁海军的“团结”号更大，远航能力也更强。其中秘鲁海军的“团结”号帆船，以其不逊于现代标准护卫舰的3000吨排水量，位居世界第二大训练用帆船的宝座。这些帆船常年航行在漫无边际的大洋，为本国源源不断地培养、输送了一代又一代兼具古代骑士精神和现代知识体系的年轻海军军官。

在国际法中，军舰被看成是流动的国土，代表一国主权的存在。因而不论和平时期还是战时，军舰在外交舞台上都扮演着重要角色，尤其在凝聚侨民感情、展示国家形象方面作用不可替代。而优雅的海军军官，在有着深厚海洋文化积淀的国度，则被视为身着制服的外交官，连王室婚庆盛典，出现在世人面前的王储也常以海军礼服加身。

这反映出海军的地位，不仅是在各军种之中，而且也是在民众心目中的地位。这种根深蒂固的地位，是西皮阿、汉尼拔，是纳尔逊、庞德，是东乡平八郎、秋山真之，是金凯德、尼米兹，是艾伦韦斯特、伍德沃德等跨越时空数百年、一代又一代在浩瀚大洋上杀伐决断的汉子们奠定的，是不可剥离的世袭血脉和傲然风骨，是蓝色海洋文明不可或缺的华丽乐章。

中国是传统农耕国家，历史上既谱写过郑和七下西洋的诗篇，又经历过片帆不得入海的苍白。近现代以来，海军建设师从西方，在利用军舰开展外交方面也有过可圈可点的实践。

末代晚清帝国就曾于1911年（宣统三年）4月，派遣统领程璧光及管带汤廷光，率“海圻”号巡洋舰远涉重洋，先赴英国参加乔治五世加冕典礼，后横渡大西洋访问美国。

那次航行，“海圻”号横穿三大洋，途经四大洲，进出8个国家的14个港口，历时400余天，总航程逾30000海里。停靠英国朴茨茅斯和美国纽约期间，两国分别指派皇家海军大西洋舰队旗舰“威尔士亲王”号战列舰和“北达科他”号重型巡洋舰作为陪访舰。那一路的风光和所受的礼遇，令所到之处的华人扬眉吐气，不啻为近代以来中国军舰的第一次环球航行，也是那个饱受屈辱年代海军炮舰外交的成功典范。

民国时期，作为日本播磨船厂建造的中国最先进军舰，“宁海”号巡洋舰于1935年6月2日搭载王寿廷海军少将，代表国民政府出席日本为海军宿将东乡平八郎举行的国葬。此系民国海军首次在国际舞台亮相。尽管当时中日关系阴云密布，但日方还是给予“宁海”号周到体贴的接待。“宁海”号出色的维护保养，俱佳的舰容风貌，让人想起英国皇家海军“邓肯”号巡洋舰的优质热带柚木甲板，在给日方留下深刻印象的同时，也得到参加葬礼仪式的英美法意荷等老牌海军的交口称赞。

实际上，很多国家都会巧妙地将军舰承担的军事使命、出访与提高官兵素养三者有机结合起来。航渡途中，执行任务，开展训练，靠岸后，组织参观游览，交流购物，这样既松弛有度，又能使官兵开阔眼界。美国海军便将此提炼总结为海军独有的3S文化。所谓3S，其实就是报效国家①、攒钱②和开眼界③之意，只不过美军把三句英文短语的开头字母并列放到一起，用术语的方式表达出来。

作为海权国家中的后起之秀，美国海军素来不乏外交名舰。第二次世界

---

① 报效国家：Serve the Country。

② 攒钱：Save the Money。

③ 开眼界：See the World。

大战著名的反法西斯宣言——《大西洋宪章》，即是由罗斯福总统和丘吉尔首相在大名鼎鼎的“奥古斯塔”号重巡洋舰上签署。太平洋战争日本投降仪式，更是在“密苏里”号战列舰上举行。20世纪30年代，“奥古斯塔”号接替“休斯顿”号，担任美国远东舰队旗舰。其间，舰长尼米兹上校就邀请时任美国驻华全权公使约翰逊[①]、商务参赞安立德[②]、国民政府教育部长王世杰以及财政部长孔祥熙等中外人士上舰，为美舰官兵开办了一系列关于中国国情的讲座。

虽然行政区划的24个省份中只有少数临海，但是厄瓜多尔这个外人眼中典型的安第斯山国却一向以海洋国家自居，其海军继承了西班牙先辈的基因，在利用海军这一国际化军种方面驾轻就熟。

厄瓜多尔人将一袭白色涂装的“瓜亚斯”号亲切地称为“白夫人”，并推举这位优雅的“白夫人”为“本国所有外派大使之上的名誉大使”。这样一来，“瓜亚斯”号又被赋予了蓝色大洋上浮动大使馆的职能。

从1976年入役至今，在40多年服役期内，“瓜亚斯”号一共进行过30次远航，遍访60余国。截至2008年，累计航程34万海里，约合63万公里。那一年，“瓜亚斯”号孤帆横渡太平洋，依次访问了符拉迪沃斯托克、大阪、釜山和上海，在沪期间，锚泊黄浦江码头。

如此高密度地搭载学员远航，以至于2017年“瓜亚斯”号的40周年下水庆典都无法在母港举行，因为当年的5月16日至9月6日，该舰又参加了为期112天、代号“北大西洋2017”的远航训练。那一次航行，“瓜亚斯”号先后靠泊加拿大魁北克，美国诺福克、波士顿，古巴哈瓦那和巴拿马巴尔博亚港。

2018年2月8日，里卡多·乌恩达上校从沃尔特·戈麦斯手中接过权杖，成为“瓜亚斯”号风帆训练舰的新任舰长。当日，他激动地对媒体表示，自从加入海军之日起，担任“瓜亚斯”号舰长就是他的梦想。他感谢最高当局信任，赋予其培训未来海军军官的重任。言毕，乌恩达返回战位，投入紧张的备航，因为仅仅一个月后，“瓜亚斯”号就将迎来他当舰长以后的首航，执

---

① 约翰逊：Nelson T. Johnson。

② 安立德：Julean H. Amold。

行为期7个月的海上训练。

乌恩达出身海军世家，舅舅曾是海军上将，官拜海军司令，历任参谋长联席会议主席和国防部长。哥哥也在海军服役。翻看他的履历，从水面作战舰艇指挥官到作战参谋，从海军人事部主任到培训中心主管，阅历不可谓不丰富。

流水不腐，户枢不蠹。外军深谙其理，他们的军官频繁调动，最多不过3年就轮换到不同部门不同岗位去接受不同挑战，这样既能防止久在一地形成裙带关系，滋生慵懒腐败，又能开阔视野，增长才干，培养全局意识和大局观念，不论对军队建设，还是对个人发展，都有百利而无一害。

以驻外武官为例，这些年在我所接触过的外军武官中，有3000多小时飞行经验的英国皇家空军“鹞”式战斗机飞行员，有20多万海里经历的美国驱逐舰舰长，还有从车臣战役死人堆中爬出、能驾驶T-80坦克横冲直撞的俄罗斯上校。这些武官均从各自国家基层部队直接调至驻外使馆，有着出色的专业技能和丰富的职业履历，与他们相处，会有一种真实触摸铁与血的别样感受。

500年前被西班牙染指，一个世纪前沦为美国的后院，拉美大陆一直未与同时期的世界列强脱轨。现代海军耗资糜巨，犹如一只胃口永远无法满足的吞金怪兽。

厄瓜多尔海军规模小，装备落后，固然是不争的事实，但这既与自身安全环境有关，又因国力不济所致，而非理念和素质不如人。悠久的航海和造船史，极高的舰艇在航率与高强度训练，以及同欧美日传统海上力量密集的过往交流，让他们的官兵有见识和眼界，并且在心底埋藏着不轻易服人的傲气。

关于这些，在海军高等学院的一天零一夜里，我有了更加深刻直观的体验。

初识海军高等学院

傍晚的萨利纳斯霞光万丈，从清晨即迫不及待跃出海面的太阳，在暮色的拉扯下，极不情愿地拖着一缕烟丝状的余光，无可奈何地向海面沉去。它奋力挣扎着，挣扎着，不忍放弃这最后的一线辉煌。

对于我们的到来，厄瓜多尔海军高等学院已提前接到第一海区司令部的通知，所以进门没有麻烦。

哨兵挂上电话不久，有人到入口处迎接。来人叫卡洛斯，是四年级学员，在此后一天零一夜的短暂驻训期间，小伙子将奉命担任我们的陪同兼联络员。

卡洛斯身着印有海军高等学院西班牙文缩写的深蓝色T恤衫和短裤，足蹬运动鞋，个头不高，皮肤黝黑，留着锅盖头，精壮干练。

在卡洛斯到来之前的空当儿，我们站在岗亭外。趁着短暂的放松时刻，其中一位老兄打个哈欠，伸个懒腰，舒活一下在吉普车上坐久了的筋骨。

这本寻常不过的举动，却让持枪的哨兵吃惊地瞪大双眼，他夸张的表情令我十分不解。后来才知，对于海军高等学院的学员来说，类似伸懒腰之类的动作，大学4年期间，只要被督察发现，即被扣分并登记在案，因为这个常人见惯不怪的动作，在厄瓜多尔海军看来，却是有损军人形象的不可原谅之举。

当然，诸如遇见长官不敬礼、勾肩搭背、衣冠不整、皮鞋不亮、鬓角未刮净、内务不达标、在军事单位内吸烟、饮酒以及由于各种细微之处违规而被扣分的机会还有很多很多。不管是哪名学员，只要被扣的分数达到规定的上限，那么，他就将与学业考试不合格、严重违纪或者品行不端者一样被勒令退学，绝无可能网开一面。

难怪任何时候见到他们，总是印象深刻，那种端庄、挺拔、举止、气质，还有说不出来的其他许多方面，不是刻意摆出来给人看，而完全是一种发自内在的素质与修养。原来，这都是4年量体裁衣般的严格训练打造出来的。

从岗哨到海军学院，沿着海滨浴场一侧的公路要走大约10分钟。黄昏时分，道路两旁一片静谧，除蜥蜴、灰鼠等小动物从草丛穿过，偶尔传出碰到草棵的声响，就只有海鸥、军舰鸟从头顶飞向陆地巢穴时发出的哀鸣。

暮色深沉，倦鸟知归，它们似乎是在倾诉对天外天上天无涯的无限留恋。

公路不宽，一边仅有一个车道，异常平坦。沿公路内侧，可见一幢幢零星散布的单层别墅，白砖红瓦，没有围墙。廊子下，穿着吊带背心、在廊柱间吊床上荡悠悠的儿童和趴在一旁地板上摇晃着尾巴的小狗，留下过目不忘的剪影。

卡洛斯告诉我们，这些别墅里住的全是基地和学院的军官及家属。不曾想，他的轻描淡写立即引来我们啧啧赞叹，说想象中厄瓜多尔不过是个低收入的落后国家，没有料到军官待遇这么好，住所居然是独栋海景房。卡洛斯听罢只是淡然一笑，指着远处的房子又继续介绍起游泳馆、健身房、免税店和电影院……

养兵以厚，用兵以实，这是许多国家武装力量的治军理念。刚出校门的厄瓜多尔海军少尉军官，起步月薪就是1500美元，上将的月薪则能达到5500美元，还未算上出海、执行任务和各种其他补贴。

厄军官兵军容军貌上佳，军服的设计、剪裁和面料十分考究。夏季短袖的白上衣和裤子，海军军官每人15套，一天一换，不论何时何地总是熨烫笔挺，无一丝褶皱。军靴一律选用上好的牛皮，由在基多的FAME兵工厂参照美式标准缝制，精巧美观，舒适柔软。

倘若说养兵以厚外人能一眼看出来，那么，在用兵以实方面，在厄瓜多尔首都三军总医院执行援外医疗任务的几位中国军医体会尤深。

医患关系的特点，决定了患者对医生无法隐瞒。中国军医通过临床发现，厄国军官身上普遍有伤，越是军衔高的军官越明显。各种伤患中，又以陆军和海军陆战队负重训练造成的腰伤、腿伤最为常见，这也是厄方请求中方施以援手，在三军总医院开设中医针灸按摩治疗的目的所在。

但是，厄军官兵不少人身上还有枪伤，这就颇有些耐人寻味。想到厄军最近一次与秘鲁规模有限的边境武装冲突远在1995年，这些枪伤只能是训练

1941 年 7 月 25 日，在汉贝利水道击退秘鲁驱逐舰的
厄瓜多尔海军“卡尔德隆”号炮船
厄瓜多尔海军提供图片

场上真刀真枪的实弹误击所致。

中国军医告诉我，一次他们到亚马逊热带雨林的基层部队巡诊，熄灯不久突然兵荒马乱，原来是部队出发进行潜伏训练。男兵背负45公斤的装具，女兵负重35公斤，于伸手不见五指的深更半夜潜伏至蚊蝇蔽日、蛇虫遍地的雨林沼泽地，直到第二天日落西山才再次露面。

厄瓜多尔本土陆地伸向太平洋最深处的小尖角，白浪滔天，激流拍岸，游人在此竞相合影留念。然而除了海军军人，很少有人知道，在暗流涌动的礁石下方，藏有一架军方故意遗弃海底的飞机，意在让潜水员开展逼真的水下搜救打捞训练。

我曾看到一幅厄瓜多尔海军“利安德”级护卫舰的训练照片。激浪之上，护卫舰舰艏被托出海面，龙骨清晰可见，舰艉没入波谷当中。就是在这样的恶劣海况下，舰载直升机照样进行起降训练。不难想象，稍有不慎即是机毁人亡，简直危险至极。

顺着蜿蜒的公路，我们成一路纵队，紧随卡洛斯快步前行。

终于，海军高等学院的大门出现在眼前。

一堵石料砌成的矮墙上刻有两行字，上行为海军高等学院[①]，下行则是拉斐尔·莫兰·巴尔维尔德将军[②]。

在厄瓜多尔，拉斐尔·莫兰·巴尔维尔德将军的知名度大抵相当于邓世昌在中国，所不同的，是前者没有经历过惨烈的大海战。

邓世昌参加的甲午海战，因系人类从风帆进入蒸汽动力时代后第一场大规模舰队间决战而被永载史册。反观拉斐尔·莫兰·巴尔维尔德将军，只是率领一艘小炮船赶跑了一艘秘鲁驱逐舰[③]。

拉斐尔·莫兰·巴尔维尔德将军在厄瓜多尔得到极大尊崇，星罗棋布的

---

① 海军高等学院：西班牙文Escuela Superior Naval。

② 拉斐尔·莫兰·巴尔维尔德将军：Cmte.Rafael Morán Valverde，1904年4月5日生于瓜亚基尔，1958年5月2日逝世。

③ 指1941年7月25日，在汉贝利水道，厄瓜多尔海军“卡尔德隆”号炮船和秘鲁海军“比亚尔海军上将”号之间的冲突。以厄国海军“卡尔德隆”号炮船击伤对手迫使其逃逸而结束战斗。但是，迄今关于这场海战的所有资料均来自厄瓜多尔一方，秘鲁方面对战况以及损伤无任何记载。

拉斐尔·莫兰·巴尔维尔德将军
厄瓜多尔海军提供图片

雕像、纪念碑，以他名字命名的街道也如汗牛充栋，遍布城市和乡村。

匆匆穿过宽阔的水泥操场，来不及多看一眼正在灯光下列队出操的学员方阵，我们跟着卡洛斯进入位于宿舍楼第三层的各自房间。

出乎意料，原以为是多人共享一室，实际上却是单人间，且格局也一如旅游饭店，壁柜、写字台、独立卫生间一应俱全，只是四白落地，装饰比较简单。

另外，与旅店客房显而易见的不同是单人床正对的墙面立有枪架，那上面竖直摆放着用铁链锁好的FAL步枪。这种由比利时制造的7.62毫米单兵战术武器，在小口径枪族风靡世界之前被许多拉美国家列装，如今虽退出一线作战部队，可仍未被完全淘汰。拆下弹夹一看，里面是空的，未装子弹。

询问卡洛斯住宿是否系特殊安排，小伙子立刻把头摇得像拨浪鼓，称根据海军高等学院条例，一年级学员统一住一层，男生宿舍是能容纳几十人的大房间，上下铺一字排开。女生宿舍尽管也是大房间，不过因为人数少，所以床铺一律为单层。从二年级开始，学员改为两人合住一间，房间被安排在宿舍楼的二层，但布局与我们所住的无任何差异。自三年级起，学员们便可享受单间，三四年级学员的寝室被集中安排在宿舍楼的三层，也就是顶层。

卡洛斯特意强调，住什么样的房间仅与学龄有关，给我们安排的全是四年级学员宿舍，那是因他们正随“瓜亚斯”号风帆训练舰实习远航，空出了部分房间。

见时辰不早，卡洛斯建议我们稍事洗漱，先随他去食堂用餐，说饭后还有时间参观。略微停顿，补充一句，把个人行装放入壁柜即可，无须锁门，整幢宿舍楼，没有门配锁，而且，人离开房间后也不许关门。

我闻之愕然，难道把钱夹、身份证件、照相机就往宿舍里一扔？这能放心吗？可偷偷瞥一眼宿舍门，确实没有安装门锁。楼道对面房间的厄瓜多尔学员更绝，为防止一阵风吹过将门掩上，索性在地上横置一个T字形的木制件。看到这里，我也只好照办，但心里总觉得不踏实。

晚饭后，心有不甘的我找个借口撇下卡洛斯，又楼上楼下独自转了好几圈。

眼见为实，整幢楼，包括楼外教室、图书馆、实验室，但凡目力所及，所有门一律大敞遥开。想想也是，作为未来的海军军官，如果没有诚实的品质，在校期间就染上偷偷摸摸的恶习，那将来到了狭小局促的舰艇上，到了无边无际的大洋，到了火与剑交织的战场，怎么还能有彼此信任可言？更遑论以命相托了。

在海军高等学院，那种偷鸡摸狗的行为一经发现即被开除，没有丝毫回旋的余地。正因如此，在平均60%以上的淘汰率里，由于手脚不干净而被开除的学员，多少年来也不曾有过一位。

“在这里，除了被风刮走的树叶，不管电脑笔记本，手表，还是其他什么，所有遗失物品均能物归原主。”卡洛斯如是道。

其实，若说整栋宿舍楼内找不到一把锁，那还是以偏概全了，每间宿舍的枪械就配锁，并且，所有开锁的钥匙都被集中放在每层楼梯口嵌在墙内的透明小柜里。轮到哪位学员当夜执勤，他必须先通过警卫领取开锁的钥匙，然后持枪守夜，待执勤结束把枪械放回原处后，还须用铁链锁好，再把钥匙交还，一项任务方告完成。这便是在海军高等学院一天零一夜驻训期间，我所见到的惟一的钥匙和铁锁。

晚饭是在学员餐厅吃的。进门的时候已过了饭点，能容纳200多人同时就餐的餐厅里就我们几人，显得十分冷清。

院方没有安排陪餐，卡洛斯说他已吃过且还要整理内务，于是将我们引到座位即转身离开。

我们的晚餐与学院学员的别无二致：一杯鲜榨草莓汁，一碗用牛油果、鲜奶酪为主料做成的蔬菜汤和一碟份饭，份饭里有一个单面煎的鸡蛋、一块油炸猪肉里脊，配青椒、西红柿、洋葱、黄瓜等蔬菜以及米饭和玉米粒，由上了年纪的餐厅服务人员用不锈钢推车送到桌前。大概是饿了，离席时，每个人的盘子都是底朝天。

步出餐厅已是晚上8点半，浩瀚的天空，朗月与繁星点缀其间，借着昏黄的路灯发现，卡洛斯正独自站在屋檐下。兴许怕打扰我们用餐，整理完内务后，他就从宿舍楼返回，一直静静地等候在门外，也不知这样站了多长时间。

夜宿海军高等学院

铁打的营盘流水的兵。

对任何一支军队而言，军官团都是脊柱与核心，军官的作风、素质和能力，向来被视为是衡量军队战斗力的重要标准。

英国前首相撒切尔夫人就将军官的卓越指挥，训练有素的职业化士兵和现代化精确制导武器的广泛使用，一并列为1982年马岛战争英军制胜的三大法宝。可见，在武器高度精良的发达国家军队中，人的作用非但没有随着装备水平的提升而有所降低，反而愈加凸显。

世界上声名显赫的军校之所以备受推崇，皆因那里诞生了一批又一批功垂青史的指挥官。以西点军校为例，从美墨战争的李将军，南北战争的格兰特将军，到第一次世界大战的潘兴将军，第二次世界大战的艾森豪威尔将军。从朝鲜战争的麦克阿瑟将军，越南战争的威斯特摩兰将军，到海湾战争的施瓦茨科普夫将军和伊拉克战争的彼得雷乌斯将军……据此不难理解，为何时至今日，西点教员仍然霸气十足地将“是西点毕业生书写了美国对外战争史”那句老生常谈挂在嘴边。

“兵怂怂一个，将怂怂一窝”。正是由于这一原因，从学员阶段就刻意培养吃苦耐劳的品质和百折不挠的作风，成为所有武装力量的通行做法。

厄瓜多尔海军高等学院也不例外。用严格来形容其日常作息显然已不够贴切，当称之为严酷才更准确。不算周末的休息时间，平日里的一切都像是被冷冰冰的锯条毫不留情地精确切割过，没有一丝一毫的弹性，给人的印象，似乎除了在梦里，学员们所有的时间和空间皆被填充得不留缝隙。这让我一跨进校门就感到透不过气来。

学员一周作息时刻表如下：

星期一至星期五

05:20　起床，跑步5公里（星期三04:50起床，跑10公里）

06:00—06:30　洗漱，整理内务

06:30—07:00　早餐

07:00—12:30　上课（10:00有15分钟茶歇）

12:30—12:45　洗漱

12:45—13:00　队列训练

13:00—14:00　午餐

14:00—15:45　自习

15:45—16:00　队列训练

16:00—18:00　体育运动

18:00—18:30　打扫卫生、洗漱

18:30—19:15　晚餐

19:15—20:00　自由支配，但不许出校门

20:00—22:00　晚自习

22:00　熄灯（如有学员意欲挑灯夜战，必须向当日值班学员报告，被批准后方可继续，但必须在24:00之前就寝。）

星期六

06:00　起床,跑步10公里

07:00—07:30　早餐

07:30—08:00　洗漱、整理内务

08:00—08:30　队列训练

08:30—12:00　校内大扫除，帆板训练

12:00—13:00　整理内务，宿舍扫除

13:00—14:00　午餐

14:00—次日凌晨02:00　外出时间（除当日值班和受处罚的学员，其余学员均可外出，但必须在次日凌晨02:00前返校）

星期日

07:00　起床

07:00—07:30　洗漱，整理内务

07:30—08:00　早餐

08:00—08:30　队列训练

08:30—09:00　自由活动，但不许出校门

09:00—10:00　做礼拜

10:00—20:00　外出时间（除当日值班和受处罚的学员，其余学员均可外出，但必须在20:00之前返校）

有必要指出，在海军高等学院，串联起作息时刻表上各结点的纽带是哨声，楼道里、操场上、自习教室旁，在驻训的一天零一夜里，我听到最多的就是短暂而急促的哨声，紧接着是广播喇叭里不容置疑的口令，再之后，便是快速奔跑的脚步。

这些随时随地响起的哨声与广播里传出的口令，和着重重的脚步，回荡

在校园的每一个角落，让初次置身此地的我十分不适，总感到一股莫名的紧张和毫无征兆的心悸，精神上片刻不得放松。

让我们觉得比较不可思议的还有厄瓜多尔海军学员高强度的体能训练：“每星期居然有两个早晨要跑10公里！老天，这里是海军，不是陆军，更不是海军陆战队，有没有搞错!”

卡洛斯带我们进行的参观是从被其称为“酒吧”的小屋开始的。“酒吧”就位于学员餐厅的后面，步行过去只要两分钟。

夜幕下的海军学院一片寂静。在这万籁俱寂的夜晚，之前被此起彼伏的哨声、广播喇叭和奔跑的脚步扰得坐立不安的我，总算得以放松一直紧绷的神经。

这一刻，卡洛斯和我们，彼此间好像达成某种默契，均刻意放缓了脚步。我们侧耳倾听小路两旁沾满露水的草地里蟋蟀和青蛙发出的叫声，它们高低起伏，交织缠绕，听起来那么悦耳，仿佛是在为这所森严的军校注入柔声细语。

可是，名义上的“酒吧”，由于学院明令禁酒，里面却无酒精饮料可售，因此准确地说，“酒吧”只是一个小卖部。

“率肄于酒故丧师”。未曾见过西周康王宝器大盂鼎铭文的厄瓜多尔武装力量，同样将禁酒当作不可逾越的铁律。不是厄国军人不爱酒，而是军令如山，军事设施内不许饮酒。

关于厄国军人喝酒，我了解到他们喝酒的一套讲究：第一杯献给海军，第二杯献给大海，第三杯为了女人，第四杯为了音乐，第五杯为了不得脂肪肝。也是一套一套的。

小卖部不大，目测面积七八十平方米，一个售货台，后面有货架和冷柜，货架上摆放着膨化食品、饼干、巧克力和糖果，冷柜里有矿泉水、可乐、雪碧以及五颜六色的功能饮料。

售货台对面摆着几张桌子，每张桌子配有3把靠背椅，紧挨墙角的地方有个烤肉架，那上面，几根肉串正嘶嘶冒着热气，发出令人无法抵御的香气。

“几位需要什么自取，你们是应邀前来参观的客人，长官有令，只要这里有的你们均可免费享用。”

这个时候，卡洛斯从旁提醒。

由于刚用过晚餐，我们谁都没有胃口。又因为卡洛斯提到免费，更让我们不好意思占人家便宜。

看完了“酒吧”，接下来将要参观活动中心。

从“酒吧”到学院活动中心要途经一堵矮墙，矮墙就在宿舍楼后通往学员餐厅的拐角处，它由一块块切割得并不齐整的石块垒砌而成。

卡洛斯强忍内心深处的快意，只说这堵矮墙是学员们难得自由发挥的天地。他点到为止，没有展开话题，诡秘的笑容令我们充满好奇，也让我们不解其意。

学院的活动中心不小。说不小，是相对于海军学院4个年级总共200多名学员的规模而言。

活动中心分为3个区域，一个区域是学院荣誉室，一个区域是多功能放映厅，另一个区域则是展览室。

多功能放映厅到哪里都大同小异，我们于是径直迈入了展览室。

所谓展览室，其实就是陈列学员出访以及外军来访礼品的地方。模型、实物、牌匾、锦旗，应有尽有，或挂在墙上，或摆放在玻璃柜里，琳琅满目。自然，也少不了学院历次出访的记录。

与展览室一墙之隔的另一个区域是学院荣誉室，三面最主要的墙壁上贴满了照片和表格，那上面既有历任院长，也有自建院以来历年综合考评拔得头筹的学员，还有服役25年以上的老毕业生。这些数不清的照片和表格，犹如一座座丰碑呈现给年轻学员，于无声处激励他们超越前辈，报效海军。

那些记载着辉煌与忠诚的荣誉固然令人肃然起敬，但最让我们好奇的却莫过于第四面墙上整齐排列的美女照片。那些头戴花冠，身披艳妆的女郎照片，在一片肃穆庄重的荣誉室里是那么的突兀与格格不入。

卡洛斯一旁介绍，说根据传统，每年末，海军学院都会举办年终舞会，邀请全体教职工、家属、男女学员及他们的恋人参加。舞会后，众人以投票方式，从当晚在场的男学员女友中评选出年度“海中仙女”，当场宣布，拍照留念，并将照片悬挂于荣誉室。这一传统经年不变，作为学院文化不可分割的一部分延续至今。

将美女照片与让后人敬仰的先辈并列悬挂于荣誉室，还堂而皇之地冠以院校传统文化，在东方人的固有思维中多少有些不可思议，这大概就属于典型的文化差异。

自然，有美女，对应的也就有丑女。丑女也要年年选，但与选美女的方式大相径庭。丑女仅由男学员评选，且为顾及当选姑娘的颜面，结果出来后不公布于众，而是将这位女孩的名字刻在石头上，由四年级学员以发布命令的方式将石头交给丑女的男友，隆重祝贺他的女友荣幸当选。

这位沮丧的男学员，还必须身着整齐的礼服，以标准的军姿，从高年级学员手中捧过刻有女友姓名和当选年份的石块，然后转身，迈着有力的正步，在众多围观男学员的爆笑和嘘声中，将石块摆在宿舍楼后的那堵矮墙上，放稳，扶正。这便是令卡洛斯忍住不笑出声来、被其称为可以自由发挥的天地。它纯粹是精力无处发泄的男学员们想出的恶作剧。

同样，有丑女也就有丑男。作为报复，丑男由女学员评选，并且以牙还牙，砌就了另外一堵石墙，将丑男的名字刻在上面。

“我们谁都不敢从旁而过，怕看到自己的名字不幸位列其中。”卡洛斯说完差点笑弯了腰。

厄瓜多尔海军高等学院双面濒海。从宿舍楼正门出来向右拐，途经“丑女墙”，再沿着学员餐厅和小卖部之间的林荫道直行，不出5分钟便到海边悬崖。

依照功能，海军高等学院校园分为3个区域。一个是花园和绿化带。另一个划归生活区。

教学区与生活区遥相对应，是学院的第三个主要区域，那里集中分布着教学楼、图书馆、医务室、室内多功能馆、礼拜堂和教员办公室。

位于海军高等学院操场一侧的莫兰将军纪念碑

作者摄于 2012 年 7 月

步出活动中心，我们一边走，一边仍在饶有兴致地回味丑男丑女的评选，似乎对厄瓜多尔海军充满浓郁拉丁风情的独特院校文化意犹未尽。

但或许是注意到了从退役军舰上拆卸下来的桅杆，或许是被眼前那尊拉斐尔·莫兰·巴尔维尔德将军的雕像及塑像前燃烧的火炬吸引，穿过操场时，我们停下了脚步。

只见雕像下面的石墙上刻有一句励志恒言：“熊熊燃烧的火炬永不熄灭，它照亮着一代又一代未来海军军官勇于献身的征程。”

卡洛斯提醒，此处不仅是进行英雄主义教育的地方，也是犯有过错的学员面壁思过之地。那些由于各种原因受到处罚的学员，必须手握哑铃，在先辈的雕像前罚站，罚站时间视所犯过错的情节轻重，由教官具体掌握。不论风吹日晒，还是电闪雷鸣，被罚者必须纹丝不动，否则加倍受罚。

周末的夜晚，表针已经走过了9点，但是由于还不到规定的就寝时间，教学区依旧灯火通明。

在卡洛斯的带领下，我们走进二层图书馆。图书馆过厅里陈列着SS-101“希利斯”号潜艇的模型，它是厄瓜多尔海军仅有的两艘德国造209级潜艇中的一艘，正和另一艘“万卡维尔卡”号在智利接受中期升级改造。两艇艇员也同期留在智利接受培训，他们将待潜艇完成现代化升级改造后驾艇返回母港。

国之大事，在祀与戎。

今天，在冷战余温散尽的拉丁美洲，若论综合国力，智利不及新兴大国巴西和墨西哥，可能也不比传统宿敌阿根廷。可是，若以军事实力衡量，那么上述三国无一可与智利匹敌。尽管智利武装力量规模不大，但装备先进，结构合理，精干高效，职业化程度和战斗力在地区首屈一指。

智利陆军秉承德式遗风，拥有南美大陆目前惟一列装的第三代主战坦克豹IIA4。空军基干力量由F-16C/D BLOCK50/52先进战斗机、以色列费尔康预警机和加油机组成。海军则装备有英国22级、23级，荷兰“科顿艾尔”级、“卡雷尔·多尔曼”级、“雅克布·范·希姆斯科克”级等即使在北约组织架构下也不算落伍的多型护卫舰，攻防兼备，实力不容小觑。

智利人还是国际军火市场的精明买家，他们总能以最划算的价格，购得称心如意的二手装备。

厄瓜多尔推崇“刺猬式”防御战略，以有限的财力精打细算，不舍近求远，充分利用友邻智利的现成资源，不失为明智之举。

图书馆不大，藏书基本与海军专业有关，另外还有一些杂志，多数也与军事沾边。

卡洛斯说，藏书不算多，但足够用，一来课程紧，学员完成专业课学习、体能训练、队列操练和各种规定动作后，能够自由支配的时间所剩无几，没有更多精力再大量阅读。二来学院设有局域网，越来越多的阅读已通过网络进行。

讲到此处，卡洛斯延伸了话题，称尽管身处信息化时代，海军又是信息化、电子化高度集中的军种，可是在校期间学员们却被禁止使用手机、IPAD等通信娱乐工具。平日里，上述移动电子设备必须一律上交，统一保管，只有周末或者节假日获准离校时，学员们才能领出在校外使用，且一经返校还得交回，否则，即被视为违纪遭到处罚。

之后，穿过草坪，我们沿着碎石铺就的小路，随卡洛斯步入紧邻图书馆的教学楼。

教学楼也是两层，从外观上看与图书馆无异。借着路灯散射的光晕，我看到楼门口上方写有这样一句话："帆船不会消失，因为风不会消失。只要乘风鼓起希望的风帆，就能勇往直前，驶抵梦想的彼岸。"

厄瓜多尔海军高等学院的课程紧密围绕部队需求开设。但作为一个小国，面对门类繁多，技术装备日趋复杂的高科技现代海军，学院在专业设置上不可能也无力做到面面俱到。为满足海军对各种人才的需求，他们采取的是自己培养一部分军官，再与友好国家合作，委托培养另一部分军官这样一种方式。具体做法是，海军学院主要负责打基础，并在力所能及的范围内培养所需的军官，对于诸如潜艇部队等需求量少，技术复杂，凭一己之力难以培养的专业军官，他们就向美国、德国、智利等国家的海军学院求助，请其代为培养。

闭上眼睛也可想见，总共200余人的学院，按学龄分为4个年级，再细分到各个专业，那么，除了一二年级公共课上人数稍多外，能坐进专业课教室里的学员人数是很有限的。由此，我们在教学楼内看到的多是摆放不了几张课桌的小教室，丝毫不比我上大学时外语院校里仅能容纳10余名学生的课堂大多少。

不过，麻雀虽小，五脏俱全，窗明几净的教室内，大屏幕、投影仪等现代化教学设备一应俱全。

在世人眼中，海军属于贵族军种，某种程度上还带有浓厚的世袭味道。今天人们熟视无睹的诸多礼节和行为规范，溯本求源，不少与海军有关。以军中敬礼为例，1588年，英国舰队击败西班牙无敌舰队，成功阻止强敌染指英伦本土。为表彰凯旋将士，英国女王决定偕王室成员莅临颁奖典礼。出于维护女王陛下尊严的考虑，当时下令，所有上台领奖的将士，必须右手掌心向外遮挡眼部，不得直视女王。谁知，这一临时之举，随着大英帝国如日中天，殖民地遍布世界各地，后来竟广为流传，逐渐演变成现代军礼。

2005年6月，为纪念帆船时代最伟大的海战——特拉法尔加海战200周年，来自35个国家的167艘战舰齐聚英格兰南部的索伦特海峡，参加有史以来规模最大的舰队检阅。一时间，战舰如云，猛将如林，场面蔚为壮观。当英国皇家海军的受阅舰艇从伊丽莎白女王二世乘坐的检阅船前依次驶过时，米字旗下的皇家海军官兵齐刷刷地脱帽挡在眼前，他们以这一悠久传统，向世人宣示这支曾经日不落帝国中流砥柱的辉煌与骄傲。那一刻，目睹这一场景的所有旁观者，心灵无不为之震颤。

诚然，几个世纪以来，经由海军遗留下来的传统和风范远不仅是敬礼，这些传统与风范，在不知不觉中，深刻影响着我们日常生活的许多方面。这或许可以解释，为何西方海军强国中，许多军官来自名门之后或者中产阶层以上富裕家庭，道理即在于此。

卡洛斯承认，这种现象也存在于厄瓜多尔海军，但又补充说，来自普通甚至低收入家庭的学员还是占了大多数。由于军人待遇好，职业稳定，各方面有保障，相当多的穷困家庭均把参军视为改善下一代命运的机会，故投考者众多，竞争十分激烈。

问及海军学院高达60%的淘汰率，卡洛斯略加思索后表示，多数被淘汰的学员集中在一二年级。一方面，新生刚入学，短时间内从民到兵的转变令人不适。另一方面，一二年级基础课负担重，有些课程难度较大，考试不易通过。由于这两方面原因离开学院的学员占了大多数，真正因为道德品质出问题被淘汰者寥寥无几。待熬过一二年级升入三年级后，被淘汰的学员就很少了。末了，卡洛斯强调说，60%是历年来的平均淘汰率，淘汰率最高的一届，110名入学新生，4年后仅剩下20名。

需要说明的是，从傍晚迈入海军学院大门的那一刻起，除了无处不在的哨声，若说还有什么让我深感不适，就要属海军学院的学员频繁冲我敬礼了。

楼道里、操场上、教室内……只要迎面相遇，他们都会立正敬礼，弄得我常常不知所措，连手都不知该放哪里。

后来琢磨过来，他们是冲我头戴的海军作战司令部的遮阳帽敬礼，那顶帽子由第一海区司令部的厄方军官所赠，我不过是沾了帽子的光而已。

厄瓜多尔学员，在他们的肩章上，一年级学员标有一道斜杠，二年级学员两道，以此类推，四年级学员有4道杠，一目了然。无论什么时候，什么地方，只要迎面遇到高年级学员，低年级学员就必须立正敬礼，而前者，则可以随时随地叫住后者，对其不当之处给予批评指正。这种森严的等级观念，从新生进入学院的第一天起就开始灌输，并贯穿于4年在校期间。

回到宿舍已过了熄灯时间，我们仍然意犹未尽，我们拉着卡洛斯，蹑手蹑脚穿过寂静幽长的宿舍走廊，进入我们的房间。鉴于就寝时各房间也是大敞遥开，我们于是刻意压低嗓门。

这里啰嗦一句，宿舍不许关门这一规定常让初来乍到的人闹出笑话，我自己便是其中之一。尤其是刚入住的时候，一眼望去，楼道里所有房间全都一模一样，稍不留神就进错了门。我就有几次冒失地闯入正在整理内务的厄方学员屋子，四目相对，情景之尴尬可想而知。好在每一次双方都以微笑化解了难堪。

中厄两军的年轻学员围坐在一起，谈话内容自然离不开共同关心的话题——学习、作训、恋爱、成家、待遇、晋升、前途……一边聊，中方学员一边记笔记。

不知不觉又过去了1个多小时。卡洛斯一面强忍困意，一面悄悄低头看表，直到最后才用抱歉的口吻解释，说再过一会儿将轮到他值夜班，需要换装持枪，遗憾无法继续奉陪。

至此，我们恍然大悟，原来，奉命担任陪同和联络任务的卡洛斯，虽获准不必按作息时刻表就寝，可却不能免除当晚本该轮到他的夜间执勤。处于兴奋状态的我们几个光顾着问这问那，却不知若非陪伴我们，卡洛斯本可利用熄灯号响过到上岗之间的这两小时打个盹儿。想到天一亮厄方学员还要进行周六例行的10公里跑，而卡洛斯彻夜不眠，我们都内疚不已。

卡洛斯倒是坦然，他似乎洞穿了我们的心思，反而若无其事地笑着宽慰我们，同时透露，就在此时，一批四年级学员正在不远处的海湾进行带有实战背景和一定风险的夜间海上求生训练，天亮后他们其中有些人还将参加两所院校间的体育比赛。

夜空似一张藏青色的帷幕，那上面，群星正顽皮地眨着眼睛。

回到自己房间，毫无睡意。洗漱之后，摆弄一会儿立在枪架上的步枪，踱到窗前极目远望，又回过头来四下打量。自从下午进驻后，还没有好好看过这间只属于我一晚的宿舍，想到这里，更拖着不愿上床。

宿舍是规整的长方形，进门右手处是卫生间。室内，一张铺着雪白床单的单人床顶墙摆放，占据了最大空间，床上的枕套有海军学院的院徽，上面印有“荣誉——海军高等学院”字样。靠窗的屋角摆放着一个写字台，写字台靠墙的位置立有一个3层书架，最上层摆放着一顶帽子，从帽徽上可知，这间宿舍原来的主人是陆战队学员。书架第二层的隔挡整齐排列着肩章、领章和胸徽，第三层则放着学员证等个人用品。

想象着这位不曾谋面的四年级陆战队猛男此刻正乘“瓜亚斯”号风帆训练舰远航，而我却将要睡在这张本该属于他的床铺上，这让我一下想到了核潜艇上的热铺，觉得怪有意思。

再看壁柜，表面贴着一张白纸，上面密密麻麻布满字迹，凑近细读，在

“海军学院学员考试和荣誉评估承诺”的标题下，1、2、3、4……整整10条军规，全部是与诚实参加考试和自我约束有关的承诺。其中第10条给我的震撼尤为强烈，译成中文是：不管考核还是评估，我承诺不抄袭，也绝不试图抄袭，因为我深知，我所效忠的海军只需要诚实、正直和富有责任感的军官。一旦违背上述承诺，我心甘情愿接受处罚，直至脱下象征荣誉的军装，离开高贵的海军高等学院。

荣誉，这是我到海军学院驻训这短短几个小时里听到、见到最多的一个词……

接着打开壁柜门，里面的布局与普通居家壁柜别无二致，只是在最醒目的地方贴有一张房间平面图。图上，整个房间的每一个角落，全被用阿拉伯数字从1到35编上了号，及至壁柜内的隔挡、写字台下的抽屉也不遗漏，背囊、书本、服装、鞋帽，哪怕是胸徽、臂章这样的小配饰，该放在何处，图上也标注得一五一十，详尽至极。

见此，我把一进屋就随手塞进壁柜的双肩背和相机又掏出来，对照平面图所示，放在它们应在的位置。

孤身独影，一个人处于空荡荡的房间实在不知该做些什么，踟蹰良久，只好极不情愿地宽衣上床，但却无论如何也无法入睡。

辗转反侧，直到一阵刺耳的哨声响彻空寂的走廊。那一刻，天边尚未露出鱼肚白。

海军高等学院的一天

翌日清晨。

哨声过后，先是第一时间从各屋传出一跃而起的下地声，紧接着是穿衣戴帽的响动。这些声音，透过一扇扇敞开的宿舍门汇集到一起，令之前还一片肃静的楼道像是开了锅的热水，一下子沸腾起来。

尽管一夜未眠，头脑昏沉，可我再也无法安枕，只得硬着头皮融入这股洪流之中，却无论如何也赶不上洪流奔淌而下的节奏。

待我姗姗步出楼门，厄瓜多尔学员已经列队完毕。他们清一色的短袖圆领衫和短裤。一片深蓝当中，任凭怎样搜寻，我也辨认不出卡洛斯的身影。不知小伙子昨夜陪我们那么晚，之后又是执勤，今天一整天怎么消受得了。我在心里嘀咕。

与往常不同，场地中央的厄瓜多尔学员今天分成了两组。一组雷打不动，照常进行10公里跑。另一组显然是临时划出来，为迎接我们的参观，将要大扫除。为此，原定周六上午进行的大扫除被提前到了清晨，而例行的帆板训练被取消。

厄瓜多尔海军院校精心营造的浓郁军旅氛围，相信所有人一迈进校门都能体会到。那些充当草坪围栏的大口径炮弹壳、林荫道旁的海军锚、远处山坡上高耸的对空搜索雷达、空地一角的127毫米舰炮、操场边的“海猫”舰对空导弹、教学楼入口上方的“飞鱼”反舰导弹、图书馆一层平台上的324毫米反潜短鱼雷等，皆令人过目不忘。

见时间尚早，我独自步出校门，穿过海滨公路，迈向从白色沙滩延伸至海中的栈桥。此时，微露晨曦的天空被大团的黑云笼罩，只有海湾对面的岸上灯火通明。

海风习习，不由地打个冷战。想到进行夜间海上求生训练的那批学员，想象着他们浸泡在冰冷海水中的无助和搏击，深感当一名合格的海军军官不易。

实在受不了扑面而来的海风。于是，我缩着脖，搓着手，返身上岸。迎面碰上戴着船型战斗帽的持枪哨兵，正低头踱来踱去。擦肩而过时，两人互道早安。

这个时候，眼前一座单体斜坡顶建筑引起我的注意，它孤零零地矗立在空旷的海滨公路旁。

走到近处才知，单体斜屋顶是海军学院的艇库。里面上下错落排列着尺寸不一的帆板，船桨齐刷刷地立在四壁。管理员讲，每次进行帆板训练，学员们都是从这里把帆板拖入海中，待训练完毕，再把帆板扛回艇库。

“帆船不会消失，因为风不会消失。只要乘风鼓起希望的风帆，就能勇往直前，驶抵梦想的彼岸。”我情不自禁默诵起教学楼入口上方的标语。

此时天色已经大亮，肚子忍不住开始咕咕叫起来，又无所事事，于是决定返回校园。

快到校门口时，巧遇刚跑完10公里的那批学员，他们大汗淋漓，正沿着海滨公路缓行。就在此时，一辆飞速行驶的小轿车，让他们片刻放松的神经再次紧绷起来，车子从旁而过的那一刻，学员们注视车身，全都立正敬礼。

从我所处的位置，看不清车内的主人，不知那些学员能否看得真切。也许，他们本无须看清车内的主人，而仅是像头晚在校园内看到海军作战司令部的帽子后冲我敬礼一样，见到基地军官的车牌就行礼。

敬礼只认军衔不分人，这是职业军人的素养。

关于这一点，与厄国军人朝夕相处的中国援外军医最有发言权。军医组长介绍，每次中午食堂用餐时，他们总能看到厄方官兵，进入餐厅后不是直奔餐台，而是先环视四周，确认在场职务最高的军官后走到跟前行礼，礼毕才去排队领取食物。

早餐依然不是自助形式。头发花白的老侍者从小推车上端出的食物有：一杯鲜榨橙汁、一杯酸奶、一杯热咖啡、一根香蕉、一个平碟，碟子里有两片面包、一个单面煎蛋、一片巴掌大的火腿肉以及两根拇指粗、中指长的香肠，桌子上还摆放着黄油和果酱。

关于伙食对军队的重要性无须多言。古往今来，没有哪支军队会忽视伙食。美军认为，好的伙食相当于四分之三个牧师。拿破仑放言，称军队的士气直接长在士兵的胃里。

望一眼临近餐桌刚跑完10公里的厄瓜多尔学员，他们显然是饿了，全都闷头不语。

早餐后，我们又在教学区里转起来。而此时此刻，厄瓜多尔学员正在进行紧张的大扫除——捡拾落叶，清扫操场，冲刷楼道，擦拭窗户……作为同行间交流，谁都想展示最光鲜的一面。

午餐被安排在学员餐厅，每人一份同样的标准套餐：一杯鲜榨番石榴汁，一碗肉末土豆汤，主食是牛排，配米饭、菜豆和蔬菜沙拉。

所有人面前饭菜到齐后，一声长哨，执勤学员宣布开饭。之后，严格按西餐礼仪进餐，同桌学员间可以交谈。

我注意到，一夜没合眼的卡洛斯，双眼布满血丝，尽管强打精神，可仍然难掩一脸倦容。为不致因打哈欠被扣分，他只好使劲咬住下嘴唇。

再看其他几位厄国学员，也是疲态尽显，其中有一位，手上还缠着厚厚的纱布。卡洛斯说，他们就是昨夜参加海上求生训练的四年级学员。穿戴好救生衣后，他们被蒙上双眼，由巡逻艇带到海上，在毫无准备的情况下被人从身后飞起一脚踹入海中，然后巡逻艇离去。

到了这个时候，他们才可以解下蒙住双眼的黑布，按照课堂上学到的规范游到一起，释放驱鲨剂，抱团取暖，定位，掏出无线电通信装置，使用加密频道求援……再以后就是浸泡在冰冷刺骨的海水里，于漫无边际中焦急地等待，直到快坚持不住时，才听到远方传来巡逻艇的马达声，但那已不知过了多长时间，且被洋流冲到距离落水地点很远的一片开阔水域……

回程的路上，我居然毫无困意。路灯、电线杆、树木、民居……隔着车窗玻璃稍纵即逝，随着道路的延伸，就这样在我的眼前交替跳跃。

2012年11月3日，位于厄瓜多尔南部山区的古城昆卡举行建城纪念日庆祝仪式。傍晚，休假途经此地的我，随着人流涌进庆典的主场阿普东·卡尔德隆公园。

那晚，厄瓜多尔三军军乐队和民间演出团体在公园的四个角落分别摆开擂台。穿过如织的人流，我拉着太太，不假思索地挤到海军军乐队一旁。

《军舰进行曲》《掷弹兵进行曲》《霍亨弗里德伯格进行曲》……一曲又一曲雄壮嘹亮的军乐，把我从波涛汹涌的对马海峡，带到圣约翰山高地，又从圣约翰山高地，神游到赫拉德茨—克拉洛韦的萨多瓦。

我忘情地穿梭于由跳动的音符引出的世界军事史长廊，不禁心潮澎湃。

听说不久前我还在萨利纳斯海军高等学院驻训一晚，素不相识的厄国海军军人立刻竖起大拇指，然后，热情地将我一把拉进夜色下一片夺目的雪白。

我俯下身，屏住呼吸，用相机快门记录下这一激情难忘的瞬间。

2018年3月16日

瓜亚基尔市头戴巴拿马草帽的西方游客

作者摄于 2018 年

第九夜
巴拿马草帽——厄瓜多尔的传奇

从三毛的厄瓜多尔游记，看不出她前生今世曾经在马纳比[①]留下过足迹，否则，以她落英的缤纷，不知会招来多少善男信女。

马纳比面向太平洋，是厄瓜多尔西部一个临海省份，炎热、干燥。我几次去那里，都舔着干裂的嘴唇，眼巴巴祈盼天上掉下几滴雨。

马纳比人的性格有点像燥热的天气，好在女人的朱唇鲜润无比。

不止一位马纳比人说，当地出产的咖啡、可可和女人，品质全国第一。这话要是让外省人听到，保不齐掀起一片喧嚣的争议。可是，假如马纳比人把手工编织的巴拿马草帽称为第二，恐怕放之四海也无人敢称第一。

从瓜亚基尔经内陆驱车到马纳比的蒙特克里斯蒂[②]或希皮哈帕[③]，路标指示牌显示180公里，实际开下来，感觉要远一些。倘若选择海岸公路，只会更远。

洛佩斯港[④]，沿途不起眼的小渔村，一轮弯弯的月牙状。与厄瓜多尔所有渔民一样，在这里，男人们凌晨两三点即驾着小船出海撒网，天未亮已是渔获满舱。不待城里人睡眼惺忪，滩涂卸货的身影和翘首以待的鱼贩一概消散得无踪无迹。

收拾鱼是天色大亮后小孩子和女人的事。刀俎下的鱼头、内脏，血赤糊拉，牵肠挂肚。信手扔在沙滩上，旋即引来一片铺天盖地的群鸟，像是头顶

---

① 马纳比：Manabí。
② 蒙特克里斯蒂：Montecristi。
③ 希皮哈帕：Jipijapa。
④ 洛佩斯港：Puerto López。

的黑云，压得人喘不过气。

透过相机取景框，目不转睛盯着无数根羽毛织起的浮云，似乎唾手可及，不觉掠过一丝快意。原来，偷腥的不只是两条腿的男人和四条腿的猫，还有生出一双翅膀的鸟。

距海边不足百米的岸上，一排简易茅屋，孤零零摇摆于滚滚热浪。整整一个上午，稀松的茅草棚下空空荡荡。

太阳吐出毒舌的时候，我已是饥肠辘辘。坐进简易茅屋，手指对着桌面轻弹，迫不及待等着一饱口福。4人一份的什锦烤海鲜，明码标价35美元，还不包括免费配送的凉拌沙拉和白米饭。

一通风卷残云，直撑到扶着椅背才能支起身。视线却轻飘飘越过窗台的一盆干花，不听使唤地落在沙滩上一尊半遮半裸的胴体不再游移。想象着如果柳下惠在此，当会怎样继续坐怀不乱的老夫子传奇。

离开渔港，沿海岸继续北上，经过马查里拉国家公园。公园里有一望无际的干旱森林，林中遍布原生的鸡冠刺桐和野棉花，却依然不抵火辣辣的骄阳。至此恍然大悟，为什么厄瓜多尔的草帽会诞生在马纳比。

草帽的起源

考古发掘揭示，远在公元前4000年的瓦尔迪维亚文化时期，今天厄瓜多尔这片土地上已经有人头戴织物。从颈部算起5厘米高的一件出土陶俑，眉毛以上完全被织物裹覆，大约占了整个器物一半的高度。织物没有檐，呈手指状，越往上越尖细。

在蒙特克里斯蒂以北79公里处的卡拉克斯湾[1]有家海湾博物馆，里面陈列着先人的遗迹。其中一件复原的排筏，上面坐着渔民，头上明显有细长织物，酷似陶俑的上部。考古学家将同一地区出土的两件文物反复对比，认定织物即是草帽的原型，它最早为渔民出海时遮阳所用。

---

① 卡拉克斯湾：Bahía de Caráquez。

遗憾的是，土著人没有文字，因此，无人见过在西班牙人到美洲之前关于草帽的记载。

西班牙人踏上今天厄瓜多尔这片土地是在1532年[1]。初到便惊讶于土著人头上那顶他们未曾见过的奇特织物，问是何物，答曰蝙蝠皮，顿觉毛骨悚然，遂着手探寻奥秘。

1630年，弗朗西斯科·德尔加多揭开了谜底，他在希皮哈帕发现当地人用草织帽。从此，希皮哈帕就被认为是厄瓜多尔草帽的诞生地，而德尔加多的这一发现，也把他自己写进了历史。

作为一个手工行业，厄瓜多尔的草帽编织在17世纪下半叶得到发展。在希皮哈帕的胡尔库伊[2]，当地人被组织起来，按照西班牙人提供的样式进行编织，至18世纪初具备一定规模。只是，此时织帽的中心已经偏离了它的诞生地。

蒙特克里斯蒂——与革命联姻的草帽

蒙特克里斯蒂紧临希皮哈帕，都在马纳比省，两地间车程大约半个小时。厄瓜多尔草帽源自希皮哈帕，但进一步发展和步入辉煌却是在蒙特克里斯蒂。

在西班牙语里，“蒙特”[3]有“山峰、山林”之意。传说殖民时期有位叫克里斯蒂[4]的教士，经常在马纳比沿海一带传教布道。教士看中了一座小山，把居所建在山上，久而久之，当地人便把小山叫克里斯蒂山，“蒙特克里斯蒂”的名称由此而来。

与厄瓜多尔中部山区高耸入云的群峰峻岭相比，蒙特克里斯蒂只能勉强算作山丘。几次驾车驶过，山丘都被阴云笼罩。不知一贯如此，还是从海上来的暖湿气流登陆，恰巧遇到山上的冷空气。

蒙特克里斯蒂是个小地方，登高俯瞰，中心广场，教堂，街巷，民居，

---

① 也有说1526年。

② 胡尔库伊：Julcuy。

③ 蒙特：Monte。

④ 克里斯蒂：Cristi。

一览无余，能够为人所知，今天靠的是手工编织的草帽，而在百余年前，则完全仰仗两次当选总统的埃洛伊·阿尔法罗[①]。

1842年，阿尔法罗出生在蒙特克里斯蒂一个钟鸣鼎食的富商家庭，在那里，他度过了平静的孩提时光。阿尔法罗的父亲曼努埃尔·阿尔法罗是西班牙人，1835年来到厄瓜多尔。凭着敏锐的嗅觉，老阿尔法罗很快洞察到草帽的潜在商机，于是，他迅速在蒙特克里斯蒂组建产业，并且捷足先登，第一个把草帽出口到巴拿马。那时候还没开通运河，但依仗优越的地理位置，巴拿马已是南美国家货物销往欧洲或北美必经的中转地。

阿尔法罗呱呱坠地的时候，父亲在巴拿马开设的草帽店已经赚得盆满钵溢。才20岁，他就被带离故土，到异乡继承家业。

如同后来的菲德尔·卡斯特罗、切·格瓦拉等一代叱咤风云的枭雄，南美有些富家子弟与生俱来悲悯之心，有着扶困济危的入世情怀，尽管养尊处优，可是毫不贪恋富贵荣华。为追求理想，他们敢于抛家舍业，甚至失去性命也在所不惜。

阿尔法罗年纪轻轻即表现出对政治的浓厚兴趣。他希望借助一场轰轰烈烈的革命，铲除剥削，让厄瓜多尔乃至整个南美洲的人民，能在保持各自差异和尊重彼此分歧的前提下，过上自由和平的幸福生活。

理想国的幻景显然有违父愿。1864年，阿尔法罗又被送到秘鲁学习商业。然而令父亲始料不及的是，学成之后的阿尔法罗虽然看似依旧打理生意，却未把草帽销售所得转化为家业，而是用积累的资金将理想付诸行动。由他一手领导的自由革命在席卷厄瓜多尔的同时，还波及哥斯达黎加、尼加拉瓜和萨尔瓦多等地。

阿尔法罗也资助过古巴革命。古巴独立运动先驱何塞·马蒂生前戴过一顶草帽，系阿尔法罗亲手赠予，这顶草帽见证了两人之间的交集。

---

① 何塞·埃洛伊·阿尔法罗·德尔加多：José Eloy Alfaro Delgado，厄瓜多尔著名政治家，1842年6月25日生于蒙特克里斯蒂，1912年1月28日于基多遇刺身亡。1895年6月5日至1901年8月31日和1906年1月16日至1911年8月12日两次担任厄瓜多尔共和国总统。

阿尔法罗分别于1895至1901年和1906至1911年两次担任总统。此前，他曾因投身革命长期流亡国外，可谓历经艰辛。

在人类波澜壮阔的历史长河中，有过不计其数的革命。可是，胜利的喜悦与草帽息息相关，独此一例。难怪有后人说，是伟人将草帽与革命联姻，成就了宏图伟业，进而改变了国家的发展轨迹。

今天，克里斯蒂教士位于山顶的居所早已不知去向，取而代之的是阿尔法罗总统纪念馆。进入纪念馆，正面天棚下的墙壁上，赫然书写着“一切为了祖国，丝毫不为自己”这句阿尔法罗当年激励部下投身革命的豪言。纪念馆外对面的建筑庄严肃穆，里面埋葬着这位备受人民敬仰的伟人的部分骨灰，并陈列着他的生平事迹，是厄瓜多尔人对后代进行爱国主义教育的圣地。

巴拿马草帽——张冠李戴的传奇

徜徉在厄瓜多尔旅游商店或者草帽专营店，细心的游客会在草帽精美的外包装，或者内衬上注意到一个看似矛盾的标识：“巴拿马草帽——厄瓜多尔制造”[①]。寥寥几个英文字母，蕴含着草帽的传奇，也折射出厄瓜多尔人深深的无奈。

如同有些外表不相干的事物实则有着紧密联系。在距今1000多年前中国历史上的北宋时期，维系中西方贸易的陆路通道为北方契丹人所阻，而阿拉伯人又垄断了从印度和波斯到欧洲的海运航线。如此一来，欧洲宫廷贵族虽然当时身穿中国绫罗绸缎织成的锦衣华服，但却只知契丹不知宋。

厄瓜多尔草帽有着与北宋丝绸类似的境遇，所不同的是时至今日仍未得到彻底正名，这不免令有些厄瓜多尔人耿耿于怀。

地理大发现为人类开辟了前所未有的宽广舞台，也把弹丸之地的巴拿马提升为汇聚东西、贯通南北的要塞。

除作为厄瓜多尔草帽出口的中继枢纽，中美地峡常年潮湿闷热，使巴拿

① 巴拿马草帽——厄瓜多尔制造：Panama Hats — Made in Ecuador。

马本身对草帽也有着稳定的需求。而始于19世纪后半叶的加州淘金热，美国西部铁路建设以及20世纪初的巴拿马运河开凿工程，无一例外均在酷热的阳光下进行，这愈发刺激了厄瓜多尔草帽通过巴拿马的对外输出。

那个时候，不论矿区还是工地，不论监理还是工人，人人都渴望头上能有一件遮阳物。每当看到周围有工友头戴草帽，人们便竞相打探，急不可耐地想着也能为自己赶快购置一顶。

产地？还有谁会在意！那又有何意义？重要的是草帽在哪里。于是乎，面对提问，回答几乎千篇一律：巴拿马！至于厄瓜多尔，根本无人知晓，从来不被提及。如此，漂洋过海的草帽仅为厄瓜多尔带来经济收益，反倒是巴拿马，成了名利双收的最大赢家。

再往后，坐收渔翁之利的巴拿马人索性将错就错，乐见以讹传讹，而百口莫辩的厄瓜多尔人则有心无力，只能眼睁睁看着谬误变成真理。先是北美，其次是欧洲，接着是全世界。

面对既成事实，无计可施的厄瓜多尔人最终不得不亲手将“巴拿马草帽——厄瓜多尔制造”的标识缝在自家每一顶草帽上，违心参与编制了一段张冠李戴的传奇。

辉煌的草帽世纪

尽管外界对厄瓜多尔草帽知之甚少而曲解甚多，可这丝毫无碍小小的草帽赢得越来越多的喜爱。假如将时空以年轮为坐标切割，那么，自19世纪中叶到20世纪中期的这百余年，无疑是厄瓜多尔草帽如日中天的辉煌岁月。天时、地利、人和，共同把原本只具实用功能的手工织品，托举成集高贵优雅和万般宠爱于一体的纤巧尤物。

在厄瓜多尔国内，植草，收割，编织，采购，贩运，一条围绕着草帽的完整产业链仿佛在一夜之间形成。从马背上趾高气扬的种植园主，到田间低眉顺眼的布衣贱农，马纳比千年沉寂的广袤沃野一片沸腾。

高涨的热情也吊起大山之外异乡的胃口。1835年，厄瓜多尔多地深陷经

20 世纪 30 年代的昆卡露天草帽市场

图片来源：昆卡草帽之家

济危机，为摆脱困境，南部山区最大的城市、阿苏艾[①]省首府昆卡[②]正式加入织帽大军。

昆卡建于1557年，殖民时期就是与基多和瓜亚基尔三足鼎立的重要城市。那里积淀深厚，人文荟萃，同时又不乏商业机敏，被赞为厄瓜多尔的“雅典”。

在地方政府的全力扶持下，昆卡从蒙特克里斯蒂和希皮哈帕引进匠人，开办学校。一时间，上至耄耋老妪，下至年幼儿童，被利益驱动的人们废寝忘食。为确保学有所成，官府还下令，凡受衙门资助学艺却半途而废者，一经发现，即刻被罚以数日牢狱。就这样，官民并举，上下一心，没多久，昆卡的草帽便可与马纳比分庭抗礼，精明的昆卡人还另辟蹊径，建立起了自己

① 阿苏艾：Azuay。

② 昆卡：Cuenca。

的营销渠道。

那是可可的年代，更是草帽的年代。1845年，草帽赚取的外汇首次超过可可，一跃成为厄瓜多尔出口的头牌明星，外销量破天荒达到了57万顶。一种手工制品能达到如此出口规模，在人类历史上除了中国的瓷器和丝绸，恐怕没有更多商品能及。

统计数字显示，仅1850年，销往美国的草帽就达到22万顶。高烧不退的加州淘金热和热火朝天的西部铁路建设，仅仅为厄瓜多尔草帽一飞冲天拉开了序幕，更为华丽的亮相紧随而至。

1904年，沟通两洋的巴拿马运河在世人的翘首以待中动工。10年的工期，数以万计的劳工日复一日挥汗如雨，让产自厄瓜多尔的巴拿马草帽真正变成了所有人的救命稻草。用细密的帽顶盛满凉水直接浇到身体防暑降温，然后再将湿漉漉的帽子随手扣在头上，成了当时工地随处可见的一景。

何止是巴拿马!

古巴四面环海，终年高温湿热，白天烈日炎炎，密不透风的甘蔗林和烟草种植园一刻也离不开草帽。到了夜晚，哈瓦那又是一片花天酒地，富有的红男绿女徜徉于各种派对，在声色犬马中肆意挥洒着人生几何的快意，一款典雅的草帽，竟成了招摇过市的完美道具。

从19世纪中叶到20世纪中期资产阶级被扫地出门，在大约一个世纪的时间里，古巴一直都稳坐厄瓜多尔草帽出口拉丁美洲的头把交椅。

神话并未到此止步。时光辗转到了20世纪上半叶，同属拉美的巴西和墨西哥也步入追捧草帽的行列，而秘鲁和哥伦比亚更是分别组建了各自的相关产业。弄得小国寡民在仔细权衡草料出口利弊的同时，为防草帽走私造成税款流失，还不得不动用起行政令。幸好两个邻国的产量微不足道，水平又参差不齐，尚无力对原产地构成威胁。

不光秘鲁和哥伦比亚，远在亚洲的菲律宾、泰国，甚至非洲的马达加斯加，也都根据厄瓜多尔草帽的形质照猫画虎。只是选用的原料五花八门，无一可与正品相比，顶多像16世纪荷兰代尔夫特仿明青花烧制出来的鼠咬瓷，为草帽家族意外平添了旁轴支系。

厄瓜多尔草帽扬名欧陆始于1855年。这一年，巴黎举办万国博览会，张灯结彩，热闹非凡。不过自始至终，厄瓜多尔都未出现在参展国的名录中，来自南美小国的展品仅有几顶草帽，还由其时定居巴拿马的费利佩·莱蒙迪以草织物[1]的名义摆放在综合展区，和其他国家不起眼的雕虫小技混杂一起。

不难想象，与列强极尽炫耀展示的新式机器，或者赫德把持下大清海关呈送的奇淫巧技相比，在人头攒动的展台上，区区几件草织物形同虚设，所以直到博览会结束，也没能掀起涟漪。

莱蒙迪岂肯善罢甘休，他发挥商人善于钻营的特长，在博览会落下帷幕后，转而将其中一顶草帽送给拿破仑三世，由这位一向崇尚引领潮流的法兰西皇帝戴在头上，这才引起瞩目。

“上有所好，下必甚焉。”不出莱蒙迪所料，“巴拿马草帽”在时尚之都很快风靡一时，成为名流富甲趋之若鹜的新宠，并由法国迅速向欧洲其他中心城市蔓延，伦敦、柏林、罗马……纷纷像染上瘟疫一样不能自愈。再往后，轻巧的草帽又伴随殖民主子轩昂的阔步，出现在开罗、孟买、卡萨布兰卡、蒙特卡洛的闹市街头。

在冷面矜持的不列颠绅士或仪态万方的法兰西贵妇看来，“巴拿马草帽”清静遁世，温婉朴醇，纵然未集物华天宝于一身，却也不失超凡脱俗之雅趣。如果说汝窑瓷器釉面细微的裂纹开片系高温焙烧崩釉所致，属于人力不可控的缺陷美，那么，厄瓜多尔草帽细密的纹路则完全是匠人意念传递指尖催生而出的巧夺天工。传说最顶级的草帽纤维细长如马鬃，卷起来能从女人的指环轻易穿过，又说旅途中叠好放入长方形的蜡烛盒，到目的地展开后不着痕迹。凡此种种，不一而足，欧洲人对草帽的如醉如痴，透过不着边际的道听途说可见一斑。

值得一提的是，与西部粗蛮无礼的牛仔或加勒比汗臭熏天的佃农看中草

---

① 草织物：Tejidos de Paja。

帽遮阳防晒的实用功能不同，泰晤士河畔正襟危坐的雅士和塞纳河旁不食人间烟火的名媛从不知实用为何物。对他们而言，草帽果真实用，那么，这惟一的功能便是广众之下抛头露面的腔势，或情到浓时投怀送抱的布景。

所以，他们期盼草帽更洁白、更轻薄、更细软，哪怕昂贵到让人却步，那样更彰显与众不同。热罗①、默弛②、赫伯特·约翰逊③，几个卓尔不群的老派帽子品牌，正是为迎合这样一种小众需求，才放下高傲的身段，在古色古香的家族老店代理起草帽进口。

那是厄瓜多尔草帽真正的黄金时代！

名人与草帽

对于现代商业氛围中无处不在的时尚元素，冥顽不化的昏庸老朽一直将其意会成轻浅漂浮的同义词。但是无可否认，时尚的背后从来不乏名人的身影，而且，有些时候名人并非出于商业目的。

几乎可以确定，最早头戴厄瓜多尔草帽的名人要属法兰西第一帝国的缔造者拿破仑一世。1815年6月，拿破仑因滑铁卢惨败被迫退位，获胜的反法联盟为防止其东山再起，把他流放到大西洋深处四面环海的圣赫勒拿岛。此时的拿破仑身无长物，已是孤家寡人，寥寥几件随身物品中就包括一顶蒙特克里斯蒂草帽。在岛上，这顶白色的草帽一刻不离拿破仑左右，直至陪伴他走完生命的全程。今天，在法国国家图书馆，读者可以检索到这顶草帽与一把手杖和一件风衣在一起的照片，照片上的3件物品均系拿破仑生前遗物。

西奥多·罗斯福总统也在不到一个世纪后身体力行，以其无意之举，为厄瓜多尔草帽的风行推波助澜。1906年，罗斯福视察正在开凿的巴拿马运河工地。短暂停留期间，报纸、杂志不惜版面，长篇累牍追踪解读总统的一言一行，罗斯福头戴草帽的形象经过媒体的渲染深入人心。在他返回美国之后

---

① 热罗：Gelot。
② 默弛：Motsch。
③ 赫伯特·约翰逊：Herbert Johnson。

英国前首相温斯顿·丘吉尔与巴拿马草帽

摄于1959年4月3日

图片来源：昆卡草帽之家

不久，纽约、旧金山和洛杉矶便相继出现了专营巴拿马草帽的商店，一顶细密轻软的草帽标价数百美元，在20世纪初，这无疑是一个令普通工薪阶层望而却步的数字。

温斯顿·丘吉尔直到临终怕也从不知道，在其一生斩获的无数荣誉中，他还曾被认为是厄瓜多尔草帽最合适不过的代言人。刚毅果敢、足智多谋、深不可测、保守沉稳……闭上眼睛缅怀那一个个烽火连天的日日夜夜，瞬间头脑中即会浮现出一幅幅草帽与雪茄烟组合而成的伟人图。蒙特克里斯蒂草帽就像是为这位运筹帷幄的反法西斯英雄量身打造。

瑞典偏于北欧一隅，国泰民安，与世无争。卡尔·古斯塔夫国王头戴草

加洛·普拉萨·拉索总统

图片来源：昆卡草帽之家

帽，在蒙特卡洛网球场挥洒自如的颀长身影，直到几十年后仍为球迷们津津乐道。

如果说上述外国政要只是因为喜爱而佩戴厄瓜多尔草帽，进入公众视野纯属媒体捕风捉影，继而被经销商加以利用的话，那么，厄瓜多尔本国政治领袖则在好恶之外另有打算。这里首当其冲的便是加洛·普拉萨·拉索①总统。

普拉萨生于名门望族，父亲莱昂尼达斯·普拉萨·古铁雷斯历史上两次担任厄瓜多尔总统。普拉萨少年时就读于美国波士顿的私立中学，及至青年返回故乡，爱上了自家的山谷和牧场。1948年当选总统之前，普拉萨曾出任厄瓜多尔驻美国大使。其间，他代表本国政府签署了《联合国宪章》。20世纪

① 加洛·普拉萨·拉索：Galo Plaza Lasso，1906年2月17日—1987年1月28日。1948年9月1日至1952年9月1日担任厄瓜多尔共和国总统。

五六十年代，已经卸任总统一职的普拉萨作为联合国调停人，为化解非洲和中东部分地区的武装冲突奔走斡旋。他还当过美洲国家组织秘书长，在百姓中享有不错的口碑。

同许多政界名流一样，普拉萨热爱社交，对频繁出没于各种公开场合从不感到厌倦。他高大魁梧，诙谐幽默，面部轮廓与马龙·白兰度有几分相像，这些都使他成为推介本国草帽的不二人选。

普拉萨不会放弃自身优势，实际上，他不仅是草帽的行家里手，而且还微服私访，亲手为自己挑选。

在蒙特克里斯蒂，堂·罗森托做了一辈子草帽生意，他清晰地记得几十年前自家店里发生的故事。

那是一个寻常的日子。一大早刚开业，店里还没有顾客，罗森托手拿抹布，像往常一样不紧不慢擦拭着家具、窗台和门框表面的浮土。临近晌午的时候，从外面进来一位客人。客人个子很高，倒背着双手，派头十足。从着装和气质上。罗森托看出客人不是本地人。客人进门后一言不发，可是气氛并没有让人感到沉闷。透过客人专注的神情，罗森托估计来客不是外行，进到店里也不是随意走马观花。果然，没过多久，客人便挑中了心仪的草帽，没有讨价还价，爽快地付完钱，拿起帽子转身出门。很久之后罗森托才知，光顾他店里的客人正是普拉萨总统。

身为宗亲贵胄，普拉萨谙熟上流社会的行为方式，对国务活动中技巧的运用了然于心。

对于草帽，普拉萨既不像劳工阶层眼里只有实用性，又别于富豪显贵，处处装腔作势。他以自己的见识，把草帽理解为独具地域特色和饱含人情温暖的文化载体。因此，在出访或接待外国政要到访的场合，普拉萨经常会恰到好处地借草帽发挥，为自己国家增色，同时拉近与对方距离，营造融洽氛围。不少情况下，外国民众正是通过普拉萨本人和他所佩戴的草帽，留下了对厄瓜多尔的初始印象。

这方面的例子很多，其中之一便是1950年普拉萨对美国的国事访问。是日，天高云淡，沿途一派“暖风熏得游人醉”的祥和。哈里·杜鲁门总统头戴普拉萨亲手赠予的草帽，与后者并排坐进一辆即将启动的黑色加长敞篷轿车，在无数双眼睛的注视下轻松交谈。车辆的四周，几名威猛的白宫彪形大汉西服笔挺，罕见地每人一顶厄瓜多尔草帽扣在头上。

这张看似随意抓拍的新闻照片，透过黑白方寸，以画面语言诠释了记者会和联合声明着力传递的信息，事后赢得无数好评，甚得厄方代表团喜爱。可是公众有所不知，普拉萨总统在出访前的百忙当中还为照片场景的构思出谋划策，费尽心机。

不只是领袖政要，演艺明星中喜爱厄瓜多尔草帽的也大有人在。奥逊·威尔斯[①]，20世纪40年代的实力派演员，美国电影史上具有重要意义的文化符号；亨弗莱·鲍嘉[②]和加里·库珀[③]，分别是入选美国电影学会的百年百大明星。银幕上，他们头戴草帽饰演各种角色；银幕下，他们不约而同又都是草帽的忠实拥趸。他们塑造的形象脍炙人口，他们的一举一动受到万千膜拜，他们和草帽之间有着诉说不完的连篇佳话。

辉煌不再

人无千日好，花无百日红。

作为一项脆弱的民间手工编织品，厄瓜多尔草帽没能保持长盛不衰，这倒不是行业本身出现了问题，而是外部世界起了变化，其中的潮起潮落，已非匠人纯熟的指法和巧妙的用心可以左右。

1944年，一种被称为“女巫扫帚”的真菌横扫可可种植业，一向被视为国家增长引擎和经济风向标的可可出口受到沉重打击，幸而草帽热销，一定程度上弥补了国民经济因可可收入锐减遭受的损失。这一年，草帽不仅又一

---

① 奥逊·威尔斯：Orson Welles，1915年5月6日至1985年10月10日。美国著名电影导演、编剧和演员。

② 亨弗莱·鲍嘉：Humphrey Bogart，1899年12月25日至1957年1月14日。美国电影史上的传奇男演员。

③ 加里·库珀：Gary Cooper，1901年5月7日至1961年5月13日。美国知名男演员，两次问鼎奥斯卡最佳男主角奖，1961年获得奥斯卡终身成就奖。

次荣登榜首，而且还是不折不扣的危难救星。只不过，在一片欢呼雀跃声中，鲜有人能够清醒地预见到，草帽销售面临的外部环境即将发生巨变，厄瓜多尔草帽的辉煌已经走到尽头。

其后不久，第二次世界大战硝烟散尽，战后的世界天翻地覆。在欧洲，亚平宁半岛被战事压抑的艺术天分和创作灵感如埃特纳火山喷发集中释放，意大利人不知何故选择了织帽作为突破口。在远东，中国的台湾也开始仿造起厄瓜多尔草帽，虽然原料和技法不如原产地，但是功能完全可以满足需求。更何况，对于刚从废墟中走出的寻常百姓，吃饭穿衣才是当务之急，没多少人还会有闲情雅趣去品赏华而不实的草香物语。

而在大洋另一边，曾经的重要客户美国，西部大开发已尘埃落定，“垮掉的一代”不再循规蹈矩，接踵而至的嬉皮士更是标新立异。昔日父母信奉的价值观，与年轻一辈推崇的个体自由和性解放思潮格格不入，草帽不幸成了因循守旧和迂腐保守的化身，被叛逆者弃之如敝屣。

科学技术突飞猛进，机械取代了以往的人力。除了东方古老的神州大地还在一轮又一轮地上演人定胜天的奇迹，在世界的其他角落，挥锹抡镐万人会战的宏大场面几近绝迹，靠草帽搭建头顶凉棚已成为过去。

冷战深刻影响并改变了世界，轻盈的草帽亦无法置身其外。

古巴革命胜利后，美国和菲德尔·卡斯特罗的新生政权势不两立。追随华盛顿的基多政府没有半点犹豫，随即宣布与古巴断绝外交关系，通往加勒比岛的草帽之路被彻底阻绝，厄瓜多尔从此失去了最大的草帽出口市场。至于之前残存在岛内的草帽，也作为腐朽生活方式的象征，在很短时间里被铲除殆尽。

在国内，自20世纪60年代起，厄瓜多尔进入石油经济时代，养虾、种植香蕉同步崛起，人们在草帽编织和可可种植之外有了更多就业选择。

彼时的天时、地利、人和大势已去，诸多不利因素汇聚一起，厄瓜多尔织帽业面临着前所未有的严峻考验。产量和出口双双大幅下挫，低谷时仅为巅峰时期的四分之一。而行业之外的人却全然不觉，正沉醉于轻易到手的石油美元，激动到无法自持。重重隐患之所以能被层层掩盖，只因草帽外销账面收入的减少，旋即又被新兴产品的出口填补，而这，才是更加凶险的危机。

形形色色的草帽

自西班牙人破解谜团以来，厄瓜多尔有明确记载的草帽编织在悠悠时空隧道中已经穿越了将近400年，客观上形成了蒙特克里斯蒂和昆卡两处主要产地。

从规模上讲，蒙特克里斯蒂草帽的产销量占到全国的五分之一，其余的五分之四来自昆卡。

在昆卡，库尔特·多夫造恩[①]、欧梅罗·奥尔特加[②]和赫拉尔多·塞拉诺[③]都是几代传承的德籍或西籍家族品牌，各自的产销量均保持在每年几万顶以上，不仅在国内声名显赫，而且还跨出国门，远销海外。

作为赤道之国的“雅典”，昆卡是继基多之后，第二座被联合国教科文组织列为人类文化遗产的厄瓜多尔城市，在许多方面有得天独厚的优势。昆卡的玫瑰色大理石久负盛名，虽因过度开采早已枯竭，但仍在教堂和古建筑殿陛与廊柱间散发着高傲的气息。

昆卡城内有一座精心打造的草帽博物馆，里面通过文字、图片、实物以及现场演示，介绍本地草帽的发展历史，展示草帽编织的流程工艺，每年吸引了大批慕名前来的外国游客，俨然以厄瓜多尔草帽的窗口和名片自居。

如果细分的话，昆卡草帽从割草到最后织出成品，一共有16道工序，与蒙特克里斯蒂的草帽在工艺上略有差别，即使是同一道工序，两地所采用的工具也不尽相同。

在懂行的厄瓜多尔人看来，尽管昆卡草帽在产量和出口上独占鳌头，但他们认为那是半工业化规模效应的结果，真正原汁原味的传统纯手工编织草

---

① 库尔特·多夫造恩：Kurt Dorfzaun。
② 欧梅罗·奥尔特加：Homero Ortega。
③ 赫拉尔多·塞拉诺：Gerardo Serrano。

存放草帽的库房

图片来源：昆卡草帽之家

帽还是在蒙特克里斯蒂，后者的编织更细密，工艺更考究，质量也更胜一筹，是名副其实的艺术品。

民间的观点与官方不谋而合。

2007年，厄瓜多尔国家知识产权局为蒙特克里斯蒂草帽注册了商标，使之成为全国第一个获得官方正式认可并且拥有自己商标的草编类工艺品。此举旨在通过打造品牌正本清源，保护传统文化，从政府的角度为民间手工艺的生存发展创造良好条件。

单就程序而言，获得蒙特克里斯蒂商标并不困难，只要提出申请，知识产权局即派人上门免费受理。

不过，若想得到商标的使用权，技术上尚须满足一系列条件。首先，织匠只能是蒙特克里斯蒂本地人；其次，不得使用蒙特克里斯蒂以外其他地方的草料；第三，最后阶段帽檐的打结、收束和帽顶的压制成型必须在蒙特克里斯蒂完成。

上述3项应全部具备，缺一不可。其折射出的核心含义一言以蔽之，就是“厄瓜多尔草帽——蒙特克里斯蒂制造”。

在此基础上，知识产权局对草帽纤维每英寸内“点”的数量还有明确要求。

所谓“点”，意指编织过程中纤维穿梭交织形成的节点，相当于纺织面料上单位英寸内纱线的排列根数，这是一项量化指标。每英寸纤维内的“点”越多，说明草帽越细密，编织难度越大。相应地，工艺更复杂，耗费工时更多，在外观无明显瑕疵的情况下售价自然更高。

“点”是品质保证，也是分级标准。知识产权局按照“点”数，将蒙特克里斯蒂草帽分为经典级①和细密级②。经典级也称粗厚级③，每英寸的“点”数在13到18点。细密级的“点”数更多，达到19至25点。细密级往上，知识产权局又进一步把草帽划分为超细密④、特细密⑤和极细密⑥3个等级，各自对应的“点”数分别是26至35点、36至45点以及46点以上。

需要指出的是，如果纤维每英寸内的“点”数达不到粗厚级13点的最低下限，那么，即便是本地织匠使用本地草料在本地编织，最终出来的草帽也无法获准使用蒙特克里斯蒂商标。

根据不同形质，蒙特克里斯蒂草帽分为波萨里诺⑦、斯特森⑧、埃特勒

---

① 经典级：Clásico。
② 细密级：Fino。
③ 粗厚级：Grueso。
④ 超细密：Súperfino。
⑤ 特细密：Extrafino。
⑥ 极细密：Trafino。
⑦ 波萨里诺：Borsalino。
⑧ 斯特森：Stetson。

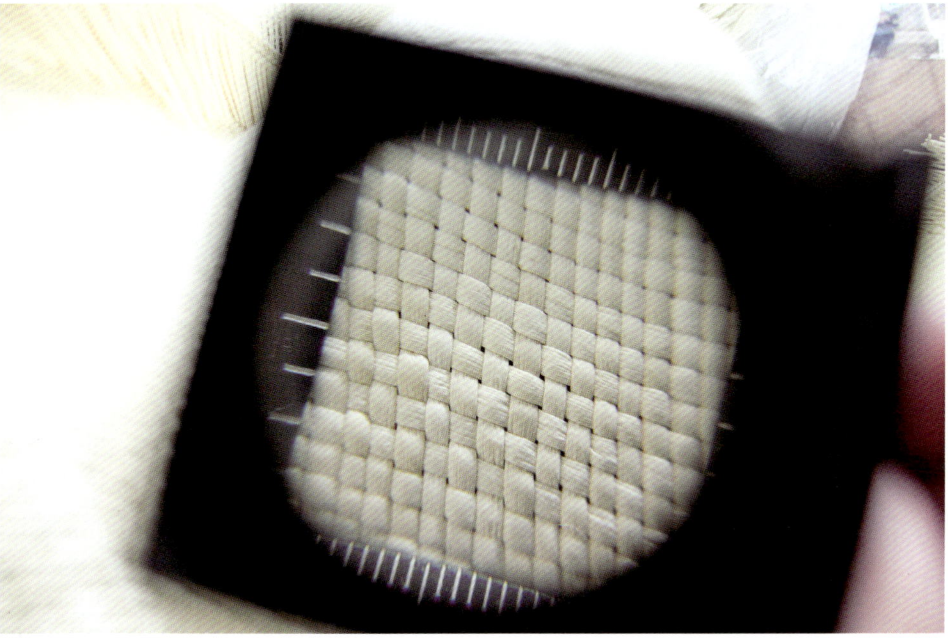

普通人即使通过放大镜也很难数清“点”

图片来源：昆卡草帽之家

塔[①]、科洛尼亚尔[②]、普兰塔多尔[③]、纳图拉尔[④]、丹迪[⑤]、昂戈[⑥]和科帕[⑦]几种款式。鉴于同一款式的草帽在帽檐宽窄、弯曲弧度、帽顶凹陷以及“点”数等级上不尽相同，有时还需在草帽款式的后面添加备注，以便形象直观地体现出细微局部差别。

至于草帽名称，有的取自业内人名，有的因形状而生，无一凭空得来。

以波萨里诺为例。在世界制帽业，意大利人朱塞佩·波萨里诺是个标杆式的传奇。他于一个半世纪前用兔毛织帽，产品深受数百万欧洲人欢迎，由

---

① 埃特勒塔：Étretat。

② 科洛尼亚尔：Coronial。

③ 普兰塔多尔：Plantador。

④ 纳图拉尔：Natural。

⑤ 丹迪：Dandy。

⑥ 昂戈：Hongo。

⑦ 科帕：Copa。

此开辟了一片属于自己的天地。蒙特克里斯蒂有一经典款式，帽顶凹陷，风格稳健，同波萨里诺旗下的一款形神兼似，因而被顺理成章地冠以波萨里诺之名。事实上，今天，在位于米兰、伦敦、巴黎、纽约和东京等地的波萨里诺专卖店里，蒙特克里斯蒂草帽确有一席之地，价格低的200欧元左右，上千欧元一顶也不足为奇，非居家度日的工薪阶层能轻易消费得起。

与波萨里诺类似，另有一款草帽粗犷豪放，俊朗刚毅，被称为“斯特森”，同样源自人名。此公就是大名鼎鼎的约翰·B. 斯特森，是他一手设计了牛仔帽，成就了美国西部牛仔文化不可或缺的组成部分。

昂戈和科帕两种款式与人名无关，完全因形状得名。前者在西班牙语里的意思是蘑菇，帽顶圆润，帽檐边缘向上均匀卷曲，顽皮俏丽，外形与真实的蘑菇无异，故此得名。后者在西语里有杯子之意，帽顶垂直，外形和比例酷似盛威士忌的酒杯，乍看上去好像是专为马戏团里的女驯兽员或舞台上的女魔术师定制。

各款蒙特克里斯蒂草帽中，以纳图拉尔的造型最为随意。纳图拉尔是音译名，西班牙文的原意是自然、率真。这款草帽的外形无一定之规，洒脱朴实，轻盈飘逸，男女皆宜，与其名称十分贴近。不过只有内行人最清楚，纳图拉尔率性的外表得益于精挑细选的上好草料和高超的编织技艺，否则，绝不可能这般逍遥随性。

厄瓜多尔草帽五彩斑斓，赤橙黄绿青蓝紫，颜色应有尽有。但是蒙特克里斯蒂草帽只有一种本色，也称象牙白，这是最受消费者钟情的颜色。可见，不仅仅是元人尚白。

托基亚草

落日黄昏，又到了蒙特克里斯蒂一天里最热闹的时刻。通往曼塔的主路两侧人头攒动，各种摊位鳞次栉比，此起彼伏的吆喝声，伴着烧烤架前冒起的熏烟，夹杂着烤鸡、烤牛肉、烤玉米和烤白薯的扑鼻香味儿一道升天。

离开主路，顺着斜坡往高处走，几个街区过去，喧噪和香气被甩在身后。

继续前行，隐隐地，一支风琴曲时断时续，似有若无。寻着声音找去，三拐两拐，眼前出现一座教堂，只见6名少女，红衣长裙，人手一束白里透黄的干草，正伴着音乐节奏在教堂前的小广场翩翩起舞。

斜阳绕开云层，越过教堂尖顶，用逆光为她们每个人的头上、肩上披挂了一抹金色的辉晕。不同于聚光灯下的舞动摇摆，姑娘们不施粉黛，动作舒缓，毫不忸怩作态，如拂面的山风，轻柔甜净。

领舞的女孩叫亚历杭德拉·阿拉班。一曲终了，她落落大方，含笑走向迎着夕阳围成半圈的观众，待掌声停止，轻启皓齿。我于是才明白，姑娘们刚表演完的是自编自导的托基亚舞，她们是想借舞蹈感谢上天造物，赐予蒙特克里斯蒂赖以生存的草料。

阿拉班所说的草料，就是托基亚草。

西班牙语中，托基亚草被拼写成PAJA TOQUILLA。PAJA指的是草或禾秆，TOQUILLA来自TOCA，商务印书馆1982年3月第一版的《新西汉词典》将其译为女式帽子、头巾或细布。

托基亚草的学名是CARLUDOVICA PALMATA，这个词生涩拗口，蒙特克里斯蒂上了岁数的织匠也不见得人人知道。它是西班牙国王卡洛斯四世[1]与王后玛利亚·路易莎·德帕尔马[2]各自名字的拉丁文（CARLORUS和LUDOVICA）合起来而成的词。

18世纪，西班牙皇家植物研究所的两名植物学家何塞·帕翁和伊波利托·鲁伊斯受卡洛斯四世委派，远赴南美洲考察植物，发现了托基亚草。学者也通人情世故，为回报陛下恩宠，二人借花献佛，把国王与王后的名字合二为一，给这种异国他乡的弱草起了学名，并且先入为主，将新词收入植物分类词典，从此被后人沿用。巧合的是，国王夫妇的确热衷于收藏各种名贵帽子。

托基亚草形似棕榈，颜色翠绿，梗长而直，纤维柔软，韧性十足，在厄

---

① 卡洛斯四世：Carlos IV de Borbón，1748年11月11日至1819年1月19日。
② 玛利亚·路易莎·德帕尔马：María Luisa de Parma。

割草用的马刀

作者摄于 2018 年

瓜多尔分布很广，从瓜亚斯河流域到埃斯梅拉达斯省都有生长，可是，只有蒙特克里斯蒂的草更适合编织草帽。那里常年平均气温25摄氏度以上，高温湿热，山区多雨，土壤的酸碱度PH值在5到6之间。

从产地讲，挑选编织草帽的草与酿酒选用的葡萄在某些方面类似。相隔不远葡萄园里的同一葡萄品种，哪怕采用同样的栽培工艺和种植方法，收获的果实也不一定一样。同理，在蒙特克里斯蒂方圆几十里范围内，皮勒[1]附

① 皮勒：Pile。

近帕科切[1]山林里的草就比拉斯潘帕斯[2]出产的质量高，尽管两地距离蒙特克里斯蒂分别只有35公里和17公里，而且草的外观和手感之于外行亦别无二致。

托基亚草种植不难，种子撒下去，无须施肥管理，很快就能长出一大片，若不加以控制，可以长到两米高。但是，编织用的草一米左右就得收割，否则任其疯长，上部会分叉，一旦出现这种情况，草便无法用于编织。

托基亚草像韭菜，割完不用打理，一茬接一茬还会继续生长。由于这个原因，割草没有固定季节。因此在马纳比省，手握砍刀，足凳雨靴，在路旁或者林中弯腰割草的农民随处可见。农民手里的砍刀，与当年追随阿尔法罗投身自由革命的起义者所用的一模一样，这么多年过去，不论外形还是材质，没有丝毫改变，所不同的只是功能，从改天换地的武器，变成糊口谋生的工具。

豪尔赫·卡兰萨从父辈手中继承了皮勒一带最大的山林，每天早饭过后，他就离开家，提着马刀，一个人在林子里转，把合适的草割下来打成捆，到吃午饭的时候背回家。编织一顶草帽要25束托基亚草，卡兰萨就把收割的鲜草每25束打成一捆，按每捆10美元的行市价格出售。

草深烟景重，林茂夕阳微。

从不到10岁起跟着父亲在林中割草，到如今父亲已经下不了地，卡兰萨风雨无阻，全年无休。把他日复一日从家里到林地每一趟往返的路程拼接起来，就是几十年的人生轨迹。靠着割草、卖草，卡兰萨从形单影只的顽皮少年一晃步入拖家带口的不惑中年，对于这片林子，他比任何人都要熟悉。

收割，贩售，仅仅是第一步，到手的鲜草必须及时处理，接下来真正需要手艺。虽然蒙特克里斯蒂草帽秉持传统工艺，但这并不意味着织匠从头到尾独自完成所有工序，更何况，也几乎无人能够独当一面。在当地，看似以家庭为单位松散的草帽编织业，实则每个流程都有着明晰的专业分工。

---

① 帕科切：Pacoche。

② 拉斯潘帕斯：Las Pampas。

玛利亚·洛佩斯·德尔加多住在皮勒。她从像卡兰萨这样的农民手里买回当日收割的鲜草，然后自己加工处理，把鲜草变成可供编织直接使用的成品原料。洛佩斯的技艺从母亲那里学来，她也打算传给下一代。

鲜草的加工处理从剥开叶子入手。先去粗取精，抽出里面的纤维，将纤维按粗细进行分离，以供编织不同草帽使用。之后，把筛选好的纤维一根一根捋顺放平，防止彼此粘连，这一步完成便可架锅煮水。煮水的锅直上直下，形状类似高压锅的内胆，只不过尺寸大许多，当地餐馆炖鸡炖肉也用同样的锅。

抽出的纤维要过开水，这个过程有些像中国人焯面条：一只手用筷子夹起面条放入锅中，另一只手把不锈钢漏勺放在沸水里接着。两只手协调配合，既要保证将面条煮熟，又要尽量不让面条散落锅底。

与之相似，水开锅后，洛佩斯右手用夹子夹起整束纤维的一端，左手握住一根短棍，让纤维其他部分搭在短棍上面，两只手一起把纤维往锅里送。在此过程中，洛佩斯一面要将纤维放入水中，一面还得用短棍顺势不停地搅动，以使每一根纤维都能被开水充分浸泡。同时，全程捏紧夹子，不能松开，好让纤维始终处于整齐状态，避免在锅中乱成一团。这样大约一分钟过后，再把纤维从锅里捞出来。

关于这道程序，美国人布伦特·布莱克在书中有详尽记载。据他描述，鲜草要在沸水里煮20分钟。对此我很是怀疑，觉得20分钟过长，纤维怕是要被煮烂，特意请教当地匠人，回答就是一分钟左右。时间一到，纤维出锅，先沥干水滴，接着像晾衣服，一束一束空出间隔，挂在事先串起的铅丝上。布莱克说不可让阳光直射，得花一到两天在阴凉处靠风自然吹干，这与我之前看到的不大一样。我在摄影集里见到的都是将纤维捆成束，挂在铅丝上竖着展开，置于烈日下暴晒。只得再次求证，这次得到的答案是二者均可，不过切记纤维必须保持水分，处于潮湿状态，否则，难以进行下一步熏染。

所谓熏染，其实就是把硫磺颗粒点燃，靠冒出的烟给已被沸水焯过并且晾晒至半干不湿的纤维染色。

在蒙特克里斯蒂，熏染所用的容器从外表上看很像烧制瓷器的匣钵，或者中国北方蒸馒头的屉。容器四周封闭，上下漏空，可以通气。制作容器的材料不拘一格，可以是木料，也可以是陶土，还可以是水泥。在昆卡，由于草帽产量大，匣钵容积过小，于是，当地人改为以双人床大小、挂上蚊帐高的小木屋替代匣钵进行这道工序。

熏染开始前，匠人先把从铅丝上摘下来的纤维一束一束均匀放进容器，然后将容器层层叠摞。为使每一根纤维都能切实接触到硫磺冒出的烟，容器内放置纤维需注意留有空隙，不可过密，具体多寡视容积大小和匠人习惯而定。马纳比临海，有的老太太看到螃蟹长有八条腿，于是，一辈子都将纤维按照每八束编成一组放进容器。

容器码放好后，为防硫磺的烟飘散出去，还要在顶层容器的表面用厚厚的被子或其他织物层层覆盖。一切准备就绪，最后再将放在浅盆内的硫磺颗粒点燃，搁在最下层容器的底部，正式开始熏染。此道工序大约持续12小时，而不是布莱克书中所著的1到2个小时。可始于早晨止于傍晚，亦可从傍晚持续至次日天明，中间不得间断。

通常，熏染要进行两次，第一次结束，取出纤维晾晒一阵，紧接着进行第二次。两次熏染都完成后，再将纤维挂在铅丝上，这次要经过暴晒彻底晾干，使每一根纤维都露出均匀的象牙白色。

到此，草料处理告一段落。纤维可以售给织匠，作为成品原料直接进入下一道编织工序。

早些年，人们不懂硫磺挥发对身体有害，工作时口鼻暴露，没有任何防护，许多人因此患上呼吸道疾病，更严重的得了肺癌。今天，匠人有了医学常识，熏蒸草料时依然很少戴口罩，因为他们觉得大热天鼻子嘴巴被一块布蒙着不舒服，而且，他们觉得这就是命。

草帽之路

与蒙特克里斯蒂的匠人面对面接触，印象深刻的是他们对点的认识。古今，天下，宇宙，万物，微观，宏观……两点成线，三点成面，四面围成空间。按照他们的维度概念，世界由不计其数的点组成。细胞是点，原子、分子是点，构思、创意还是点，一切的一切，究其根源都是点。点是织物的起源，每一顶浸透着心血和巧技的草帽，皆由密如蛛网的纤维有序排列生成，其中每一根纤维，又在浩繁的编织过程中交结缠绕出无数的点。

点也构成了现实的生存环境，串联起以蒙特克里斯蒂为中心，呈网状辐射的草帽之路。皮勒、帕科切、拉斯潘帕斯、皮科阿萨①、埃尔阿罗莫②、圣罗萨③、塞基塔④……一个个人口稀少的村镇寥若晨星，散落于蒙特克里斯蒂四周，都在距海岸不超过几十公里的海滨内陆。坑坑洼洼的乡村土路旁，偶尔闪现出静默的身影，每个身影都是憨朴且饱含张力的生命。正是这些鲜活的生命，赋予了织物和草料以灵魂，从而最终羽化为一个共同的名字——蒙特克里斯蒂草帽。

2017年，玛利亚·艾米莉亚·蒙戈亚凭一己之力，出版了一部反映蒙特克里斯蒂草帽的摄影集。在这部名为《托基亚之路》的影集里，蒙戈亚运用她在美国和墨西哥学到的专题拍摄技巧，结合实地感悟，用一组组瞬间的光影组合，将织物的起源、演进、现状以及创造织物的双手，通过252页浓缩的版面呈现给读者。

曼努埃尔·埃斯皮纳尔的家在皮勒，与玛利亚·洛佩斯·德尔加多住同一条街，他编织草帽所用的纤维就是从洛佩斯手中购得。

埃斯皮纳尔的居所用竹木搭建，构造与中国南方少数民族聚居区的干栏式建筑有几分相似。下部架空，既利于防潮、通风、散热，又避免虫兽侵袭及雨水冲击，还可饲养牲畜、堆放杂物或停放车辆，上部则供人居住。

干栏式建筑在中国古代南方十分盛行，华夏大地最早的干栏式建筑被发现于距今7000年前浙江余姚河姆渡遗址。在厄瓜多尔，此类房屋多见于西部

---

① 皮科阿萨：Picoazá。
② 埃尔阿罗莫：El Aromo。
③ 圣罗萨：Santa Rosa。
④ 塞基塔：Sequita。

蒙特克里斯蒂正在编织草帽的匠人（顶住胸部的圆形轻木是楦子）
作者摄于 2018 年

沿海和东部亚马逊热带雨林区。

每天，天色不亮，皮勒的居民还沉浸在梦乡，埃斯皮纳尔就已摸黑起床。他觉得这时太阳还未升起，安静凉爽，空气中浸透着露水的潮湿，纤维柔软，编织起来手感最好。

依照编织进度，织匠的姿势会有所不同。帽顶成型之前，织匠一般两腿分开，坐在地板或者椅子上织作，及至帽顶成型，就得换为站姿，把帽顶置于木头制成的楦子上，便于控制好形状和尺寸。

如同当地匠人，埃斯皮纳尔会找一个3条腿的普通木凳作平台，先在木凳表面摞上3个直径和高度等同于生日蛋糕大小的圆柱形楦子。楦子其实就是帽顶的模子，所有的草帽都是从帽顶开始编织，一圈一圈逐步向帽檐扩散。之后，埃斯皮纳尔再把织成圆形的帽顶与一缕一缕未完工的纤维平铺于楦子上，俯下身编织余下的部分。

楦子摞放的数量因人而异，以弯腰站立感到舒适为宜。厄瓜多尔女人普遍身材矮小，一般她们会在充当平台的木凳上放置一到两个楦子，编织的时候，两腿站立，上身前倾，胸部抵住楦子，或将胳膊肘架于其上。这个姿势，被制成高达数米的雕塑，当作草帽之乡的标志，立于马纳比省省会波托维耶霍通往蒙特克里斯蒂主路最后一个十字路口转盘的中心。

编织草帽需全神贯注，不过有时，织匠之间也会聊天或开个玩笑，以放松长时间紧绷的神经。一次，我在户外拍摄女织匠在屋檐下编织，拍摄者和被拍摄者都聚精会神。为活跃气氛，旁观的同伴突然大声示意，提醒女织匠把胸露出一半挤在楦子上，好让照片出彩，一句玩笑把凝固的氛围瞬间引爆。

埃斯皮纳尔习惯一言不发静静地编织，尤其是想趁着黎明前的黑暗，抓紧一天里注意力最集中的时段。同其不高的身材相比，埃斯皮纳尔的手指出奇的长，指甲更是比美容院里的女人还要油亮平滑。

了解草帽编织的人清楚，除了帽檐打结、收束完成后的修补和在帽顶里侧缝上布制内衬时需用到针与剪刀，以及帽顶压制阶段要启用机器外，其他情况下，织工的双手即是他们惟一可以利用的工具。因此，匠人对他们的指甲均呵护有加，这叫工欲善其事，必先利其器。否则，锋利的指甲划伤细韧的纤维，那就意味着前功尽弃，只有追悔莫及。

昏黄的白炽灯下，但见埃斯皮纳尔手如飞梭，凝神屏气，让我在这种弱光场景以1.2最大光圈搭配1/60秒聚焦手部拍出来的片子混沌一片。假如埃斯皮纳尔自己不说，旁人极有可能注意不到，他其实仅用每只手的各3个手指进行编织。

埃斯皮纳尔的面前还放着一个盛了水的塑料盆。不时地，他将手指伸进盆里沾些水，抹到正在编织的帽子表面。埃斯皮纳尔觉得，略显湿润的纤维容易弯曲，比干脆状态下更听使唤。

连续两三个小时的紧张织作，不知不觉太阳升到枝头。此时，埃斯皮纳尔一个姿势持续已久，他感到疲劳，肚子也开始咕咕叫。于是，放下手中的活计，伸个长长的懒腰，进到厨房为自己准备早饭。

咖啡是每日第一餐必不可少的饮品。一大杯浓香四溢的马纳比咖啡下肚，顿觉神清气爽。用过早餐，埃斯皮纳尔换好衣服，戴上草帽，接着要下地劳作。揣上干粮，背好水壶，扛起农具，一只脚跨出家门，再迈回来就是日落西山。祷告，晚餐，之后继续挑灯编织，直至月亮挂在树梢，星星爬上穹顶。临睡前，用凉水洗把脸，给未编织完的半成品草帽盖块薄布，免得落灰，防止虫咬，埃斯皮纳尔这才快慰地倒头入睡。

花有重开日，人无再少年。埃斯皮纳尔的一天，其实也是蒙特克里斯蒂所有匠人的一天。他们自10岁左右从老一辈那里经口传心授学到织物的真谛，此后几十年就重复着简单而又与世无争的日子。直到有一天，眼花，手钝，很难坐下去，也不易保持站立，一个漫长的周期方告结束。生于斯，长于斯，卒于斯。蒙特克里斯蒂既是他们世界的起点，也是他们世界的尽头。

西蒙·埃斯皮纳尔是曼努埃尔·埃斯皮纳尔的堂弟，也住在皮勒，哥儿俩有着共同的师傅，那便是西蒙的父亲。老人家还在编织，而且，小孙子刚试着上手。但是，像他们这样三代同织草帽的家庭，当下在蒙特克里斯蒂及其周围的村落已不多见。

今天，在欧美日本繁华商业街的醒目橱窗里，蒙特克里斯蒂草帽动辄几千上万美元一顶，价格高到令人咋舌，却依然难抵风雅之士一见倾心。他们的欲罢不能原因无他。纵使材料工艺无甚区别，但后工业化时代手工编织的特点决定了同一位匠人无法像流水线上轮换的操作员，用标准程序制造出两件毫厘不差的产品。从这个意义上讲，每一顶蒙特克里斯蒂草帽都是带着体温的孤品。

诚然，外人不会知道，草帽的厚利绝大部分被销售商和中间商赚取，作为创造财富和艺术的织匠，实际到手所得不及标价的十分之一，还未扣除采购草料的成本，也没考虑订货方分期付款的周期。

外人更不会知道，顶级草帽绝非任一织匠能够上手，就算手艺炉火纯青

老艺人胡安·明卡

图片来源：昆卡草帽之家

的匠人，没有五六个月的埋头苦干也休想心愿达成。这样平摊下来，他们每个月的真正收入就是一两百美元，仅够勉强维持自己和家人低水平的日常开销，基本没有结余。同样的情况也出现在被视为半工业化织帽的昆卡，市面上100美元左右的一顶草帽，中间商拿到手验收合格后才付给农村的织匠5美元工钱。在此之前，老实巴交的匠人要自己垫钱买草料。

大千世界，文化艺术绚烂夺目，其享有者从来多为衣食无忧的小众，而幕后缔造的艰辛却鲜为人知，似乎亦无人在意。

收入微薄，日子单调，高居金字塔顶端的销售商和代理商操控市场，匠人没有议价权，并且看不到未来会有改变。这些因素综合起来，让期颐依靠双手勤劳致富不啻为南柯一梦。因此，即便是草帽世家的下一代，许多对父业也不再有所留恋。

互联网和智能手机的出现极大缩短了时空间距，一成不变的边远山村受到前所未有的冲击。与多数农村青年一样，如今，身处蒙特克里斯蒂的年轻人普遍向往五光十色的都市生活，他们有的尚未读完中学即义无反顾离别故土，到大城市的建筑工地或出租车行碰运气。所谓江山代有人才出，不过是一句空洞的豪言。

真实情况是，蒙特克里斯蒂能织出特细密级草帽的老匠人已不足10位，而掌握同样技艺的下一代更是寥寥无几。有人做过最为悲观的分析，预测一代之内，蒙特克里斯蒂草帽将后继无人。果真如此，那么，世间最精美、最柔细、最稀少的织物将变成永远封尘的记忆。

好在西蒙未想过另谋高就。他长着一头乌黑浓密的短发，多数时候少言寡语，一旦开口语速极快，口齿含混不清，怎么看都像是加西亚·马尔克斯笔下魔幻现实主义文学作品中走出的人物。

西蒙不务农，每天一大早洗漱完毕就从家里二层的卧室下到一层，先在工作室编织几个小时，而后再吃早饭。工作室临窗靠墙的一侧放着一件老旧的卧榻，累了他就斜靠在上面打个盹儿。有时连续编织，西蒙也会步出家门，与左邻右舍差他几十岁的孩子们玩儿上一阵，或者坐在门墩儿，一言不发看着地上的蚂蚁发呆。这个时候，西蒙与街上过往的行人无异，没人会将他与草帽大师联系到一起。

青出于蓝。西蒙曾用8个月时间织好一顶草帽，一英寸纤维上密密麻麻排列了68个点，创造了所有在世匠人的最高纪录，为此，他被公认是当今厄瓜多尔乃至全世界最优秀的草帽大师。2015年11月，蒙特克里斯蒂草帽基金会主席布伦特·布莱克到访皮勒，亲手将五星级草帽大师的证书郑重授予西蒙。

我没见过这顶草帽。上万美元的草帽一旦出售，一般便静卧于收藏家的书房或客厅角落的展示柜里，犹如金屋藏娇，从此秘不示人。但是，传说中的这顶草帽，却让我无数次想起中国古代明式家具凳椅或卧榻上的藤编软屉。

它们软硬适中，细密无缝，看似工艺简单，实则繁复无比，难怪成为旧时考核学徒的一道难题。相传古代师傅会将一瓢水随手洒在学徒织好的屉上，假如一个时辰过去，水没渗漏，那么学徒顺利出师。反之，还得回炉学艺。

具匠心，有巧思，会造器。这是康熙年间管理清宫造办处的内务府招募匠人的标准，其中的每一条，我于300年后在西蒙和他的同行身上都一一亲眼目睹。

在一个情感依赖网络维系，须臾不离触摸屏的时代，或在一个专家大师满天飞，却如求神一般自上而下呼唤工匠精神的阶段，能于万里之遥接近这些木讷的织匠，这是上天赐予我的最大福祉。

进入21世纪第二个10年，蒙特克里斯蒂草帽堪忧的前景也引发外界关注。2012年，联合国教科文组织授予厄瓜多尔草帽人类非物质文化遗产称号，使之成为继萨帕拉部族[①]语言后，厄瓜多尔第二项被该组织命名的人类非物质文化遗产。

美国人布伦特·布莱克深谙资本与市场的内在关系。为挽救危局，他斥资成立了蒙特克里斯蒂草帽基金会，制作异常精美的网页，试图通过扩大需求刺激供给从而引导就业的市场化手段，扶助蒙特克里斯蒂草帽娇嫩的纤维。

厄瓜多尔社会的有识之士同样没有袖手旁观，由中央银行出资的草帽学校在皮勒开办。校长玛利亚·亚历杭德拉说，学校暂时只有35名年龄从15岁到65岁不等的学员。他们无须缴纳学费，耗材亦由央行资助，经过16小时培训，可以获得学校颁发的证书。除基本编织技能外，在校期间，学员还被传授简单的商业和市场营销理念，以便将来打理自己的生计。

我看到，宽大简洁的教室里，一名中年男老师站在中间，手持干草代替教鞭，十几名学员以他为中心围成半圈，每位学员面前摆放一个3条腿的圆凳，上面摞着楦子。编织时，所有人低头不语，目光无法平视。

这里没有儒家的积极入世，远离道家的逍遥出世，更不存在佛家的看破

---

① 萨帕拉部族：Pueblo Zápara。

轮椅上的草帽艺人曼努埃尔·玛雅

图片来源：昆卡草帽之家

人世。每个人心里都明白，未来的生活就在眼下自己的手里。

加夫列尔·卢卡斯是蒙特克里斯蒂为数不多的新生代草帽大师。小伙子30岁出头，大大的眼睛，浓密的眉毛，清秀稚嫩的国字脸，笑起来一对甜甜的酒窝，配上白色的T恤衫，看上去更像城里人。

对于未来，卢卡斯信心十足，因为他编织的细密级草帽，不久前刚获波萨里诺专卖店订单。这意味着他的劳动成果从此可以避开层层流通环节，直接在帽业王国设于东京、纽约、巴黎、伦敦和米兰的旗舰店与全世界最识货的顾客见面，他的收入来源将更有保障。

塞基塔位于蒙特克里斯蒂西北38公里，一组铁皮屋顶的简陋民居掩映在宽大的芭蕉叶下，被稀疏几棵高硕的木棉树裹挟其中。民居的外墙没有粉刷涂料，灰色的空心砖和宽窄不齐的勾缝水泥无遮无拦，清晰可见。

当地没有开通公交，起初我不知晓。正午时分，强烈的阳光灼得人睁不开眼。我手里摆弄着空空的矿泉水瓶，站立在石灰路旁，执着地守望根本不存在的长途车，差不多望眼欲穿，等来的是一位途经的老农。

问他通往村庄的道路，却竖起耳朵也听不清烟叶熏制的沙哑嗓音。最后，老农被木讷的我弄得失去了耐心，挥挥手，让我骑上他那头驮着柴火的毛驴，在叮当作响的一路高低错落中把我捎到村口。

若非偶尔鸡鸣犬吠，塞基塔仿佛与世隔绝，没有一点声音。白天男人们外出后，村里就只剩下女人、小孩、家禽和牲畜，还有永恒不变的停滞时光。此时此刻，我是村里惟一的男人。

佐拉·安春迪亚年过半百开始不安分。她说动了村里的二十几个女人，成立起草帽协会，大家凑钱买草料，不仅织帽，而且编草鞋，做手包。

安春迪亚的家就是草帽协会的会址，每天早晨男人一出门，那里便成了女人们编织的地方。顺着露出钢筋的楼梯，我从架空的一层走到二层，推开木门，眼前家徒四壁。

女人们怎知草帽之路坎坷崎岖，她们的初衷是赚钱贴补家用，可时常起早贪黑忙活个把月，减去买草料的开销，竟连工钱也挣不出。又岂止是她们，几十公里外蒙特克里斯蒂的织匠都十分不易。

灰心丧气自然免不了，不过女人们没有打退堂鼓，她们互相鼓励着要坚持下去，因为每个人心里都明白，这是她们成为职业妇女的惟一希望之所在。

皮科阿萨位于蒙特克里斯蒂以东24公里，托马斯·梅拉住在那里。梅拉一家从爷爷辈起就做草帽生意，到他这代仍然延续旧业，所以，他与蒙特克里斯蒂附近的织匠非常熟稔。

这天，梅拉穿上发旧的蓝色圆领衫，过膝短裤和白色旅游鞋，又像往常一样开着那辆掉漆的灰色雪佛兰皮卡上街收购草帽。他只买进帽檐未打结、收束的粗厚级半成品，到手后每顶加价5美元，再转售给从此道工序往下编织的匠人。

梅拉每天奔波往返于草帽之路，一个星期能从50位织匠手中购得大约80顶半成品草帽，不算油费，毛利可达400美元。较之那些匠人，梅拉的收入高出好几倍，又相对轻松，对此他很知足。

几十年前就将草帽卖给普拉萨总统的罗森托依然没有歇手，他还在有条不紊地经营着蒙特克里斯蒂的店铺。罗森托也通过接受国外订单赚取佣金，他会从客户汇来的订金中先行支取一笔付给匠人，然后视编织进展，分3到4次付款以解决织匠生计，待货到手再一次性付清尾款。

在蒙特克里斯蒂，以草帽为生的人中，有些看似与这个行当并无直接关联。

塞孔多·帕尔马是木匠，今年60岁，他从1992年起制作草帽的外包装木盒。目前，蒙特克里斯蒂像他这样的木匠一共有4位，最年长的80岁。

木盒是馈赠的外包装，还能在旅途中对草帽起到保护作用。为便于携带，有游客会把新买的草帽卷起来放入盒中，与其他物品一道塞入托运行李，到达目的地取出后再展开。但是，并不是所有草帽都可以卷起来携带，比如波萨里诺、斯特森、昂戈和科帕，帽顶靠机器压制成型，这些草帽一旦被卷起便无法恢复原状。

木盒的规格大小类似装红酒的盒子，用轻木制作，这也是厄瓜多尔许多木雕工艺品共用的材料。但多数人有所不知，看似毫不起眼的轻木纤维有着惊人的韧性，早已被用于喷气式客机与豪华游艇舱壁的装饰和风力发电叶片夹层的填充，乃至充当防弹背心紧贴人体的最后一层防护。

装草帽的盒子由6块木板拼接而成，只有当盖子的那块板可推拉活动。帕尔马作了几十年木工，对板材的尺寸心中有数。制作的时候，他无须用尺子量，直接拿刀把6块板一次性切好，在每块板的四边涂上白色乳胶拼接成盒，再拿线把尚未粘牢的盒子捆扎勒紧。几个小时以后，待木盒完全黏合，解开绳线，将木盒置于操作台上，使用刨子把不太齐整的毛边刨平，用刀将一块

一辈子编织草帽的老匠人手已变形
图片来源：昆卡草帽之家

木板的四周划开当盖，在盒盖表面统一加盖厄瓜多尔知识产权局商标和带有蒙特克里斯蒂标识的印章，画好厄瓜多尔国旗边框，描上红黄蓝3种颜色，一个盒子的制作便画上句号。

在工棚里，帕尔马放下手中的木盒，一边轻轻掸掉身上的木屑，一边缓缓抬起头。他说，过去，买他盒子的客人多来自昆卡和瓜亚基尔，如今两大市场日渐萎缩，反倒是基多和塔巴贝拉[①]的顾客显著增多。问及原因，帕尔马双手一摊，耸耸肩，权作回答。

① 塔巴贝拉：Tababela。

帕恰伊家的4代草帽

奥托·帕恰伊43岁，是我在厄瓜多尔结识的第一位织匠。他家坐落在蒙特克里斯蒂中心广场左侧第一条道路旁，是幢古朴的石木结构二层小楼。每天清晨，当第一缕阳光投向大地，万籁此俱寂，但余钟磬音，便是窗外循环往复的即景。有据可查的是，紧临中心广场教堂顶部的那口大钟，原系一位西班牙王后所赐。

奥托家与埃洛伊·阿尔法罗总统是远房亲戚，其曾祖父早在1920年就开始编织草帽，到他这里已是连续4代。不过，能让奥托家小有名气的倒不仅是因为与前总统沾亲带故。2011年4月30日，联合国教科文组织驻安第斯地区办事处的代表主动上门，授予奥托的母亲弗莱莉达·约兰达·帕恰伊·安春迪亚草帽大师证书，以此作为对其织出的特细密级草帽的肯定。那一年，老太太76岁，证书的有效期是4年。

倘若事先未经导演，而录像反映的又是全部，那么，其时颁发证书的仪式当是我所见过最简短、又最值得玩味的类似场景。

画面里，听到有人敲门，奥托的兄弟随即起身相迎，得知访客来意，他回过头，扯起嗓门冲屋里高喊："妈妈，有大人物来给您发奖啦。"

少顷，只见老太太缓步出镜。看到有手持话筒肩扛摄像机的记者，她先是一脸茫然，缓过神后急忙反身回屋。远道而来的官员和记者不知发生了什么，只好站着干等。一时间，狭窄的客厅过道被围得水泄不通。待再露面时，老太太已换上一件熨烫过的塔克衬衫，可是面对镜头，她浑身不自在。在接过官员笑盈盈递上的证书并听完宣读后，老太太既未百感交集，又无千言万语，仅以一句"谢谢"，便让满怀期待的一众不得不草草收场。

匠人长不出如簧巧舌，他们没有深邃的眼神，也不能口若悬河讲出赋有内涵的人生哲理，我甚至想不起几次去奥托家，进门和老太太打招呼她的问候语。

2014年，厄瓜多尔知识产权局莉莉安·卡雷拉局长到奥托家，亲自送来蒙特克里斯蒂草帽标识的授权使用书，这相当于给这个4代草帽世家的织物颁发了一张通往世界的通行证，蕴含的意义不言而喻。可是老太太仍未表现出任何欣喜若狂，只有嘴角拂过一丝微笑，还是一脸安详，表情一如天上淡淡的云。

老太太如今83岁高龄，过往光阴的清冷与炽烈，尽在她穿梭的指尖流过。疏影横斜下经年累月的埋头编织，让她早早患上了腰肌劳损，颈椎、脊柱也有毛病，日常行动颇为不便，然而她不理会医生和子女的劝阻，依旧每天坚持编织6到8个小时，而且这把岁数了还能织出特细密级以上的草帽。

我手握放大镜，对着草帽凝神屏气数了一遍又一遍，直累得眼眶发酸，也算不清帽顶一英寸上到底有多少个织点，更无法想象林地里的一堆荒草，如何在一双饱经风霜干裂的手中，脱胎成清雅芬芳的绝美织物。

从照片上看到，那些上了年纪的老织匠，许多手已变形，每一根指头都短粗得像胡萝卜，很难并拢到一起。诚然，上帝是公平的，因为一辈子手指

今天仍在使用的老式烙铁熨斗

图片来源：昆卡草帽之家

不停运动的缘故，不论蒙特克里斯蒂还是昆卡，迄今，尚未有编织草帽的匠人患老年痴呆症的记录。

见我望着她的手出神儿，老太太的话题便没有离开手。她说，织帽全凭手感，无须盯着看，眼睛只是编好后发现瑕疵，用来检验。

面对我不住发出的啧啧赞叹，老太太轻笑道：“年轻人，你还没见过更好的，我小时候家里人织出的帽子更漂亮，他们给我织的娃娃也好看。”

老太太一共9个子女，算上奥托，以织帽为业的有4位兄弟姐妹。从头干起显然人手不够，无奈之下，只能自托马斯·梅拉那样的商贩手中买进帽顶已成型、帽檐未收束的半成品继续往下织。

奥托和母亲曾合计从皮勒的草帽学校招收刚出校门的学员作帮工，条件是不付工钱，作为交换，可在打工期间手把手教学员进一步提高织艺，并且免费提供与家人一样的午餐，只是这个想法终究无法实现。

关于半成品草帽，借用奥托的原话，这时候的草帽就像是倒扣的鸟巢，蓬头垢面，枝杈参差，尚有不少瑕疵有待后续精细处理。

奥托自己能织出一英寸46个点的极细密级草帽，按照分工，除了织帽，他还要负责为送上门的半成品把关，一顶一顶仔细挑过去，看不上眼的坚决不收。

奥托的姐姐格伦达·帕特利西亚也是优秀织匠，她几乎织物不离手。为了写这篇文章，我不止一次带着问题登门讨教，不管什么时候见到她都是拿着草帽坐在窗前，即使回答提问或者给她拍照亦不抬头。

在她面前的桌上，我见到有剪刀和针。帕特利西亚告诉我，剪刀只有在打结、收束、去掉多出来的纤维时才用到，修补帽子用不上，对于出头的纤维，惟有用针挑。这一步做完，即可在帽顶里侧缝制内衬，内衬其实就是印有产地和标识的一圈布条，各种颜色都有，以黑色居多，能起到吸汗作用。

至此，草帽的编织全部完成，接着该把帽顶倒置于铝合金容器内压制成不同形状。波萨里诺、斯特森、昂戈和科帕，编织过程大同小异，帽顶形状就取决于不同容器。这也是织帽过程中惟一用到机器的环节。

周末蒙特克里斯蒂街道旁的草帽店
作者摄于2018年

织帽的最后一步是熨烫。虽然电熨斗早已是寻常物，但不论在蒙特克里斯蒂亲眼所见，还是在录像中，我没看到一位匠人使用电熨斗，他们手握的一律还是生铁铸的老式熨斗。将熨斗烤热，在帽檐上垫层麻布，一圈熨烫下来，大功告成。再找一干燥平坦之地铺块布，把草帽平摊上面，最后一次放在阳光下晾晒个把时辰，即可上架出售。

周末的上午，空气中弥漫着托基亚草的清香，蒙特克里斯蒂中心小广场一反平日里的冷清，变得熙熙攘攘。

10点半过后，广场一侧的小店陆续露出老旧的门脸。店主一面不慌不忙把挂满草帽的支架从屋里挪到户外，一面相互间聊着天，等游客上门。

教堂前，歌手西奥玛拉・吉龙已经化好妆。她头戴素洁的纳图拉尔象牙白草帽，身披浅色勾边长裙，扎着紫色束腰，正准备浅酌低唱。将要表演的第一首歌是《一个马纳比织女的罗曼斯》，歌词由帕科·德卡斯蒂略谱写。

利用演出前的倒计时，几位乐师在忙着摆放乐器——立鼓、姊妹鼓、四弦琴、马纳比吉他、手风琴，构成了露天小乐队的全部家当。

在广场另一侧的小饭馆里，塞西莉亚和十几位厨娘一上午汗流浃背，她们要备出足够一天售卖的蒙特克里斯蒂美食，其中一种以土鸡和大米为主料。

具体做法是，将现杀去毛的土鸡开膛破肚收拾干净切成块，连骨带肉放进锅里，加入油、盐、葱、蒜、花生酱以及几种叫不出名的调料，倒入凉水，然后点上小火慢炖。临出锅前，往锅里倒入大瓶的可口可乐。一共炖上2个小时，撇掉汤水，鸡肉出锅，盛出来与提前蒸好的白米饭混在一起，像包粽子一样用墨绿的芭蕉叶裹好，放入蒸锅。

此时此刻，地球的另一端已是月上枝头。商界领袖们刚从耀眼的闪光灯下突出重围，从工业4.0和3D打印高峰论坛的晚餐会上抽出身来，于前呼后拥中回到下榻的酒店豪华房间。

蓦然回首，我才发现，之前几次经过均未加注意的小山丘，竟将时光留在手工编织时代，同时，也将生产线、企业家和他们口中的高科技统统挡在大洋彼岸。莫名其妙暗自庆幸起来。

不知何时，布伦特·布莱克关于草帽的评价又回荡在耳边。他在《巴拿马草帽的传奇》一书结尾部分大发感慨，写道，精挑细选之后的顾客往往会发现，厄瓜多尔草帽有个无法克服的致命缺陷，那就是被相中的帽子经常不合自己的头型。

而我以为，布莱克先生还未发现草帽另一个更加致命的缺陷，那便是就算花钱买得起，也真的不是扣在所有的脑袋上都好看，这甚至与头型和帽子尺寸无关。

2018年8月，为收集配文图片，经厄瓜多尔驻华使馆前商务参赞路易斯·费尔南多·罗哈斯先生牵线，我联系上了昆卡草帽博物馆馆长赫拉尔多·马查多先生。

听完电话中我的请求，马查多先生爽快地一口答应。

大约一个星期后。一日早晨起来，手机里有条马查多先生的短信，告知他已从昆卡出发，当日中午将赶到瓜亚基尔，此外没有多言。

太阳当头的时候，马查多先生风尘仆仆出现在眼前。除了300余幅与草帽有关的待选照片，他还带来了一顶精美草帽，还带来了两本讲述厄瓜多尔文化历史的大开本书籍。两本书图文并茂，拿到手里，沉甸甸。

马查多先生一旁开口，说插图是他手绘的，文字是他书写的，纸张是可再生的，印刷和装订是他亲手做的，戏称是纯手工书籍，只赠送朋友，不上架出售，表示不日将把全套中的另外12本一并寄给我。

我搜刮孤肠，悔不当初没好好念书，情急之下笨嘴拙舌，竟连几句像样的热乎话都讲不顺畅。马查多先生却一个劲儿地真诚致谢，他感谢我喜欢他的国家，感谢我研究传播厄瓜多尔文化，并且代表市长，邀请我参加几个月后在昆卡举行的建城纪念日市民传统游街，说届时将与市长手拉手，一道走在庆典队伍的最前排。言毕，不待我做出反应，又将那顶带着温度的织物轻轻戴在我头上……

2018年8月23日

亚马逊热带雨林

Amazonia

莫罗纳 · 圣地亚哥省帕罗拉地区的舒阿尔人
作者摄于 2013 年

第十夜
亚马逊雨林——行将消失的伊甸园

厄瓜多尔亚马逊热带雨林地处安第斯山脉以东，面积130760平方公里，以环境特征划分，属于国土中最大的区域，约占全部国土的一半。

根据海拔高度，地理学家把厄瓜多尔境内安第斯山脉东侧到边境之间的雨林又细分为“高雨林”和“低雨林”。“高雨林”承接安第斯山脉，海拔介于600米到1200米之间，年平均温度低于25摄氏度，年均降雨量逾4000毫米，湿度超过90%。

自西向东，“高雨林”地势逐渐走低，之后陡然升高至2500米，形成地质学家所称的“第三山脉”[①]。翻越“第三山脉”，地势再次降低至海拔300米，出现了广阔的“低雨林”。“低雨林”年平均气温高于25摄氏度，年均降雨量3000至4000毫米，湿度低于80%。

厄瓜多尔亚马逊雨林的许多河流发源于“高雨林”。安第斯山脉融化的雪水和大量降雨汇集成河，顺着地势流淌向东，奔流不息。

“高雨林”和“低雨林”共同构成热带雨林不可分割的生态体系，两个次区域又分别自成一体。气候、水文、土壤、环境、植物、动物，既具共同点，又有区别。

一方水土养一方人。

“高雨林”和“低雨林”里人类的生产活动、生活方式和社会结构不尽相同。“高雨林”里的土著部族与山区土著人素有来往，彼此相互影响，相互借

---

① 地质学家把厄瓜多尔境内安第斯山区从北向南平行的两列火山称为第一山脉和第二山脉。

鉴。生活在“低雨林”里的土著人独立性和流动性更强，分布区域更广。后者泛舟捕鱼，狩猎摘果，与前者农耕放牧为主的生活差异显著。

厄瓜多尔境内的热带雨林是南美洲广袤热带雨林的组成部分。那里面，栖息着科凡[①]、瓦奥拉尼[②]、萨帕拉[③]、基丘亚[④]、阿楚阿尔[⑤]、舒阿尔[⑥]和塞科亚[⑦]7个土著部族，每个部族内部又派生出数量不等的支系。这7个部族居住在密林深处，世代和雨林共生共存。

雨林的夜晚，天空透彻，繁星闪烁，随便伸出手，仿佛一把就能抓到好几颗。一边一个车道的双向柏油干道，对面个把小时没有一辆车。迫不及待摇下车窗，独享一个人轻匀呼吸的世界。

“深吸气，呼出！一口喝下这碗，就能看尽大地，远眺天空！”

这是短暂的示范仪式结束以后，讲西班牙语的土著向导翻译过来萨满口中的原话。

我赤裸上身，紧闭双目，背朝林中一棵参天大树席地而坐，像是被施了催眠术，默默地听着一句不懂的土语，任人摆布。

一滴露水落到颈部，顺着脊柱缓慢下流。静静地感受露珠的滑动。

待睁开双眼，轻风拂面。少顷，风又消失得无影无踪。

头脑空洞，周围恍惚，疑似梦游。

萨满提醒我，天有边际，宇宙万物皆有边际。

神志暗示我，这是幻觉。信则有，不信则无。

萨满让我一饮而尽的那碗液体，土著人叫亚赫[⑧]或阿亚瓦斯卡[⑨]，它由亚

---

① 科凡：Cofán。分布在与哥伦比亚接壤的边境地区，厄瓜多尔境内有500人，另有200人居住在哥伦比亚境内。

② 瓦奥拉尼：Huaorani。人口约1500至2000人。

③ 萨帕拉：Zápara。20世纪90年代初期的统计，仅有不到30人。

④ 基丘亚：Quichua，或Kichwa。大约60000人，是厄瓜多尔亚马逊雨林中人口最多的部族。

⑤ 阿楚阿尔：Achuar。厄瓜多尔境内约3000人，另有2000人住在秘鲁。

⑥ 舒阿尔：Shuar。大约有40000人。

⑦ 塞科亚：Secoya。大约200到300人居住在厄瓜多尔境内，500人居住在秘鲁境内，另有250人居住在哥伦比亚境内。

⑧ 亚赫：Yagé。

⑨ 阿亚瓦斯卡：Ayahuasca。

鳄鱼是亚马逊雨林河流两岸的常见动物
作者摄于2012年

马逊热带雨林中生长的两种天然植物的叶汁倒入陶罐，混合后架在火上熬煮。晾凉，当作一种祭祀、典礼或待客的饮料。一口咽下，不知怎么形容，原因在于味觉系统之前没有登入。土著人还从这两种叶子中提取药物成分治病。

雨林中的植物实在太多，仅兰花就超过4500种，目力所及，争奇斗艳，花团锦簇。

途中，向导弯下腰，顺手从地上拔起一根普普通通的褐色植物。在我看来，植物下半截带着泥土的根部，类似故乡同仁堂药铺透明罐子里浸泡的人参。向导管它叫巴尔贝斯科，说把根部挤出的汁液涂在伤口，可防止感染化脓。又说，土著女人自杀，吞服巴尔贝斯科的汁液。

心头一阵惊悸，诧异土著女人也会自杀，忙追问缘由。回答简单一句，还不是因为男人。

一片愁云飘过头顶，豆大的雨点顷刻间砸下来，像是在刻意提醒：这里是雨林，阴晴不定。

土著人迷信，各种图腾，寄托信仰，表达崇拜，象征密林广袤，命运多舛，维系自远古以来万物的平衡。蟒蛇与蝴蝶，灵魂与肉体，生殖与死亡，享乐与痛苦，人兽与鬼神。尽在萨满运筹帷幄之中。

土著男女相信，萨满握有通向天堂或地狱之门的钥匙。他们还坚信，脆弱雨林的内在平衡一旦被打破，没有一种生命得以幸免。密不透风的雨林，无法阻挡外力的介入。他们懂。

从空中俯瞰，亚马逊雨林被一望无垠的绿色覆盖。浅绿、深绿、暗绿、墨绿，宛如一张绿色编织的绒毯。可是撩开帷幕深入其中，色彩斑斓。在炫目的变幻中，土著人笃定，从生到死，只有红与黑是生命及宇宙起源的基调。

红色代表生命、力量和繁衍。黑色隐喻神秘。红色代表血管中奔涌澎湃的黏稠血液，流出体外久了，变成黑色。宣告一段生命的历程。

由此，土著人用胭脂果的嫣红绘在脸上似乎有了解读：刚涂在脸上如初凝的牛血，渐渐地，发黑发暗。再施以颜色，一遍又一遍，反反复复，以此期盼生命的延续，召唤生命的轮回。

按照基丘亚人的传说，雨林深处有一红一黑两位闭月羞花的女神，她们各自用身体的本色为林中的飞禽走兽涂染，于是，动物才有了浓艳的色彩和斑纹。

外人眼中土著人漫不经心的涂绘着实非常讲究。纹饰和图案根据不同礼仪和场景都有一定之规，成人礼、婚庆、讨伐、喝亚赫，及至离世入土，都有相应的绘法，绝非即兴而为。

新出生土著婴儿的母亲和祖母还会亲手在孩子皮肤上用胭脂果的红色绘制纹饰，它寄予着长辈期盼孩子能像胭脂果一样茁壮成长的心愿。因为据土著人观察，在潮湿闷热的雨林，胭脂果很少生虫，表面也不长蘑菇。由此，他们祈福未来的一代远离病魔，好运常伴。

土著人没有文字，过去，7个部族间靠土语无法沟通。很久以前，结藤记事，泥条盘筑。一如尼罗河畔，一如山顶洞中，一如不同地区人类的祖先。

第一眼瞥见残破陶片上斑驳的图案，似曾相识。蛇纹、虎纹、蝉纹、鸟纹……无一不折射出这片土地上的先人在那一时期对大自然的无奈、恐惧与敬畏。瞬间穿越到中国国家博物馆商周青铜器实物展柜前。

湿热的午后，烈日当头。指尖无意中划过一旁土著女人冰凉的肌肤，以为碰到修炼千年的蛇妖，瞬间被一股电流击中。

头一次触摸近在咫尺的七色彩虹。林中低洼处不经意间悄然升起，又无声无息从枝头消散，只剩下背景中目力无法洞穿的乌云。

雨过天晴云破处。日落前的太阳发散出全部光芒，穿透厚厚的积云洒向大地。从树冠浓密叶子缝隙投下的一抹余晖，为河边正在沐浴的胴体凹凸的曲线镀上了一层金色的朦胧。雾霭升腾，胴体于激流声中起伏。

一条看不见的中心线不偏不斜，将纳波河[①]面弯曲的一段分成泾渭分明的两半。一半浑浊，泥沙俱下。另一半清澈，直见河底。

纳波河系亚马逊河的一条支流，却是厄瓜多尔最大的河流。河中游弋着300多种鱼类，其中最大的巨骨舌鱼[②]，体长3米，重达100公斤，就体量而言，是已知世界第二大淡水鱼。池塘人工喂养，一条成熟的巨骨舌鱼，一天要吞食5公斤鲜肉。

远处的天空，一只雄鹰展翅翱翔。雄鹰是雨林之子，同时又是雨林的保护神。它哀怨的眼神，无助地鸟瞰科凡人、萨帕拉人濒临绝境，又目睹开采原油，砍伐树木，挖掘矿藏，遗弃家园，客走他乡。

曾经，土著人听风看月，一叶知秋。凭借与生俱来的敏锐，不动声色感知毒蛇猛兽的迫近。

曾经，3米长的木制标枪，一端削得锋利，另一端握把上雕刻螺纹，便是攻守兼备的利器，也是雄性的象征。仔细端详削得锋利的一端，两侧各有

---

① 纳波河：Río Napo。

② 巨骨舌鱼：Paiche，也称“象鱼”或“大头巨骨舌鱼（Pirarucú或Arapaima）”。

普约地区亚马逊雨林中的美洲虎幼崽

作者摄于 2013 年 10 月

一条明显的出血槽，与木柄连接处，排列着整齐的锯齿。闪电般地奋力一掷，数米开外，完成精准致命的一击。

如此矫健的身手，土著人却不以王者自居，而是把巨蟒尊为丛林之王，其次才是美洲虎、鳄鱼和巨骨舌鱼。

在亚马逊热带雨林，手持标枪的成年土著男子无惧和美洲虎迎面对峙，却唯恐操舟时与巨蟒水中相逢。8米长的庞然大物扭动起身躯，刹那间迸发出无穷的魔力，撕碎一叶轻舟不费吹灰之力。

土著人视巨蟒为神灵附体。巨蟒从头到尾，寓意生命和死亡，征伐与臣服。水中游猎，逶迤前行，土著人认为巨蟒正在创造生命的能量。盘成一圈卷曲休憩，那是续存生命的活力。

从祭祀物品，到实用器皿，再到披挂配饰，各个部族土著人的日常生活中都充斥着巨蟒的身影。

土著人膜拜大自然，了解大自然，并在这方面有着惊人智慧。他们不涸泽而渔，不焚林而猎。每个部族对大自然的索取只限于维持基本生计所需。他们采摘野果，用轮作的方式在小片园地上耕种。上了年纪的萨满口中含着植物学图书馆，他们谙熟周围环境的循环周期，早就从祖先那里掌握了各种植物的食用和药用属性。

曾几何时，雨林深处的土著人未接种过疫苗，亦未服用过合成药物，身体纯净得像他们脚下的处女地。外部世界自诩文明的人对此垂涎欲滴，迫不及待地盗用他们干净的身体进行药理试验，伺机提取宝贵的基因，却不按“文明人”自己制定的文明准则处理后续事宜。

“文明人”不仅污染了土著人赖以生存的自然环境，破坏了土著人的古老文明，而且还在其体内埋下了无法预知的祸根，美其名曰“文明的冲突”。

马达轰鸣，金属撞击。“文明人”以发展的口吻掩盖没有节制的贪欲，以比巨蟒和巫术更骇人的威力向亚马逊雨林深处加速推进。然后，以绿色的钞票取代绿色的雨林。

悲悯之人用极富诗意的语言将雨林比作人类的肺，以此突显雨林对地球环境的重要性。殊不知，肺固然重要，但万不得已之时，只是一个可以部分切除的器官。可对居住在雨林里的土著民族来说，雨林却不是一个器官，而是他们祖祖辈辈全部的灵肉和体验。

岁月遗留的痕迹

考古学和人类历史学的记载，仿佛止于雨林边缘。有关亚马逊热带雨林地区人类起源与进化的探索与研究，即便非一片空白，同世界其他地区该领域的进展横向比较也是乏善可陈，更无法与同期针对这一地区生态系统进行的科学考察相提并论。

哥伦布于明孝宗弘治五年发现美洲。假如说在随后漫长的历史长河中，这块大陆确有西班牙人的足迹未能深度涉及的疆域，那么，毫无疑问集中在雨林纵深。

与两河流域、中原地区或世界其他地方业已实施的野外考古发掘相比，在原始热带雨林地区从事同样作业的难度大增。

囿于交通不便，人力资源和后勤保障的跟进受到极大制约，迄今展开的考古发掘一直沿河岸进行。虽然河流改道或河水冲刷偶尔会给考古学家带来意外惊喜，发现诸如砍砸器、陶罐、串起的贝壳、人头盖骨等早期人类遗迹，可是，就连考古学界内部也始终存疑，即不易涉足的雨林深处被层层腐叶覆盖的地下，或许才埋藏着他们想要寻找的真谛。

不少考古学家甚至担心，到目前为止，本着先易后难原则沿河滩、河岸进行的发掘梳理，有可能已经犯下了导向性错误。固然人类的祖先逐水而居，但那是在其他地区，在雨水丰沛的原始雨林，当地的土著人难道也会遵循这一规律？果真如此，为何在人迹罕至的深处雨林，时至今日，仍有不肯与外部接触的土著部族？

大片盲区的存在，加之学术上的分歧，使得亚马逊热带雨林成为当今世界考古界最具争议的地区之一。在此情况下，进行母系社会的出现、阶级的形成、国家的产生、农业的发展、文明的起源等社会科学领域的探讨便无从谈起。基本认知的缺乏更使亚马逊热带雨林披上了一层扑朔迷离的神秘外衣。

一个不容回避的客观事实是，亚马逊雨林在厄瓜多尔境内的面积远小于巴西、秘鲁、委内瑞拉和哥伦比亚，这就使得前者在雨林人文科考和研究领域并不处于主导地位。国外古人类学和人类历史学家从事野外实地考察，亦未把厄瓜多尔当作重点。

有人以为，浩瀚的亚马逊雨林人迹罕至，从古沉睡至今，气候、水文、土壤、植被从未改变。可是，即便掌握的资料有限，这种猜测也已受到质疑。

古生物学家在对雨林中个别鸟类、蜥蜴、壁虎等动物以及部分植物的研究基础上推断，大约公元前19000年至公元前12000年末次冰期[①]期间，气候寒冷，今天雨林区的大部被草原主宰，热带雨林只是其中很小的一部分。后来，气候变暖，草原逐渐缩小，雨林开始扩张，最终呈现出今天的形态。遗憾的是，因考古成果不充分，古生物学家无法凭借手头现有的资料，编纂出完整准确的进化史纲要。

关于很久以前亚马逊雨林和草原在厄瓜多尔境内的相互转换，还有二者在那一时期的各自占比，学术界始终没有统一意见。但是，关于纳波省的雨林从未被草原蚕食的假设，学术界并无分歧。这对于研究今天雨林中不同土著部族文化、语言差异的由来具有重要意义。

过去，考古学家和人类学者的主流观点认为，南美大陆以狩猎为生的土著人习惯与大型食草动物为伴，而亚马逊雨林独特的生态系统不适于大型食草动物生存，他们据此得出了早期人类不可能在雨林出现的结论。

另一种观点换个角度也为上述论断提供了佐证。那便是有相当一批学者认为，较之沿海平原或山区，在遍地荆棘的密林深处狩猎，对于只拥有简陋工具的早期人类而言太过复杂。鉴于上万年前雨林里的哺乳动物在种类和习性上与今天相比差异不大，学者们更加难以想象，那样的环境下早期人类如何追捕和围猎野兽。故而得出了人类在雨林地区的出现晚于沿海平原和山区，人类在雨林出现，是因为当时生产力条件下沿海平原和山区“过度”开发，挤占了人的生存空间。

两种观点相互契合，误导并迟滞了考古学家对于亚马逊热带雨林地区人类学研究的展开。

直到最近几十年，随着亚马逊热带雨林的考古发掘在艰难曲折中不断取得进展，严肃的学术层面才首次出现了“热带雨林文化”这一专属称谓。与之相对应的，是人类学家把雨林地区农业的起源提早到了公元前2000年。

厄瓜多尔境外的考古发掘显示，亚马逊热带雨林地区人类的出现要比通

① 末次冰期：始于约110000年前，终于12000年前，在地质学上也被称为威斯康星冰川。

常认定的早几千年。已知巴西圣湖镇[①] 人出现于公元前12000年，其出土发掘中还伴有大型哺乳动物的骨骼。委内瑞拉和哥伦比亚境内亚马逊热带雨林地区的考古研究也相继有所突破。厄瓜多尔亚马逊雨林区虽然暂未有实质性进展，但是，显然不能就此排除早期人类在该地区的存在。

在那个茹毛饮血的年代，狩猎、采摘消耗了人类大部分精力。不可思议的是，这种情况下，出于观赏目的培育雨林野花的历史距今已有四五千年，竟然比栽种甘薯、木薯、花生、魔芋等食用作物还早1000年。这些源于热带雨林的作物，很容易被引种到温带并被大量推广，极大地丰富了其他地区人类的食材，并且养活了大量新增人口。

另一方面，迄今为止，从未有任何一种雨林中的大型动物被人类成功驯化和饲养的先例。因此，即使进入农业社会，狩猎仍是居住在雨林的土著人一项重要的生产和经济活动。与之相辅相成的还有捕鱼，均反映出人类在生存过程中对大自然的认知和适应。

在今天的纳波省，考古学家发现了一批公元500至1500年的陶器，相较再早出土的器皿，绘画更精美，纹饰更繁复。陶体表面通常以白色打底，在上面饰以红色或黑色。在白底上同时出现红黑两色的器物也不少见。

这一时期，雨林里的土著人临水而居，河流两岸出现了众多散布的小村落。村落里的房屋通常沿河岸一字排开，最多成两列。人死后装进瓮塚，掩埋于房前屋后，尚未发现集中成片的墓地，也没在地下发掘出大量陪葬品，这与世界其他地区同期考古发现有很大不同，其中引申出的深层思考，激发起考古学家的极大兴趣。

关于雨林文化的起源，美国史密斯学会埃文斯[②] 和梅格尔斯[③] 两位学者坚称，雨林文化起源于安第斯山区，落户雨林后逐渐适应当地环境，演变成雨林文化。其他学者对此有不同看法，莱斯拉普的观点最具代表性，他在1970

---

① 圣湖镇：Lagoa Santa。
② 埃文斯：Evans。
③ 梅格尔斯：Meggers。

年提出，雨林文化原生于热带丛林，后来向亚马逊流域扩散。

两种观点各执一词，难分伯仲。不过，近年来的一系列考古发掘成果似乎为莱斯拉普提供了更有力的注脚。

厄瓜多尔本国的亚马逊热带雨林考古发掘工作起步于20世纪60年代，投入的力量十分薄弱，又间或受到外界影响。整个20世纪，自始至终系统开展独立探索的只有佩德罗·波拉斯[①]一位考古学家，还不幸于1990年过世。

就年代而言，波拉斯对雨林文化的研究最远触及公元前2750年，这部分工作基本在帕斯塔萨[②]省展开。至于具体内容，主要聚焦雨林不同部族的陶器。

波拉斯对比分析了大量祭祀用陶罐、陶盘的制作工艺和装饰图案，尤其是红黑两种色彩在不同器物上的运用，找到了厄瓜多尔境内亚马逊热带雨林中部族文化与境外雨林地区的关联。波拉斯通过实物证实，两者间的关联要早于与安第斯山区土著部族的往来。波拉斯还在雨林中发现了出自厄瓜多尔太平洋沿岸一带的贝壳，成为几千年前沿海和雨林的居民翻越安第斯山脉交往的有力证明。只是，这种交流的目的何在，波拉斯并没有进一步说明，或许学者本人也没有搞清。

波拉斯的另一重要发现在米萨瓦伊[③]河谷。他看到了岩壁上的100余幅石刻画，表现了两栖动物、爬行动物、猴子、美洲虎以及男女生殖器官。在岩壁附近，波拉斯还找到了过火痕迹和凿刻的工具——石锤。尽管凭一己之力，他未能进一步提供更加详细的文字资料，但是，这一发现无疑传递出有关雨林文化的丰富信息。

1987年，波拉斯发表了《厄瓜多尔考古学手册》。手册分为16个文化阶段，其中两个涉及陶器时代之前，里面收录了学者的毕生心血。

学术界对厄瓜多尔境内亚马逊热带雨林中的土著人及其文化进行研讨时，

---

① 佩德罗·波拉斯：Pedro Porras，1910年6月23日生于安巴托，1990年9月25日逝世。厄瓜多尔考古学家，著有《5000年前的厄瓜多尔海岸》等著作。

② 帕斯塔萨：Pastaza。

③ 米萨瓦伊：Misahuallí，位于纳波省。

雨林中的土著人

插图选自 1981 年厄瓜多尔中央银行出版的

《图说 19 世纪的厄瓜多尔》一书

瓜亚斯省历史档案馆提供

雨林与山区两地土著人的关系以及区域间的交往，始终是一个绕不过去的话题。正统学派强调雨林里的土著人难以适应山区的高寒气候和环境，认为即使有交往，也属个别现象。然而，带有典型雨林特征的陶器在山区各地大量出土，使得正统的观点越来越难以服众，并似乎暗示，不同地域间不仅存在紧密的联系，而且雨林里的土著人还有可能成规模地迁移到山区定居。

在早期原始农业时期，雨林和山区的土著人各自生活在相对封闭的环境里，基本能够实现自给自足，但也不是全部。促使他们迈出领地开展区域交流的动力是互通有无。雨林里的土著人用石斧、漂亮的鹅卵石、蛇皮、珍奇鸟类的羽毛、木薯和热带瓜果，换取山区的玉米、织物、日用品和食盐。尤其是食盐，雨林严重少盐，而厄瓜多尔安第斯北部山区富集盐矿，因此，盐很受雨林区土著人欢迎。

诚然，交换并不总是以和平对等的方式温良地进行，劫掠、征讨时有发生。互换的对象亦不限于日常所需的物品，还包括占有对方的女人。

历史上，厄瓜多尔这片土地先后两次遭到外族入侵——先是印加人，后是西班牙人。两次浩劫中，雨林中的土著人要么躲入更深的林中求生，要么被屠杀殆尽。不论哪种结局，都彻底改变了他们原有的节律，以至于今天，没有一个雨林中的土著部族一模一样地完整继承了先辈的生活习性和生活方式。血统论者更是强调，今日外界所能接触到的土著人，身体里无一流淌着其祖先的血液。

较之西班牙人的入侵和占领，印加人对雨林土著人的危害相对较轻。除时间较短外，从熟悉的高寒山区下到陌生的热带雨林，不适应巨大的环境反差难以立足也是重要原因。从某种意义上讲，比起山区取得的战果，鼎盛时期威震四方的印加人在雨林区造成的破坏微乎其微。

远道而来的西班牙人则不同，他们不仅在雨林安营扎寨，于16世纪陆续建立了巴埃萨① 、马卡斯② 和萨莫拉③ 等城市作为前沿据点，而且还系统创立了一套殖民掠夺体系。

文明之间一旦产生代差，落后的一方几无还手之力，这点无须赘述。

西班牙人视美洲遍地黄金。在山区，他们奴役土著人开挖金矿；在雨林，

---

① 巴埃萨：Baeza，厄瓜多尔纳波省基霍斯县首府。
② 马卡斯：Macas，厄瓜多尔莫罗纳·圣地亚哥省的省会。
③ 萨莫拉：Zamora，厄瓜多尔萨莫拉·钦奇佩省的省会。

他们强迫土著人沿河岸淘金。动辄随意杀戮，繁重的体力劳动，加上纯净的身体面对欧陆异族带来的传染病毫无抵抗力，土著人口开始大量减少。

西班牙人的横征暴敛曾经激起过土著人的强烈反抗。在雨林地区，有记录的大规模反抗至少有两次，分别爆发于1560年至1579年间和1599年，小规模的零星反抗则不计其数。

为扑灭反抗的烈焰，西班牙人采取了灭绝种族的大规模报复性屠杀，不少土著部族就此销声匿迹，侥幸残留下来的土著人重新组合，异地谋生，成为今日出现在世人面前的土著部族。

希奥纳人、塞科亚人和科凡人——青蛙、亚赫、陶器、独木舟

科凡是厄瓜多尔亚马逊热带雨林中一个古老部族，面对瓦伊纳·卡帕克[①] 印加军队的大举入侵曾经奋起抵抗，后被西班牙殖民者吞并。科凡人在17世纪耶稣会传教士的文献中还有记载，此后踪影全无，直到19世纪末再次露面，投拜方济各会。如今，科凡族人口稀少，与希奥纳人和塞科亚人跨族通婚较为普遍。因此，学术界在论述科凡人时，常把希奥纳人和塞科亚人一并提及。

与世界其他地区人类的祖先一样，科凡人、希奥纳人和塞科亚人也有生殖崇拜。青蛙雌雄异体，体外受精，遍布雨林，被雨林中的土著人当作生殖和生命的象征加以崇拜。殖民时期前的出土文物中，陶器、岩壁上的青蛙图案上多有河流或降雨，证明那时的人们已经注意到青蛙的精子和卵子只有在水中才能完成受精。在有的图案中，与青蛙、河流一同出现的还有美洲虎爪印。美洲虎是雨林中最凶悍的陆地猛兽。美洲虎的爪印与青蛙、河流出现在同一画面，想必是那时的土著人祈盼孕育中的新生命具有如美洲虎一般旺盛的生命力。

---

① 瓦伊纳·卡帕克：Huayna Cápac，根据不同史料记载，生于1464至1468年期间，1527年逝世。印加帝国第11位统帅。

装饰。吹箭筒则专门用以对付树上的猴子和飞鸟。箭头涂毒，运足气力使劲一吹，飞出的箭准确命中几十米开外的猎物。闲暇的时候，瓦奥拉尼武士喜欢自己设计、制造和装饰武器，从而使每一件武器都留下清晰的个人印迹。

瓦奥拉尼人赤身裸体，但不是一丝不挂，用野棉花搓成的饰带，看上去像是麻绳，被称为科米[①]。科米系在腰间，男人的阴茎立起来用科米束住，避免行走或奔跑时造成不便。瓦奥拉尼人视科米为力量和好运的象征，所以，女人和孩子也系科米，但是比男人的要细。

科米之外，瓦奥拉尼人身上的装饰还有用植物干果、种子或兽牙串起的耳坠。祭祀、典礼或征战时，男人会戴上鹦鹉羽毛编织的帽冠和手镯，用于激发斗志。

瓦奥拉尼人灵巧，矫健，有着强壮的身体和非同一般的耐力，在雨林追捕猎物时疾走如飞，这与其饮食不无关系。他们的主食是肉类和木薯。烤猴子，喝木薯粉发酵酿制的饮料是他们的寻常早餐，猴脑和眼睛是所有人的最爱。他们的食量大得惊人，饱餐一顿可以撑过好几天。大型动物如果一次吃不完，熏烤后会被留作下顿食用。瓦奥拉尼人烧烤猎物或熬制汤料不放盐，也不加其他调料。食用完猎物，他们经常围坐在一起，津津有味地回味捕猎的细节。

瓦奥拉尼人的住房叫昂卡[②]，尖屋顶形状，由晒干发黄的芭蕉叶层层铺就，从屋顶一直铺到地面。一个昂卡能容纳一大家子十几口人，宽敞，实用，躺在吊床上，随手就能够到附近的木柴、食物、水和陶罐。

瓦奥拉尼人的吊床很宽大，大到可以同时睡4到5位家庭核心成员。他们钻木取火，引燃篝火。篝火临近吊床，彻夜燃烧，提供照明，吓跑野兽，驱赶蚊虫。

有探访过瓦奥拉尼部族的西方人类学者说，不论什么时候，瓦奥拉尼人从不嫌孩子碍事，既不训斥打骂，也不表扬鼓励。孩子们从小跟随长辈，在

---

① 科米：Komi。

② 昂卡：Onka。

无拘无束的环境中模仿成人的一举一动，从中学到安身立命的技能。对于失去父母的孤儿，孩子的亲戚会把他一手拉扯成人。

外人眼中野蛮残暴的瓦奥拉尼人，家庭生活实则充满欢声笑语。他们开朗，健谈，爱讲笑话，孩子们晚上都是在地上玩到困得睁不开眼才爬上吊床，然后在大人的怀抱中进入梦乡。

与外界想象的不同，瓦奥拉尼人没有等级观念，日常无人发号施令，且男女平等。男人负责狩猎，平地，建房，制造武器，保护家庭。女人种地，做饭，烧制陶器，照顾儿童。只是这种分工不是一成不变，他们会视实际情况做出灵活调整。

在亚马逊热带雨林，每年的1月到3月，野果挂满枝头。大自然的慷慨，暂时减轻了瓦奥拉尼人的生存压力，他们于是把这个季节选作婚配季。年轻人在毫不知情的情况下被家族长辈指定为夫妻，捆绑后抛到吊床上，众人围着吊床载歌载舞，预祝新人生死相依。

瓦奥拉尼人赠送新人的礼物是一对长着蓝色和金色羽毛的鹦鹉。蓝色代表天空，金色象征太阳，其中的含义不言而喻。

瓦奥拉尼人无惧死亡，他们把肉体的消失视为人生必经的驿站，认为形骸尽管离去，但是生命还将在时空延续。由此，这个骁勇的部族只有庆生而没有葬礼，只有欢笑而不见眼泪。

1987年7月21日，出于传教目的，也为帮助外国石油公司沟通，天主教方济各会纳波地区主教亚历杭德罗·拉巴卡[1]和妹妹、修女伊内斯·阿兰戈[2]踌躇满志，冒险进入塔加埃利族的领地，这是有记录以来外部世界的“文明人”第一次试图与塔加埃利人平等接触。结局悲惨至极，兄妹俩被标枪扎成筛孔，无一生还。事后，塔加埃利人放弃家园，逃入雨林更深处，直到5年后，才被过起现代生活的一位瓦奥拉尼人乘坐飞机从低空发现。

---

① 亚历杭德罗·拉巴卡：Alejandro Labaka。

② 伊内斯·阿兰戈：Inés Arango

纳波地区的萨帕拉人在进行投掷标枪比赛

插图选自 1981 年厄瓜多尔中央银行出版的《图说 19 世纪的厄瓜多尔》一书

瓜亚斯省历史档案馆提供

萨帕拉人——操非物质文化遗产语言的人

典型的萨帕拉人皮肤棕色、宽鼻梁、厚嘴唇、面部扁平。

萨帕拉人崇拜水中的巨蟒和陆地的美洲虎。在他们看来，美洲虎超自然的机敏和无穷的力量源于这种大型猫科动物身上的斑纹。他们对此如醉如痴，以至于用胭脂果的红色画在脸上模仿。

土语将萨帕拉人的传统服饰叫作延查马[①]。延查马其实就是整张树皮，剥下后碾平，敲打出纤维，浸泡水中，晾干，绘上图案，披在身上，成了衣服。

---

① 延查马：Llanchama。

在雨林，萨帕拉人以骁勇善战、投掷精准而闻名。他们似乎人人都是投掷高手，即使独自一人，也能在极短的时间内投掷出大量标枪，瞬间形成一道密集的攻防弹雨。这得益于萨帕拉人丰富的实战经验和平时的勤学苦练。

萨帕拉人喜欢沿河岸居住，会毫不犹豫处死涉水上岸的异族。这样的部族濒于灭绝，皆因历史上绵延征战造成的惨重伤亡，面对西班牙人传播的流感、天花和麻疹毫无抵抗力，以及橡胶园里终日无休的繁重劳役导致的人口锐减。为使后代免受橡胶园之苦，曾有萨帕拉母亲不惜杀死自己的亲生孩子，足见残忍压榨到何种程度。

与亚马逊热带雨林的其他土著部族一样，从手中武器到日常用品，萨帕拉族也会充分利用大自然的恩赐。他们凿下野猪的獠牙钓鱼，用枯干的剑麻割断新生婴儿的脐带，削尖笔直的树枝制作刀剑，利用韧性十足的野草编织篓筐，串起晾干的植物果子当项链，以胭脂果的红色作颜料化妆。

在雨林，萨帕拉人的叫声与猴子无异。彼此交谈时，语调时而高亢，时而低沉。当下，为数不多的萨帕拉人大多已融入基丘亚或阿楚阿尔部族，掌握传统语言的萨帕拉人在20世纪80年代末仅剩20余人，且他们之间也不常使用外人听上去像吟诵的土语。有鉴于此，保存和拯救萨帕拉人的语言成为当务之急。正是出于这一考虑，在厄瓜多尔目前仅有的两项联合国教科文组织人类非物质文化遗产中，除了产自蒙特克里斯蒂手工编织的草帽，另一项就是萨帕拉部族的语言。

萨帕拉人能歌善舞，起舞时，离不开的乐器是皮鼓和角号。皮鼓用松木制作，蒙上猴子皮或狸猫皮，以掏空内脏晒干的带毛巨嘴鸟标本装饰。角号则由陶土烧成。

1月到3月，雨林里野果飘香，一片生机。树上贪吃的猴子鼓着圆圆的肚子，皮下一层厚厚的脂肪。萨帕拉人以节日庆典回馈上天的赏赐。

节前准备是件大事。部族里挑选出精壮的勇士组成打猎队出征，勇士们撇下老弱妇孺，一别就是个把星期，甚至一个月。打猎队配有专门助手，负责加工、熏烤斩获的猎物——猴子、野猪、鱼……以防来之不易的猎物在高温环境下腐烂变质。还用鸟的羽毛和兽皮，编织漂亮的帽冠和衣服，作为礼物带回家送给翘首以待的女人和孩子。一顶华美的羽毛帽冠，要用4到5只金刚鹦鹉的羽毛制成。

依照传统，打猎队临行前，女性长辈都会依依不舍主持送行仪式，保佑勇士们在外平安，祝愿他们猎获丰厚。

猎手出征期间，女人们也一刻不得清闲，她们酿奇查酒[①]，烧制硕大的陶罐，然后把奇查酒倒入陶罐储存。奇查酒有许多种，配方不是一成不变，有的加入专为酿酒种植的木薯和女人的唾液，这样的奇查酒叫卡祖玛[②]，还有的加入花生和白薯。不同的奇查酒口味不同，或清淡发甜，或浓郁刺鼻，酒精度也差别明显。

打猎队平安回到部族堪称是一件盛事。女人们把头发染得墨黑，提前化好妆，在脸、胳膊和大腿上精心绘制纹饰，然后夹道欢迎凯旋的勇士。

接下即是期盼已久的节日庆典。庆典持续3天：第一天，纵情舞蹈，开怀畅饮；第二天，大快朵颐，欢歌笑语；第三天，喝光所有的卡祖玛。如不能一饮而尽，则把剩余的倒在至爱亲朋的头上。最后，砸碎所有的陶罐，把陶片抛向芭蕉叶屋顶，留在芭蕉叶上的残破陶片，寄托着人们对来年欢庆的向往。

阿楚阿尔人——面部伪装术的高手

阿楚阿尔人栖息在帕斯塔萨河缓慢流经的河谷地带。河心的黑沙浅滩上，碎石遍布，鳄鱼、乌龟像一尊尊雕塑，一动不动地趴着晒太阳。两岸湿热的沼泽地，密布着高大的曲叶矛榈，这是一种棕榈科植物，结出的果实呈栗色，外表覆盖光泽的鳞片。在阿楚阿尔人的生活环境里，满眼皆是这种高大的树木和它的果实，由此，阿楚阿尔人又被称为“棕榈果人”。

和雨林中烽烟四起的其他土著部族不同，很长一段时间里，阿楚阿尔人

① 奇查酒：Chicha，一种由紫玉米混上水果发酵酿制的酒。

② 卡祖玛：Kazuma。

亚马逊热带雨林
特纳地区的阿楚阿尔人
作者摄于 2012 年

都处于一种相对宁和的状态，这既得益于他们的生存环境外人不易接近，又与其令人望而生畏的面孔不无关联。

阿楚阿尔人特立独行，纵使在雨林深处辟出简易飞机跑道的今天，他们也尽量保持固有的风俗习惯，较少受到外来生活方式和文化的袭染。

阿楚阿尔人的面部纹饰极具特色，不论出于装点还是象征意义，不论萨满还是众生，脸部彩绘在这个雨林部族的日常生活中均有非同小可的意义。

阿楚阿尔人用胭脂果的红色作颜料，这一点与雨林其他部族无甚区别。

化妆时，他们会在胭脂果中加入黏土，旨在加重色调，增加黏性。

阿楚阿尔人很会借助纹饰，巧妙地掩饰或突出面部的轮廓特征。尤其是那些冲锋陷阵的战士，极为擅长伪装术，能以夸张的绘法，隐藏临战前不经意间流露出的恐惧，或者把嘴唇涂抹成类似美洲虎一样的血盆大口，让对手不寒而栗。

与不熟悉的人接触，阿楚阿尔人通常把脸部画得纷乱，说话时用手挡住半张脸，这样，陌生人既无法看清对面的交谈对象，日后又难以通过声音识人。

从空中看，阿楚阿尔人的房舍呈椭圆形，走到里面，宽敞通透，进深大的能容纳20人，长度超过20米，宽逾10米，高达7米。

典型阿楚阿尔人的房舍没有墙壁，如果居所四周突然被木质栅栏环绕起来，则表明家庭成员感受到某种威胁，已进入临战态势。

阿楚阿尔人就地取材，用笔直粗大的原木或箭竹做承重柱，以晾晒过的宽大棕榈叶铺成厚厚的屋顶，使用韧性十足的藤条捆绑梁和柱的结合部，串起动物颚骨，挂在屋顶当装饰物。

使用功能上，男主人待客的场所在土语里被称为坦卡马什[①]，举行仪式的地方叫奥哈马丁[②]，饮酒的房间是马萨托[③]。埃肯特[④]则专供女人出入，私密、幽静，有些家庭还把死去的婴儿遗体葬于此处，故外人不得抵近。

上述这种按性别划分空间的理念也体现在户外。林中辟出的种植园属于女人的天地。阿楚阿尔女人能在不大的空地种植百余种食用和药用作物。密林深处则是男人的猎场，勇士们使用细长的标枪狩猎。鉴于获得火药不易，故阿楚阿尔人很少使用火器。

在对待大自然的态度上，阿楚阿尔人也和雨林的其他部族一样有着惊人的相似之处。他们为林中绝大多数植物和动物赋予了与人一样平等的生命。

---

① 坦卡马什：Tankamash。
② 奥哈马丁：Aujamatin。
③ 马萨托：Masato。
④ 埃肯特：Ekent。

依奎[①]是传说中专司耕种的女神，阿楚阿尔女人拿出哺育婴儿一般的温柔，小心翼翼地在木薯地里耕种，不时地，还轻声哼唱起阿内恩特[②]，这是蕴含神秘力量的土语歌曲，诉说着阿楚阿尔女人呼唤植物健康生长、远离灾害的殷切心情。

阿楚阿尔女人从不过度开垦，更不会毁林开荒，每当部族搬迁，她们身后留下的耕地会在很短时间内恢复之前的植被。

对于雨林中的动物，阿楚阿尔男人同样满怀悲悯和恭敬之心。鹦鹉、巨嘴鸟、猴子被骁勇的战士当作自己的同类，每一个猎手在完成致命一击前都会在心中默念动物保护神的提醒：不得过度捕杀，禁止虐待死去的生命，悉心喂养暂不能独立生存的幼兽。因此，阿楚阿尔男人的狩猎行动会严格限制在一定范围，不至打破雨林动物世界的平衡。

在阿楚阿尔人的潜意识里，梦是日常生活的重要组成部分。在梦里，灵魂出窍，于雨林上空无拘无束地自由飞翔，和平日不曾相遇的人沟通，这些人可以是神话英雄，可以是逝去的亲人，也可以是触手可及的植物和动物。梦醒时分，阿楚阿尔人理清思绪，重新回归日复一日的熟悉节律。

阿楚阿尔人重视梦境，认为梦并不虚幻，而是真实的世界，梦中的一切皆为真切的存在，将会影响和左右他们的生活，乃至指导他们的行为规范。

阿楚阿尔人还相信，雨林深处的山丘、沼泽和树洞里有魔鬼栖身，这些魔鬼曾经是萨满的助手和动物的保护神。众魔鬼当中，最令阿楚阿尔人闻风丧胆的是臆想中的食人族，食人族通体白色，留着浓密的胡须，脖颈长嘴，专门吞噬土著人。

舒阿尔人——盾牌与缩头术

舒阿尔人也被外界称为希巴洛[③]人，分布在今天秘鲁和厄瓜多尔两国的

① 依奎：Nunkui。
② 阿内恩特：Anent。
③ 希巴洛：Jíbaro或Jívaro，16世纪西班牙人的编年史中，也见Xibaro或Xivaro的记载。

亚马逊雨林地带，是雨林区人口最多的土著部族。

厄瓜多尔境内的舒阿尔人多见于帕斯塔萨省、纳波省和萨莫拉·钦奇佩省。

舒阿尔人性情刚烈，历史上从未向外来势力屈服。1490年，舒阿尔人迫使强大的印加帝国军队不敢越雷池一步，1549年，又让西班牙人尝到了第一滴血。历经半个世纪的殊死抵抗，1599年，舒阿尔人终于将在南美大陆所向披靡的西班牙人逐出自己领地。

舒阿尔人的社会分工和雨林其他土著部族没有不同，也是女人耕作、编织、烹饪、酿酒、哺育后代，男人狩猎、捕鱼、保卫家园。

盾牌在土语里叫坦塔尔[①]，是舒阿尔战士身份的象征，兵戎相见时用来护身保命，平日里则是重要的工艺品。坦塔尔由松树或木棉树的整板制作，图案和装饰象征着力与死亡。许多盾牌上都绘有剧毒的眼镜蛇，意在震慑对手，显示战无不胜的威力。遇有冲突，舒阿尔战士会手持盾牌，高唱战歌，一往无前扑向敌阵。

舒阿尔部族有缩头文化，即因为争夺领地或其他原因导致两军对垒，战胜一方的首领亲自操刀，砍下失败一方首领的头颅，尔后严格遵循传统习俗，将被割下的头颅缩小保存。舒阿尔人视此为一种具有象征意义的宗教仪式，在土语里叫参嚓[②]。

参嚓由部族首领在无旁人的情况下于密林深处独自进行。先用刀从后脖颈处把头割下，高悬8日晾晒，然后从颈部断面入手，掏空脑组织和肌肉组织，再用兽皮层层包裹住脑壳，以重物锤击颅骨，将碎骨取出，只剩完整的头皮套。把头皮套连同头发一起放入滚开的沸水，煮大约一刻钟取出。再次晾干，从内部刮净与头皮粘连的残肉，里外涂抹龟油，填充热沙撑满头皮，再把颈部断面、口、鼻和眼处缝合。一切处理完毕，正常的头颅就缩小到只有成人拳头大小。

---

① 坦塔尔：Tantar。

② 参嚓：Tsantza。

在整个参嚓过程中，部族首领口中念念有词，旨在召唤生命与死亡之神，避免日后遭到报复，防止对手死而复生，也是为亡灵超度。

一旦参嚓结束，部族就在林中空地燃起篝火，炖煮猎物，畅饮奇查酒。部族长者与战士们站成圈，把主持参嚓的部族首领围聚中间，然后，将拳头大小的人头挂在首领胸前。与此同时，女人们边舞边唱，祈祷战士们好运，祝愿他们远离苦难、病患、杀戮和死亡。

过后，长者点燃烟叶，大口吹气，让刺鼻的青烟飘向首领，这是为了不使首领梦见逝去的生命，因为舒阿尔人笃信，梦见亲手处死的敌人是不祥之兆。之后，长者带领部族全体到河边，割下一缕长发丢入河中，换上新衣，以示将过去抛在身后，开启平安快乐的新生活。

有必要指出，部族冲突风烟散尽后，战胜的一方只处置失败一方的首领，而不会歧视或虐杀他的麾下。失去首领的敌方士兵将被收编，以此来壮大战胜一方的队伍。

卡内罗斯地区基丘亚人的陶艺

远在500年前，亚马逊热带雨林区土著人制作的陶器就以精美的纹饰和别致的器型，给第一批到达此地的欧洲人留下了深刻的印象。厄瓜多尔境内雨林区陶器的制作中心在今天帕斯塔萨省，尤以库拉拉依①、科南波②、蒙塔尔沃③、萨拉亚库④、帕卡亚库⑤和卡内罗斯⑥等几个地方的制作水平最高。

卡内罗斯位于帕斯塔萨省的省会普约⑦东南部。那里出产的陶器以内涵深邃、象征意义深远声名远播，不仅在基多、瓜亚基尔和昆卡等厄瓜多尔国内大城市广受欢迎，而且远销欧洲和北美，还经常现身世界各大博物馆展柜。

---

① 库拉拉依：Curaray。
② 科南波：Conambo。
③ 蒙塔尔沃：Montalvo。
④ 萨拉亚库：Sarayacu。
⑤ 帕卡亚库：Pacayacu。
⑥ 卡内罗斯：Canelos。
⑦ 普约：Puyo。

卡内罗斯地区的土著人是基丘亚人。他们近一个世纪以来所受到的外部冲击，可谓是厄瓜多尔境内雨林区大多数土著人的共同经历——19世纪末的橡胶园经济高峰，1930年首次发现石油，20世纪60年代末的石油再发现以及随之而来的大规模开采，最近50年棕榈树的大范围种植和热带畜牧业的发展。

面对汹涌澎湃的外界影响，卡内罗斯地区的基丘亚人却表现出了从容不迫的淡定。反映在陶器上，既接纳现代文明，又继承传统精髓。过去与现在，传承与创新，在一件普普通通的陶器上得到了完美诠释。

卡内罗斯地区基丘亚人的陶器图案繁复，造型多变。他们用女人或孩子的毛发做画笔，颜料取自天然矿石，红色、黑色、白色和赭色运用最多。

卡内罗斯地区基丘亚人陶器上图案的题材非常广泛，美洲虎、巨蟒、青蛙、蝎子、蜜蜂……在器物上均常出现。画法既有写实、又有写意。有些动物，如美洲虎和巨蟒，用斑纹替代，另有一些动物，如青蛙和鱼，则用蛙足、鱼鳞等典型特征表达。拉长的几何六边形代表龟壳，一段长线两边对称地出现爪纹表示蜥蜴。总之，每一种图案都蕴含着深刻的含义，或象征力量，或代表命运，或隐喻生命，无一信手拈来。

为诉说对权力的向往，基丘亚人常在陶器表面绘制六边形的龟壳，这是一种含蓄的表达，更直露的画面是萨满盘坐在卷成圆形的巨蟒、鳄鱼或蜥蜴身上。

基丘亚人普遍相信，最好的制陶艺人多是有权有势的萨满夫人或姐妹，因为只有她们才能与萨满朝夕相处，从而获得丰富的创作灵感与素材。

在制陶工艺方面，厄瓜多尔境内亚马逊雨林区的土著人从古至今一直采用泥条盘筑法，而从未使用轮制法。颜色上则分黑陶和彩陶，颜色不同，用途也不尽相同。黑陶用熏烟上色，基丘亚人用黑色的陶罐烹煮木薯、芭蕉和肉食，用黑碗盛熟食。表面带有装饰的彩色陶罐则用来酿制和储存阿苏阿[①]

① 阿苏阿：Asua。

雨林中的鹦鹉
作者摄于 2013 年

和奇查酒。

阿苏阿是卡内罗斯地区基丘亚人平时饮用、待客和节日庆典中的常见饮料。制作过程中，先把煮熟的植物根部和木薯放入木盆捣成糊状。然后取出一部分放入口中细嚼，制成发酵剂。不论奇查酒还是阿苏阿，雨林中土著人的饮料都是发酵酿制，这样便于在高温湿热的自然环境下储存。经过咀嚼的糊与唾液中的酶混合，会合成一种含麦芽糖的淀粉，可提供热量。混合发酵剂酿制的饮料中含有植物根部和木薯所不具有的蛋白质，能增加饮料所含的营养成分。基丘亚人把酿制好的阿苏阿存储在大型陶质容器里，喝的时候才倒入碗中。

从某种程度上讲，陶器和阿苏阿在基丘亚文化里是女性的象征，因为不管制陶还是酿制阿苏阿，都只有女人参与，种植木薯也由女人单独进行。

卡内罗斯地区基丘亚人的孩子从小就在女性长辈身边，于玩耍中潜移默化接受制陶文化的熏陶。基丘亚女人制作陶器，从器型到图案，因时因地，受外在客观环境和内在主观情绪影响很大，自由发挥，随意性强。所以，一模一样的两件作品难得一见，即便出自同一人之手，烧制好的成品在细微之处也有差别。这在机器流水线大规模批量制造产品的今天已不多见。

诚然，随性发挥也好，潇洒自如也罢，均无法摆脱基丘亚人潜意识里代代相传的文化基因。深刻剖析这一一脉相承的文化基因，便能看到山水融合，万物共生，神灵在上，敬天法祖等土著人精神世界中恒久存在的哲学元素。

土地、河流和森林，三者构成了雨林土著人生死相依的环境，因此，他们对土地神、水神和森林神的崇拜无处不在。具体到纹饰绘制，尤其表现日月山河等自然景观，很多时候，基丘亚女人使用的符号让人联想到中国古代的象形文字。譬如，一个简单的Z字符号或者几个折号排列起来，用来代表蜿蜒的河水，进一步延伸，兴许还有命运曲折的意味。至于山丘和峰峦的表达方式，则更与象形文字如出一辙。

传说中，很久以前猴子也会在树上举办节日庆典，这些诡异的精灵拿露水当饮料，在枝杈上肆无忌惮痛饮。树下，土著女人一言不发，为猴子烧制盛露水的陶器。

这个传说在陶器图案上也有所体现，它实际反映了土著人被迫臣服于外来殖民者无可奈何的窘态。树上的猴子，正是外来殖民者的化身，在土著人看来，这些外来人种还没有完全进化。

卡内罗斯地区的基丘亚人达观知命，当他们意识到命运不可抗拒时，便不再一味排斥。于是，在出土的陶器上，时常可见外来元素与其传统和谐共存的图案。

从文化角度讲，今天，陶器已成为卡内罗斯地区基丘亚人的精神寄托和民风民俗的物质载体。虽然节日上他们的歌曲对此也有所反映，但是，对于考古学家和古人类学家而言，陶器才是研究卡内罗斯地区基丘亚人乃至厄瓜多尔境内雨林区基丘亚人一路走来的活化石。

雨林中的神话世界

折线是生活在亚马逊热带雨林中不同部族的通用符号。从陶器图案到面部纹饰，从山川河流到毒蛇巨蟒，看似简单的折线实则有着超乎寻常的丰富内涵，而非止步于一般的审美层面。不同粗细，不同颜色，不同笔画的折线象征意义不同——物质的多变，精神的起伏，宇宙的莫测。按照帕斯塔萨省基丘亚人的理解，折线是力与美，权与智的契合。萨满认为，折线在诉说生命和能量之间的延续与转换。

时间有起点，雨林有起源，天地有边线。造物主将人类、自然和超自然的精神凝为一体，相互依存，不容割断。土壤、石头、水源，雨林、植物、动物……和人类一样皆有生命。存在消亡，生老病死，透过表面，皆为众神意志的体现。

土著人的臆想中，3个造物神主宰着宇宙万物，分别是阿马桑加[①]、依古力苏派瓦尔米[②]和伊苏米或亚库鲁纳[③]。

阿马桑加系超越自然之神，为动物世界提供庇护，协调雨林中的生命和力量，指导人类与林中生灵相依为命。

传说中，阿马桑加披乌亮的黑衣，留长发，肩扛吹箭筒，以监督者和守护神的身份与狩猎的战士一同出征。倘若人类滥捕滥杀，索求无度，阿马桑加就会当机立断予以处置，派出手下的毒蛇、昆虫和食人族严惩肇事者。

因此，不管狩猎还是征战，每个土著人潜意识里都有一条底线，像是不

---

① 阿马桑加：Amasanga.

② 依古力苏派瓦尔米：Nunguli Supai Huarmi。

③ 伊苏米或亚库鲁纳：Ysumi o Yacu Runa。

亚马逊雨林特纳地区的河流
作者摄于 2012 年

成文的铁律，约束着他们不至于肆意妄为。对于狩猎，他们不捕杀幼崽，猎获仅限于饱餐，不会过度猎捕，然后将多余的食物弃之荒野。对于征战，他们不会凌辱敌人的尸体，相反会举行仪式，虔诚地祈福逝者的灵魂升天。

依古力苏派瓦尔米是阴柔的女神，土著人奉之如圣母。圣母看管土地，呵护女人繁育后代。每当播种季节，土著女人就会唱起圣歌，祈求女神保佑风调雨顺，劳有所得，作物免遭天灾和虫害。

圣母的仁爱不仅惠及林地田园，而且还眷顾女人的后代和家务，保护女人的子女，教会女人酿制奇查酒，进行编织和制陶示范。

伊苏米或亚库鲁纳是水中之神。土著人坚信不疑，水下有着与他们一样的平等生命，组成与他们同样的村落。统领水下众生的就是伊苏米或亚库鲁纳，河流、湖泊、雨雾，都属于其管辖范围。

水是生命之源。在土著人的意识里，河流的漩涡由水神旋转的屋顶形成。屋檐之下，水神稳稳地盘坐在眼镜王蛇卷曲的身上，像躺卧吊床一样悠然自得。隔三岔五，水神会浮出水面，以黑色眼镜蛇为舟，作为访客，探访河流两岸的村庄。

土著人的宇宙由3个唇齿相依的空间组成，既彼此独立，又密不可分，这3个空间分别是卡伊帕恰[①]、乌库帕恰[②]和哈瓦帕恰[③]。

卡伊帕恰是人类和自然形成的空间。雨林、河流、湖泊、山峦、沼泽以及栖息生长在当中的动植物，都是组成这一空间的元素。

乌库帕恰是指林中和水下存在的超自然空间，这个空间里的精神力量，维系和驱动卡伊帕恰中的生命元素及其再生。

哈瓦帕恰泛指更广阔空间中的日月星辰，通过传递精神和力量，作用并影响另外两个空间中大到光阴、节气、气候、水文、土壤，小到每一个具体生命命运的再生与轮回。

土著人通过被称为苏派[④]的精神，获取关于宇宙神话方面的知识。能够传递这种精神的只有萨满，萨满具备与天地、自然和人类实现沟通的智慧。

现实世界和超自然空间的沟通不能缺少媒介，一种媒介是塔基[⑤]，土语是“圣歌”之意。另一种是穆斯圭[⑥]，系基于梦想提炼出来超越人类的语言。

在与萨满的接触过程中，土著人学会了与周围环境相处的技能以及在大自然中安身立命之道，即独处，克制，反思。这一学习过程贯穿终身，少不

---

① 卡伊帕恰：Cai Pacha。
② 乌库帕恰：Ucu Pacha。
③ 哈瓦帕恰：Jahua Pacha。
④ 苏派：Supai。
⑤ 塔基：Taki。
⑥ 穆斯圭：Muscui。

更事时靠父母和部族长辈引导，长大成人后则有赖于主观意愿更新完善。

土著人的神话内容涵盖物质精神、出生死亡乃至宇宙万物。土著人相信，神话由祖祖辈辈口口相传，是真实的历史和智慧的沉淀，对每一个人的成长和部族的生存都具有十分重要的意义。

渐行渐远的伊甸园

号称亚马逊干道的E45号公路全长701公里，沿着山区和雨林的过渡地带，串起厄瓜多尔境内雨林区的5个省份，自北向南分别是苏昆比奥斯省①、纳波省、帕斯塔萨省、莫罗纳·圣地亚哥省②和萨莫拉·钦奇佩省③。干道向雨林一侧伸出的众多蜿蜒辅路，好似一根根毛细血管，将外界和雨林深处连接起来。

普约是帕斯塔萨省的省会，在雨林属于规模较大的城市，大致位于干道的中间，发挥着承上启下的枢纽作用。

直到20世纪60年代末，普约附近依然人口稀少，是石油公司修路架桥的隆隆轰鸣惊醒了雨林中的动物和土著人。接踵而至的是运载矿石的载重车低沉而持续的喘息。再往后，对新生活满怀憧憬的人流浩浩荡荡，纷沓而至，伐木的电锯撕心裂肺的响声此起彼伏。

面对席卷而来的滚滚红尘，手持标枪长矛的土著人一筹莫展。

20世纪90年代，夜行的司机偶尔还能从车内看到穿越公路的美洲虎，大摇大摆，不紧不慢。甚至发生过饥饿的猛兽蹿入村庄，袭击人畜的事件。这在今日不啻为天方夜谭，只有可能在兴致盎然的导游口中出现。30年弹指一挥间，从中可一窥雨林发生的巨变。

猎奇的欧洲摄影队先声夺人，队伍里的装备，子弹上膛的卡宾枪多过照相器材，对准巨蟒的不仅有长焦镜头，而且还有摄影师身后冷冰冰的枪口。

---

① 苏昆比奥斯省：Provincia de Sucumbíos。
② 莫罗纳·圣地亚哥省：Provincia de Morona Santiago。
③ 萨莫拉·钦奇佩省：Provincia de Zamora Chinchipe。

特纳地区雨林中的猴子
作者摄于2012年

但凡巨蟒摆出攻击姿态，摄影师尚未按下快门，一梭子子弹已然飞出枪膛，哪怕阿马桑加也回天无术。

商品大潮的冲击，石油公司的收买，本国政府的补偿，国际组织的援助，令油田区块内的土著人一夜暴富。“文明”生活方式的诱惑，让部分土著人把天条、神话和祖训统统忘到脑后。吸毒、酗酒、偷盗、抢劫伴着黑金而至，个体、家庭、部族无一幸免。

萨拉亚库[1]人是基丘亚部族的一支，人口约1200人，生活在帕斯塔萨省雨林深处。除了水上泛舟，与外界联系的工具还有4座的小型涡轮螺旋桨飞

① 萨拉亚库：Sarayaku。

机。策划已久的探访，临到成行因坐地起价被迫取消。在接待了一批又一批的外国观光客后，曾经与世隔绝的土著人已谙熟讨价还价的技巧，他们知道如何利用外界的好奇赚取大把的钞票。这使我对拍出的片子是否一如最初想象产生了深度怀疑，也让所有的期盼瞬间化为泡影。

在科托恰[1]，六七十年前还兵戎相见的基丘亚人与阿楚阿尔人的后代已和其他部族相互通婚，并且经营起专门接待外国人的旅游客栈。一口流利西班牙语的土著向导不失时机地提到费用问题，让已提前支付完中介费的我对其所言不知该信以为真，还是将信将疑。

望着智能手机不离手的向导女儿和窗台上的可口可乐空瓶，离开故乡后逐渐消退的戒备心理重又提起。在接下来的采访中，抽水马桶、电视信号接收天线以及土著女人疲于应付的表情，像根无形的鞭子，一次次抽打着我不断递减的热情，最终让我精心准备的拍摄之旅变得索然无趣，以致连举起相机都以为多余。

在接待完我的次日，土著向导还将陪同一批外国游客，深入林区进行为期4天的探险。亚马逊丛林之旅，业已成为一条日臻成熟的旅游产业链。

激流拍岸，河面之上，一条钢索吊桥横跨两岸。夕阳下，穿着牛仔裤的阿楚阿尔男人人手一支小铁铲，在为吊桥的金属护栏除锈。赤裸上身的女孩双手搭在护栏上，一动不动注视着远方漂流的独木舟。

见我举起相机，女孩不躲不闪，仅用双手挡住胸部，脸部却看不出丝毫羞涩。女孩的妹妹使劲用手拉拽姐姐的两臂，好让姐姐的上身完整地呈现在镜头前。两个女孩子就这样笑着在颤颤巍巍的桥面上扭打成一团。

木板铺成的桥面像涌浪一样起伏，把女孩子的笑声传递到对岸。男人们则仿佛什么也没有发生，继续心无旁骛专注手中的活计。

连续两日起早贪黑，期颐一睹桑盖火山峰顶被白雪覆盖的热带奇观。结果大失所望。旱季里，火山被云雾遮挡，连当地土著人都觉得不可思议。我

---

① 科托恰：Cotocha。

说，这是卡伊帕恰的旨意，我接受神的安排，言毕却难掩满脸失意。

这不是我第一次走进雨林，相信也不会是最后一次。纵使还有机会，心里也明白，那个神秘的伊甸园，已渐行渐远。

萨满一直告诫土著人，时空有边界，雨林里生命平等，人类不是主宰。萨满的话，总是回荡在耳边……

2018年11月26日

后记

2019年4月26日16时50分，针对瓦奥拉尼部族代表阻止厄瓜多尔政府在雨林地区土著人领地开采石油的要求，帕斯塔萨省地方法院一审作出了支持瓦奥拉尼人的裁决，使得180000公顷热带雨林暂时免遭破坏。

法庭上，瓦奥拉尼代表义正词严地激辩："过去我的祖先用标枪捍卫领地。今天，我代表身后16个瓦奥拉尼村落，放下标枪，选择用法律作武器，依靠唇枪舌剑与强大的政府对簿公堂……雨林是瓦奥拉尼人的生命。我们不需要石油，也绝不允许别人在我们的领地开采石油，然后糟蹋我们脚下干净的土地，让我们的后代喝被污染的河水，呼吸污浊的空气……我们坚决反对石油公司修建营地，实施地质勘探，建设公路，埋设输油管道……"

据瓦奥拉尼代表陈述，2012年的某一天，石油公司的技术人员带着美食和礼物来到雨林。他们为居民体检，许诺为部族盖学校和住房，却只字不提将要在雨林区开采石油一事。后来得知，这都是精心编造的骗局。

获悉真相后，瓦奥拉尼人义愤难平，于是将中央政府两个部门——能源与不可再生资源部和环境部告上法庭。

帕斯塔萨省地方法院调查取证后认为，政府隐瞒实情，做出涉及公民切身利益的决定，已构成违宪。因此，责成政府相关部门立即终止错误做法。

对于法院的判决，能源与不可再生资源部和环境部均表示不服并将提起上诉。

瓦奥拉尼人状告厄瓜多尔政府的行动被媒体广为报道。不论最终结果如何，对于在厄瓜多尔从事不可再生资源开发的跨国公司而言，未尝不是一种警示。

2019年4月27日

加拉帕戈斯群岛

Islas Galápagos

圣克里斯托瓦尔岛岸边的海狮

作者摄于 2012 年

第十一夜
加拉帕戈斯群岛——历经沧桑的天堂遗痕

对于把加拉帕戈斯群岛当作度假天堂的叽叽喳喳的观光客，我一律没好气地告之，那里一半火焰，一半海水，介于天堂与地狱之间。

加拉帕戈斯群岛远离厄瓜多尔大陆1000公里，位于太平洋深处，一度遥不可及，仿佛是一片与世隔绝的天地，曾几何时，还被认为诡秘且不宜人居。

群岛由地幔内部高温区的一个“热点”生成。早在几百万年前，一系列剧烈的海底火山运动过后，从“热点”喷涌而出的岩浆在海面形成众多火山岛。大洋板块运动又使这些业已存在的岛屿产生位移，“热点”成为中心，持续喷发并在周围形成更多的火山岛。

加拉帕戈斯群岛由低矮的岛屿和高耸的火山组成，总计有5座大岛、14座中小岛屿以及数百座岛礁，1535年被托马斯·德贝尔兰加修士[1]在从巴拿马前往利马的途中发现。此后的几个世纪里，那里沦为海盗和捕鲸者上岸补给食品和淡水的停靠地。

在群岛被发现300年后，英国博物学家查尔斯·达尔文搭乘“贝格尔”号巡洋舰登岛探访。停留期间，达尔文进行了详尽考察，采集了大量动植物样本，并萌生了关于地球上生命进化的思考。30年后，即19世纪中叶，他在那部不朽巨著《物种起源》中提出了生物进化理论。

1978年，联合国教科文组织宣布加拉帕戈斯群岛为“人类自然遗产”，1983年又将其列为“生物圈保护区”。

---

① 托马斯·德贝尔兰加修士：Fray Tomás de Berlanga，1487—1551年。

倘若加拉帕戈斯群岛果真为散落人间的天堂遗痕，想必当指其所拥有的火山岩浆的独特地貌，以及高度原生性的动植物种群：各类植物中，本地物种604种，外来物种260种；动物大约有300种。置身于不同岛屿，人们可在陆地、天上和大海深处观赏到大量不同的动物物种。而且，迄今为止的发现仅为极小部分。

加拉帕戈斯群岛的发现

1535年2月28日，从巴拿马拔锚起航5天后，一艘西班牙驶往秘鲁的帆船，被劲风吹得偏离航道，无力地漂向西南方向，离美洲大陆海岸渐行渐远。

那是帝国如日中天的辉煌时代。远在地球另一端的伊比利亚半岛上，国王皇冠上每一颗宝石发出的光芒都足以照耀四海。更何况，这艘船上还载有一位尊贵的乘客——巴拿马主教托马斯·德贝尔兰加修士，他是当时国王派驻美洲最负名望的人物之一。有他坐镇，从驾驶台上的船长，到昏暗底舱的船员，每个人都感到上帝与自己同在，因而没人表现出丝毫的慌乱。

3月10日，星期三。

被骄阳连日灼烤的船员喝干了船上能找到的最后一滴淡水，有人开始低下高傲的头颅，跪在船艏甲板默默地祷告。恐惧与不安无法遏制地在船上蔓延，所有人都心照不宣。

就在这个时候，一座未在海图上标注的不知名荒岛朦胧出现，生的希望近在眼前。这个岛，就是日后被称为加拉帕戈斯群岛中的一个岛。

饥渴难耐的水手不待船停稳即兴奋地涉水上岸。然而，除了遍地黑色的礁石、长不出叶子的枯树干和火山喷发留下的凝固岩浆，岛上一无所有。

在靠吸吮仙人掌的苦涩浆液躲过一劫后，德贝尔兰加修士下令继续寻找淡水。经历了一连串的失望并且付出了两名水手和10匹马的生命代价，水手们终于在3月14日下午于汪洋中的一个岛上找到了救命的水源。与淡水一同被发现的，还有体型硕大无比的巨龟。德贝尔兰加修士当即管这种行动迟缓的巨龟叫加拉帕戈斯龟。在遥远的西班牙，后来的人们顺理成章地以龟的名

加拉帕戈斯群岛龟湾水域被废弃的旧船
作者摄于 2012 年

字，把这片海域内大大小小的岛屿统称为加拉帕戈斯群岛。

获得了充足淡水补给之后，水手们仿佛获得重生，个个信心十足。在德贝尔兰加修士的指挥下，木船再次扬帆，于1535年4月9日驶抵今天厄瓜多尔的卡拉克斯湾[①]。稍事休整，紧接着又踏上余下的航程继续驶往目的地，执行本次航行的终极使命——在利马与迭戈·德阿尔马格罗[②]和弗朗西斯科·皮

① 卡拉克斯湾：Bahía de Caráquez。
② 迭戈·德阿尔马格罗：Diego de Almagro，1475年至1538年7月8日，西班牙在南美的早期征服者之一。

萨罗[1] 汇合，商讨新大陆的治理，调解与土著人愈演愈烈的争端，调查搜刮来的不义之财去向，而后者，才是重中之重。至于途中意外发现的群岛，那上面既无黄金，又无河流，甚至没有可耕种的良田，实在无法满足卡洛斯四世国王填不满的胃口。

不过，德贝尔兰加修士还是没有忘记向国王汇报发现群岛一事。节选自当年古西班牙文的亲笔手书如下：

“至高无上的国王陛下：

请原谅我迟至今日才得以在波多维耶霍[2] 山谷向陛下报告，让您知晓今年2月23日遵旨驶离巴拿马后发生的事情。

起航伊始，一切顺利。可是，随后几天风云突变，任凭水手们竭尽全力，巨风和洋流还是把陛下的帆船裹挟着推离海岸。

3月10日是星期三。我们在茫茫大海中看到一座孤岛，鉴于船上淡水已尽，我决定上岸，寻找急需的水源，同时还打算割些喂马的草料。然而不幸的是，岛上仅有海狮、海龟、加拉帕戈斯巨龟以及海蜥蜴。这么大的巨龟此前谁都未曾见过，一个人站在龟背上也不妨碍它行走。海蜥蜴则像蛇一样丑陋不堪。

后来，在同一片海域，我们又发现了一座更大的岛，它宛如横亘在眼前的大山。我们相信岛上会有淡水，所有人都离船登岸，一部分人寻找水源，另一部分人开凿水井。但是，一连两天，找水的人一无所获，而井里涌出的水，简直比海水还要咊苦。我们只得剥开仙人掌的果实，吃果肉，喝果浆。果肉没有什么滋味，果浆黏稠，看上去呈铁锈色，不过好歹能解渴。

接下来，我们返回船上。再次登陆前，我主持了弥撒。当我们又一次脚踏实地的时候，我把船员按照2个人或3个人编成一组，分头寻找淡水。感谢仁慈的上帝，这一次，水手们在怪石嶙峋的一处断崖找到了淡水，我们欢呼

---

① 弗朗西斯科·皮萨罗：Francisco Pizarro，1478年3月16日至1541年6月26日，西班牙在南美的早期征服者之一。

② 波多维耶霍：Portoviejo。

雀跃，盛满了船上的8个大木桶，只是，2名水手和10匹骏马永远也喝不到这清甜的甘露……

至高无上的陛下，令我们欣喜若狂的不光是找到了起死回生的水源，而是在这个岛上，我们还看到了远方视线内出现的另外两座岛，其中一座比之前在这片海域发现的所有岛屿都要大，它目测长度有15到20里①，而之前发现的岛屿目测长度都在4至12里。另外，在新发现的岛上有更多的海狮、海龟、海蜥蜴、加拉帕戈斯巨龟和海鸟。这些海鸟不惧怕人，即使用手抚摸，它们也不飞离。我们没有在岛上发现钻石或者琥珀，仅在沙滩上见到一些大小不一的鹅卵石。岛上到处是裸露的岩石，没有可供耕种的土地，对陛下毫无价值……”

托马斯·德贝尔兰加修士1487年出生于今天西班牙卡斯蒂利亚—莱昂自治区的贝尔兰加德杜埃罗，1551年去世。1985年，后人在其故居前的小广场竖立起一尊雕像并刻铭文，以记述他发现加拉帕戈斯群岛的事迹。

从现有资料看，德贝尔兰加修士无疑是有文字记录的第一位发现加拉帕戈斯群岛的人。在他之前，是否还曾有人登岛？抑或只是没有留下正式记载？多年来，这种推测在学术考古界一直存在。

厄瓜多尔历史学家奥克塔维奥·拉托雷就肯定地表示，尽管目前尚未出土房屋、墓塚等遗迹，但这只能说明在德贝尔兰加之前加拉帕戈斯群岛无人定居，而不能排除更早之前有人因洋流、海难等原因短期上岛避险。

拉托雷所说的洋流，被海洋气象学家称为“洪堡海流”，它沿南美洲西海岸自南向北，大约在南纬8° 附近折向西行，汇入南赤道暖流。而他所提到的人，确指万卡维尔卡②人。万卡维尔卡人存在于公元600年至1530年间，居住在今天厄瓜多尔瓜亚斯省的普纳岛③。他们世代与海为伴，水性极好，精于贸易，擅长乘筏出海，载着黄金、白银、铜器和贝壳，沿海岸北抵中美洲，

① 里：此处的里是西班牙里程单位，1里=5572.7米。
② 万卡维尔卡：Huancavilca。
③ 普纳岛：Isla Puná。

历史上厄瓜多尔沿海地区常见的排筏，由轻木捆扎而成

插图源自 Jorge Juan 与 Antonio de Ulloa 合著的

《南美洲与航海史》一书

瓜亚斯省历史档案馆提供

南达智利，与所到之处的当地人进行物物交换。

事实上，远在万卡维尔卡人之前距今大约11000年，厄瓜多尔人的祖先就已击风搏浪，北至墨西哥，南到秘鲁，他们在广阔的太平洋东岸近海一带捕鱼，并通过海路与沿岸其他地区保持接触。

在那个没有机械，单靠风力航海的年代，随波逐流的排筏完全有可能被强劲的海流带到加拉帕戈斯群岛中的某个岛屿，却再也无法逆流返回大陆海岸。

为证明上述猜测不是异想天开，两名西方冒险家托尔·海叶尔达尔[1]与维塔尔·阿尔萨尔[2]，严格参照先人工法捆扎排筏，于1966年和1970年分别从秘鲁的卡亚俄港和厄瓜多尔的瓜亚基尔港扬帆出海，最后竟不约而同漂流到中太平洋的波利尼西亚。两人以亲身体验证实，以旧时的技术手段，绝无半点可能折回始发地。

自20世纪中叶起，越来越多的日用陶器碎片在加拉帕戈斯群岛的多个岛屿被发现，这些陶器残片上带有鲜明的前殖民时期特征，仅此就足以为历史学家的观点提供坚实的史料佐证，即因海流或天气原因，在德贝尔兰加修士之前，确曾有人登上过加拉帕戈斯群岛中的不同岛屿，只不过没有平安返航，又无文字记载，遂不为后人所知，最终被西班牙人占了先。此类学术观点也得到部分西班牙学者的认同。

与此同时，另有一点几乎被人遗忘，即何人在何时命名了群岛。有明确记载首先登岛的西班牙人，迟至今日仍无法提供令人信服的出处，这使得加拉帕戈斯群岛的称谓来源在学术界一直是个待解之谜。

海盗染指群岛

琼·曼努埃尔·塞拉特[3]有言道，不论命运还是名节，没有一个海盗可以善终。

历史进入16世纪中叶，英国、法国和荷兰跃跃欲试，先后对西班牙帝国的海权提出挑战，期望也能在令人垂涎的新大陆财富中分得一杯羹。而面对群雄并起，一度一支独大的西班牙帝国似乎无计可施。

在英国，海贼王弗朗西斯·德雷克[4]和亨利·摩根[5]分别招募了一批手下。这伙人有着共同特点：嗜血成性、贪婪残暴而又游手好闲。被召集到一

---

① 托尔·海叶尔达尔：Thor Heyerdahl，1914年10月6日至2002年4月18日，挪威冒险家，人类学家，海洋生物学家。

② 维塔尔·阿尔萨尔：Vital Alzar，1933年8月7日出生，西班牙航海家。

③ 琼·曼努埃尔·塞拉特：Joan Manuel Serrat。

④ 弗朗西斯·德雷克：Francis Drake，1540年至1596年1月28日。

⑤ 亨利·摩根：Henry Morgan，1635年1月24日至1688年8月25日。

起之前，他们活像一头头饥饿的孤狼，无所事事地徘徊在迷雾和阴霾笼罩的英格兰沿海，期待着一个轻而易举获取不义之财的捷径。打劫从美洲驶往欧洲被称为财富船队的西班牙商船正合其意。

假如说德雷克涉足江湖前供职于英国皇家海军，多少还秉承骑士风范并且有所顾忌的话，那么，晚他将近一个世纪、威尔士布衣出身的摩根，则完全不受任何条条框框束缚，后者所奉行的完全是一套弱肉强食的丛林法则。与前任一样，摩根也被英王室授予骑士头衔，还被册封为牙买加总督。

这两位有着显赫头衔的海盗，到了海上叱咤风云，成了令人谈虎色变的十足恶魔，比狂涛骇浪更让西班牙船长闻风丧胆。起先，他们各自以巴哈马群岛为据点，很短时间内就将加勒比海收入囊中。随后，胃口膨胀的英伦海盗又一鼓作气，无差别地袭扰南大西洋上过往的所有商船。

海盗们与生俱来一身高超的航海本领。他们在合恩角折返杀入南太平洋后，把复活节岛和胡安·费尔南德斯岛变为停靠补给点，把途中俘获的异国海员流放到岛上，稍事休整就又重整旗鼓，沿美洲西海岸继续北上。1577年到1593年间，瓦尔帕莱索、利马和瓜亚基尔相继沦陷，依次落入海盗魔爪。

继弗朗西斯·德雷克1578年率先穿过麦哲伦海峡之后，托马斯·卡文迪什[①]和理查德·霍金斯[②]也闻风而至。后者，还是第一位登上加拉帕戈斯群岛的海盗。

17世纪末到18世纪头20年，被后来的海洋历史学家称为“海盗的黄金岁月”。荷兰人、法国人、马来人、阿拉伯人和印度人步英国人后尘，陆续加入到海上劫掠者的队伍中来。整个大西洋、马达加斯加、从卡塔尔到阿曼的波斯湾一带、菲律宾群岛和非洲海岸，海盗的身影无处不在。

“看啊！远处又有风帆！”变成了各路海盗最为朝思暮想的集结号。

虽然霍金斯之后又有数十艘英国海盗船靠泊加拉帕戈斯群岛，但是无

---

① 托马斯·卡文迪什：Thomas Cavendish，1560年9月19日至1592年5月。

② 理查德·霍金斯：Richad Hawkins，1562年至1622年4月17日。

大航海时代，众多大帆船停靠在今天伊莎贝拉岛附近水域

插图源自国家文化委员会历史档案

瓜亚斯省历史档案馆提供

一能与1684年7月爱德华·库克[①]船长、威廉·丹皮尔[②]以及威廉·安布罗斯·考利[③]对群岛的戕害程度相提并论。

这是载入群岛史册的一天。此前，3位海盗巨头成功打劫了一艘丹麦船。得意忘形之余，他们即兴将船名改为“单身汉快乐”号。可是到了船上，众单身汉立刻大失所望。那上面，除了几百袋面粉和黄油奶糖外，望眼欲穿的淡水和鲜肉所剩无几。库克当即决定上岛“寻找补给”。

① 爱德华·库克：J. Edward Cook。

② 威廉·丹皮尔：William Dampier。

③ 威廉·安布罗斯·考利：William Ambrose Cowley。

圣克里斯托瓦尔岛上的海蜥蜴
作者摄于 2012 年

所谓“寻找补给”，言外之意，就是对岛上的原住民——世世代代繁衍栖息的海蜥蜴和海龟大开杀戒。各路海盗心领神会，加拉帕戈斯群岛有史以来最血腥的一幕由此开始上演。

此时，考利负责绘制海图，执行“寻找补给”的任务自然就落到了丹皮尔头上。

丹皮尔后来在日记中写道：美丽的海滩，温良的动物，海蜥蜴的数量如此之多，乃至随便一个落脚点，手握一根短棒，一小时内就可以轻松杀死20只。至于海龟，他这样描述：即便没有其他食物，单靠吃龟肉也足以供五六百人支撑数月。

海龟肉多油脂，味道鲜美，远非鸡肉可比，更不是大航海时代海员的标准伙食——难以下咽的英式咸牛肉和如同木块一样坚硬的英式饼干可比。

后人没有看到关于暴行持续时间的记载，只是通过日记内容了解到，为了多装海龟肉，海盗将船上的黄油奶糖直接丢到海里，又把一部分袋装面粉妥善藏进不易被人发现的岩洞，而后拍拍手，快慰地扬长而去。

直到很久以后，提到这次登岛，库克仍忍不住沾沾自喜，他还严令保密，不许让外人得知与此次发现有关的任何蛛丝马迹。

“由于我们是第一艘在群岛下锚的船，我们于是随意给不同的岛屿命名，还管惟一发现有淡水和岩洞的岛叫查尔斯国王岛[①]。”库克如是写道。

库克提到的查尔斯国王岛，就是今天加拉帕戈斯群岛中的弗洛雷阿纳岛[②]。

实事求是地讲，考利的绘图能力无可挑剔。他把当下人们在地图上看到的主要岛屿悉数绘于图上，尽管精度有所欠缺，但考虑到那个时代没有六分仪，只能使用古老的天体高度测定器和等高仪在摇摆的船上进行测量，考利的工作可谓十分不易。

库克船长一行不是第一个，也不是最后一个染指加拉帕戈斯群岛的海盗，登岛猎杀海龟一事自然无密可保。

1700年，法国人艾曼纽·韦恩船长[③]在加勒比海首次升起了被后人称作骷髅旗的海盗旗。黑色的旗帜上，一个白色骷髅下交叉着两根白骨，昭示着死亡和恐怖。猎猎飘扬的海盗旗，更加刺激了海盗们无休止的贪欲，爱德华·英格兰、斯特德·博内特、霍韦尔·戴维斯、亨利·埃韦里，都是那一

---

① 查尔斯国王岛：King Charles Island。

② 弗洛雷阿纳岛：Isla Floreana。

③ 艾曼纽·韦恩：Emmanuel Wynne，1650—1700年。

圣克鲁斯岛野外自然状态的加拉帕戈斯巨龟

作者摄于 2012 年

时期大名鼎鼎的海盗。

在以后漫长的岁月里，一批又一批海盗或者过往船舶顺理成章地将群岛当成了补给点，不仅在岛上屠杀海龟取其肉，还把活海龟直接搬到船上。水手们利用海龟耐饥渴，滴水不进可以存活很长时间的特点，待船上储藏的食品消耗殆尽再现杀海龟，然后眼都不眨就将血淋淋的龟壳随手抛入大海。

上述做法一直持续到近代照相术发明以后。

偶然一次在黑白照片上看到过岛上一番令人过目不忘的骇人场景：密密麻麻的龟壳遍布荒岛，在低云的衬托下，就像大屠杀后万人坑中的累累遗骸，让人不寒而栗。

无人知晓自库克船长之后迄今共有多少海龟丧命人类之手，不同资料显示的数字从几万只到十几万只，皆为不同角度的粗略估计，真实数字，恐怕永远不为人知。

海龟更不可能明白，它们庞大的躯体和渺小的性命，仅仅是人类追逐财富途中穿肠而过的食物，轻如鸿毛。

2012年6月24日，加拉帕戈斯群岛上最后一只平塔岛亚种巨龟“孤独的乔治”走到了生命的尽头。这只巨龟的寿终正寝，意味着地球上又一个物种从此绝迹，一时引发各方关注。时任韩国总统李明博和哥伦比亚总统桑托斯还分别发去唁电，对乔治的离去表示无尽的哀悼。

有激进的环保人士指出，从某种意义上讲，乔治之死是对人类所犯滔天罪孽的惩罚和报复。当越来越多的物种加速离去，人类终究无法独善其身，惟有与那些消失的物种殊途同归。

继海龟、海狮横遭劫难后，自1788年起，成群结队的鲸鱼又吸引捕鲸船频频现身于加拉帕戈斯群岛附近海域。

1792年，肩负着为英国寻找捕鲸猎场使命的皇家海军“拉特勒”[①]号战舰，在詹姆斯·科内特舰长的指挥下锚泊群岛，开展考察活动。在此后的70年里，加拉帕戈斯群岛海域与南大西洋成了英美两国捕鲸船的主要猎场。每一艘船的每一个船舱都被大卸八块的鲸鱼尸体和鲸油填充得满满当当，出售鲸油为两个国家带来了可观的经济收益。

再往后，美国人将英国人从这片海域驱离，独霸鲸鱼猎场直至1861年。

1841年，美国作家赫尔曼·梅尔维尔[②]登上加拉帕戈斯群岛。10年后，他那部大器晚成的鸿篇巨制《白鲸》问世。在梅尔维尔的另一部小说中，作家以浪漫主义的表现方式，将群岛的孤独和苍美描摹得淋漓尽致，令人产生无限的遐想和追忆。

1830—1899——年轻的共和国与岛屿主权

经过特拉法尔加大海战一决高下，“日不落帝国”已经完全取代老气横秋

---

① 拉特勒：Rattler。

② 赫尔曼·梅尔维尔：Herman Melville，1819年8月1日至1891年9月28日。美国小说家，散文家，诗人。

的西班牙称雄海洋。一个至今令人匪夷所思的事实是，作为南美洲大陆的前哨和东太平洋重要的避风港兼远洋补给站，极具战略地位的加拉帕戈斯群岛居然没有进入巧于谋划的皇家海军高层视野。法国也未对群岛归属提出任何要求。这使得群岛在群雄争霸的19世纪初，依然得以超然于列强纷争之外。

这种情况在1830年被打破，而改变局面的，竟然是初出茅庐的小国。

其时，秉承西蒙·玻利瓦尔理想国意念创建的“大哥伦比亚共和国”幻景破灭。5月13日，从中分离出来的厄瓜多尔宣布成立共和国。3个月后，出生于委内瑞拉的胡安·何塞·弗洛雷斯① 在里奥班巴组建国会，制定新生国家第一部宪法，宣布基多为共和国首都。随后，弗洛雷斯被一致推选为共和国首任总统，任期至1834年。

1831年中，在新生共和国饱受经济危机蹂躏和发展方向困扰，看似一筹莫展之际，何塞·比亚米尔② 将军以前瞻性的眼光，向弗洛雷斯总统提交了把加拉帕戈斯群岛纳入厄瓜多尔版图的建议及具体实施方案。

弗洛雷斯总统欣然接受建议，随即督促当时的瓜亚斯省省长何塞·华金·德奥尔梅多③ 从速派遣人员登岛，正式宣示主权。

次年1月20日，一支由军人、政府官员和民间人士组成的登岛组，在伊格纳西奥·埃尔南德斯④ 上校的率领下从瓜亚基尔港扬帆起航，直驶群岛。

2月12日星期日，登岛组成员满怀激情地在岛上举行了主权宣示仪式。为表达对弗洛雷斯总统的远见卓识和他为厄瓜多尔子孙后代造福的敬意，登岛人员将英国人海图上的查尔斯国王岛改名为弗洛雷斯总统姓氏的谐音弗洛雷阿纳岛。

1832年4月，比亚米尔将军授予埃尔南德斯上校“和平法官”称号。根据前者授意，后者迅速选派首批常驻人员上岛。在事关国家主权和民族利益的大事上，一向被外界视为懒散拖沓的拉美人毫不含糊，展现出了令人刮目

① 胡安·何塞·弗洛雷斯：Juan José Flores，1800年7月19日至1864年10月1日。
② 何塞·比亚米尔：José Villamil，1789—1866年。
③ 何塞·华金·德奥尔梅多：José Juaquín de Olmedo。
④ 伊格纳西奥·埃尔南德斯：Ignacio Hernández。

相看的争分夺秒。

首批常驻人员由被逮捕的暴乱军人和被判处死刑的犯人组成。聚集一起后，比亚米尔将军下令撤销原判，将这批犯人改判为“和平流放”。不久，犯人偕各自家眷于同年10月1日被“和平流放”到有着肥沃土地的岛屿，从此在厄瓜多尔政府的庇护下，过起了与世无争的安宁生活。而比亚米尔将军也于当日被弗洛雷斯总统任命为加拉帕戈斯群岛总督，代表政府行使管辖权。

尚方宝剑在手，身为封疆大吏的比亚米尔总督私欲随之膨胀。他将总统授予的权力变现为个人资产，为自己和后代规划起弗洛雷阿纳岛及其毗邻海域的未来。他颁布总督令，免除了一切商业活动本应上缴国库的税收。

在比亚米尔看来，为了长期生存，首先必须实现自给自足，弗洛雷阿纳岛应以发展农业和牧业为主。为此，他从大陆引进了牛羊种群和农具，还把触角伸向了英国人命名的阿尔伯马尔岛、詹姆斯岛、查塔姆岛和不倦岛，并将后3个岛屿分别改名为奥尔梅多岛、梅塞德斯岛和玻利维亚岛。

倘若之前海盗为寻求补给猎杀海狮、巨龟，造成生态灾难的话，那么，比亚米尔的一纸农牧业发展规划，给岛上脆弱的生态系统带来的后患则更加有过之而无不及，以至于后来的人们痛苦地意识到，山羊对植被的破坏简直可以和陆地上的飞蝗相比拟。而同样实现了“和平流放”的猪、狗、猫身上的疾病及其各自生活习性，使得岛上一个又一个物种在以后的岁月里相继绝迹。

1833年3月16日，弗洛雷斯总统下令，从此往后，加拉帕戈斯群岛将成为罪犯的流放地。对于已把岛屿看作私家领地的比亚米尔而言，总统的决定不啻为晴天霹雳，但无论再怎样不情愿，他也不敢违抗，只好无可奈何地对被押解上岛的悍匪恶棍全盘接收。后人从比亚米尔的日记中得知，在总统令颁布之前，岛上已经有120人定居，他们开垦荒地，还建造了80幢各类房屋。

与此同时，岛民的生意也做得有声有色。虽然加拉帕戈斯群岛已归属厄瓜多尔政府管辖，但美国捕鲸船还是这片水域的常客。比亚米尔的人通过为美国捕鲸船提供给养，足足赚了一大笔。

他在日记中这样写道："岛上建起的鞣皮厂已经处理了200头海狮皮，还向美国人出售了同样数量的海狮皮。在最近的6个月里，已经有36艘捕鲸船靠岸寻求补给，预计很快还将有20艘船抵达。因为岛上出产不了能满足所有船只的粮食，所以，只有很少的船幸运地装够了所需的食物，另有3艘船补给了淡水。由于没有运水工具，能够驮运水的牲口数量也不足，整桶的水都是依靠人力抬到船上，费用自然高昂。装运粮食也是同样方法。美国人还雇佣岛民把巨龟抬到船上，帮助他们烧炭。在付钱方面，美国人非常慷慨，他们是讨人喜欢的客人……"

查尔斯·达尔文[①] 登岛考察

文艺复兴及思想启蒙之后，走出蒙昧、提倡科学的理性思维在欧陆蔚然成风。在此背景下，1835年9月15日至10月20日，正值比森特·罗卡富艾尔特·贝哈拉诺[②] 总统执政期间，年轻的英国博物学家查尔斯·达尔文搭乘皇家海军"贝格尔"号巡洋舰，在执行代号"菲茨罗伊"的环球科学考察途中，首登加拉帕戈斯群岛，由此翻开了人类探索生命起源道路上具有里程碑意义的新篇章。

"贝格尔"号于1831年12月27日从英格兰起航，绕过合恩角后，沿南美洲西海岸太平洋海域自南向北，一路停靠多个港口休整补给，于1835年9月15日驶抵查塔姆岛，一周后停靠弗洛雷阿纳岛。此后，又依次靠泊阿尔伯马尔岛、纳伯勒岛和詹姆斯岛。

在各岛停留期间，达尔文怀着浓厚的兴趣，对岛上的动植物进行了详细考察并采集了大量样本。30年后，即19世纪中叶，他在那部惊世骇俗的《物种起源》中提出了生物进化理论，以令人耳目一新的缜密学术观点，为当时的人类进行了一场富有思辨精神的全方位思想启蒙教育。

---

① 查尔斯·达尔文：Charles Darwin，1809年2月12日至1882年4月19日，英国博物学家、生物学家。

② 比森特·罗卡富艾尔特·贝哈拉诺：Vicente Rocafuerte Bejarano，1783年5月1日至1847年5月16日。1834年9月10日至1839年1月31日任厄瓜多尔共和国总统。

在达尔文登岛科考期间，“贝格尔”号在罗伯特·菲茨罗伊[①]舰长的率领下，对各岛地形地貌、海域水深和海底地形进行了精确测绘，绘制出完整的加拉帕戈斯群岛各岛分布图及海域海图。

皇家海军的工作是如此出色，以至于一个多世纪以后，各国海军和海洋工作者利用最新技术在同一海域绘制出不同版本的海图，在精度和准确性方面也无法超越他们的英国前辈。这无可辩驳地从旁印证了海军史学家的结论，即以1860年维多利亚女王时期为分水岭，前后各50年，总计100年的时间，是皇家海军独步全球的巅峰岁月。彼时，米字旗下的英国海军，战舰如云，猛将如林，在航海技术、远航经验和官兵素质等各个方面，都达到了其所在时代条件允许的极限。也无怪乎有后人慨叹，称那时的皇家海军，已强大到让浩瀚的大西洋都变成了“女王陛下的洗澡盆”。

1835年9月23日，达尔文登上弗洛雷阿纳岛，在岛上一共逗留5天。其时，岛上的人口将近300人，绝大多数都是被流放的政治犯和判了重罪的刑事犯，这些人每天被迫从事繁重的体力劳动，终年无休。

自1836年起，由于从大陆被流放到弗洛雷阿纳岛的犯人激增，有限的资源不堪重负，岛上生活质量每况愈下。1837年11月23日，濒于破产而又与当局政见不一的比亚米尔宣布辞去总督一职。他留下的空缺随即被尼古拉斯·莫尔拉和佩德罗·梅纳两位上校顶替，二者还根据政府旨意考虑向查塔姆岛移民。

然而，新来的主官丝毫无力阻止弗洛雷阿纳岛一路下滑的颓势，骚乱和无秩序开始在岛上蔓延，并且愈演愈烈。面对危局，1838年7月，厄瓜多尔政府决定启用英国军人詹姆斯·威廉姆斯[②]代管加拉帕戈斯群岛，以期依靠铁腕挽回局势。不过，事与愿违。1841年，岛上爆发血腥冲突。威廉姆斯多亏身手敏捷弃岛而去，方保住性命。可是，绝望夹杂着恐怖，让岛上被流放

---

① 罗伯特·菲茨罗伊：Robert Fitzroy，1805年7月5日至1865年4月30日，水文地理学家，气象学家。1828至1836年参加了对南极半岛、巴塔哥尼亚高原、火地岛及麦哲伦海峡等地的考察。1854年成为英国气象局局长，主持天气预报事务。

② 詹姆斯·威廉姆斯：James Williams。

的犯人一刻也不愿多做停留。他们趁着威廉姆斯逃离留下的短暂权力真空，驾舟蜂拥逃回大陆。无计可施的当局只得下令，把加拉帕戈斯群岛的管辖权临时划归瓜亚斯省。

1842年9月，比亚米尔再次被任命为加拉帕戈斯群岛总督。重返弗洛雷阿纳岛伊始，比亚米尔就采取措施控制岛上大牲畜的数量，同时恢复他个人对弗洛雷阿纳岛和周围岛屿的掌控。

此时的加拉帕戈斯群岛已面目全非。5年前他离开弗洛雷阿纳岛时岛上人口尚有327人，此刻已降至49人，其他几个岛屿的人口也无一超过25人，而詹姆斯岛的情况更糟糕到无以复加，从1837年的两位数人口变成空无一人，只剩一片凋敝。

比亚米尔决心以军人的坚韧和勇气重振岛上生机。孰料出师未捷，5年后政府又下令，指定弗洛雷阿纳岛成为惟一接收流放犯人的岛屿。次年，心灰意冷的比亚米尔执意到美国旧金山担任领事，以远走高飞的形式，选择体面地离去。至此，比亚米尔曾经的努力，他的野心和他对加拉帕戈斯群岛的贪欲，都画上了休止符。

命运多舛的岛屿

1839年，胡安·何塞·弗洛雷斯再次当选总统。正是这位在首个任期将加拉帕戈斯群岛置于厄瓜多尔管辖、功在千秋的总统，为急于还清独立战争期间所欠英国的债务，竟然向英国提出割让岛屿以偿还外债的主张。而更令人大跌眼镜的是，对于这一不费吹灰之力送上门来的厚礼，大英帝国竟不假思索予以拒绝。

转眼到了比森特·拉蒙·罗卡[①]总统执政时期，法国通过其驻厄瓜多尔的副领事莱昂·乌瑟布鲁[②]提议，欲出资租借加拉帕戈斯群岛，以该笔费用

---

① 比森特·拉蒙·罗卡：Vicente Ramón Roca，1792年9月2日至1858年2月23日。1845年12月8日至1849年10月15日任厄瓜多尔共和国总统。

② 莱昂·乌瑟布鲁：León Uthurburu。

帮助厄瓜多尔政府缓解财政危机。这一倡议被比森特·拉蒙·罗卡总统一口回绝。事后，乌瑟布鲁自掏腰包，租用了弗洛雷阿纳岛上的大片土地，企图日后以此为跳板，到加拉帕戈斯群岛的其他岛屿去寻宝。

19世纪中叶，伴随着加州淘金热日渐升温、第一条横穿美国的铁路建成通车以及巴拿马运河开凿方案一波三折，世界的目光不约而同地被吸引到美洲西海岸。直到此时，偏于一隅的加拉帕戈斯群岛潜在的经济和地缘战略价值才进入大国的视野。

在何塞·玛利亚·乌尔比纳—维特利[①]总统在位期间，美国建议开发加拉帕戈斯群岛的鸟粪资源。鸟粪是海鸟粪便历经漫长岁月自然形成的肥料，具有很高的商业价值。尽管秘鲁的鸟粪资源在储量和开采量上一直位居世界第一，但是加拉帕戈斯群岛也拥有可观的储量，只不过一直不为外界所知。由于忌惮美国人别有用心，何塞·玛利亚·乌尔比纳—维特利总统最终未与美国人达成任何协议。

弗朗西斯科·罗夫莱斯[②]总统当政的1856年至1859年是厄瓜多尔内外交困，堪称历史上最难熬的几年。对外，由于与秘鲁就边界争端达不成一致，国家面临强邻入侵。对内，内战一触即发。经济上，国库空虚到几乎见底。走投无路的罗夫莱斯总统万般无奈之下，提出将国土东部广袤的亚马逊雨林割让给英国以偿还外债，还打算收取300万美元把加拉帕戈斯群岛租赁给美国。当时加夫列尔·加西亚·莫雷诺[③]任参议长，其所在的保守党控制的参院像是一个瞬间被点燃了的火球，以令人难以置信的愤怒，否决了总统荒谬绝伦的疯狂想法。

1861年至1865年，在加夫列尔·加西亚·莫雷诺担任总统期间，尽管厄

---

① 何塞·玛利亚·乌尔比纳—维特利：José María Urbina-Viteri，1808年3月19日至1891年9月4日。1851年7月24日至1856年10月15日任厄瓜多尔共和国总统。

② 弗朗西斯科·罗夫莱斯：Francisco Robles，1811年5月5日至1893年3月2日。1856年10月16日至1859年9月17日任厄瓜多尔共和国总统。

③ 加夫列尔·加西亚·莫雷诺：Gabriel García Moreno，1821年12月24日生于瓜亚基尔，1875年8月6日在基多遇刺身亡。律师，作家，记者，政治家，保守党人，1861年4月2日至1865年8月30日和1869年8月10日至1875年8月6日两度担任厄瓜多尔共和国总统。

瓜多尔与秘鲁在边境问题上龃龉不断，经济形势也不尽如人意，但凭借开采铁矿，国家在社会经济领域总体上还是取得了一定发展。可是，与邻国的领土争端持续困扰着总统。他十分清楚，一旦强邻发难，厄瓜多尔只有深陷泥潭。鉴此，总统有意以出让加拉帕戈斯群岛来换取法国充当保护国，迫使秘鲁不敢轻举妄动，为此，他甚至还非正式地试探过法国方面的意愿。

1869年，加夫列尔·加西亚·莫雷诺总统第二个任期伊始，他就任命作家兼历史学家安东尼奥·弗洛雷斯·希洪[1]作为厄瓜多尔驻法国大使。总统给大使的交代简单明了：设法把寻求法国保护的期许变为现实。

在派遣使节游说的同时，加夫列尔·加西亚·莫雷诺总统也在国内谨慎地寻找合适的时机。为征询民意，早在1862年2月第一个任期内，总统即故意放出风来，宣称将以公投的形式，让全体国民决定加拉帕戈斯群岛的未来。

面对厄方可能采取的行动，时任法国驻厄瓜多尔使馆临时代办阿梅代·法布雷[2]进行了全面细致的调研。他在给本国政府的报告中写道：假如我们做出不干涉的姿态袖手旁观，那么，无论投票产生何种结果，都会得到各方尊重，可是这样一来，我们将冒厄瓜多尔被秘鲁、哥伦比亚、美国和英国肢解的风险。果真出现这种情况，则法国有可能被排除在攸关方之外。

当时，巴拿马、加拉帕戈斯群岛和瓜亚基尔形成的三角地缘战略，已经被政治家当作炫耀自己远见卓识的谈资经常挂在嘴边。法国内阁有意推动与厄瓜多尔的谈判，以促成群岛变更归属。但是，法军刚在墨西哥损兵折将，拿破仑三世唯恐一念之差令法国重蹈覆辙，考虑再三，没有批准内阁提案。

3年后，当法国旧事重提，主动表示可以租赁群岛中的任一岛屿时，厄瓜多尔方面又变了卦。数年后，即1868年埃斯皮诺萨总统主政时期，当局又萌生把加拉帕戈斯群岛全部或部分出售给美国的意念，只因阴差阳错未果。一轮事关岛屿前途走势的潮起潮落，终于暂告一个段落。

---

① 安东尼奥·弗洛雷斯·希洪：Antonio Flores Jijón，1833年10月23日至1915年8月30日。1888年8月17日至1892年7月1日任厄瓜多尔共和国总统。

② 阿梅代·法布雷：Amédée Fabre。

科学考察与经济发展

19世纪中叶前后，正当加拉帕戈斯群岛的命运在政客手中起伏未定之际，德国地质学家西奥多·沃尔夫[①]对群岛展开了又一轮细致入微的全面考察。

围绕加拉帕戈斯群岛，如果说达尔文是从动植物生命起源的角度开展研究获得非凡成果，英国皇家海军是在航海领域绘制出无与伦比的海图，那么，作为一名地质学家，沃尔夫在其专业范畴也同样取得了出类拔萃的成就。

1870年，沃尔夫受厄瓜多尔政府之邀组建国家理工学院。1875年，他又被指派对加拉帕戈斯群岛进行地质考察。沃尔夫从弗洛雷阿纳岛入手，历经3年，遍游海域内大大小小的所有岛屿，透彻研究了岛屿的起源、成因和在日后悠长时空隧道中的演变。这位德国人还逐一测量了各岛火山的高度，火山口的直径，岛上气温，获得了浩繁的第一手资料。他认为，太平洋洋流在到达厄瓜多尔海岸之前发生回转，其中最宽的一支洋流流经加拉帕戈斯群岛。这支洋流对群岛的气候、水文、地质带来深刻影响，这是岛上动植物与众不同的根本原因。

沃尔夫缜密的调查研究成果，时至今日都被厄瓜多尔政府当作制定群岛开发保护政策和进行规划工作的重要参考依据。

沃尔夫离开厄瓜多尔返回德国后，相继出版了《加拉帕戈斯群岛地图》《厄瓜多尔地质学研究》和《厄瓜多尔的地质与地理》等著作。为表彰其杰出贡献，厄瓜多尔政府授予沃尔夫“荣誉公民”称号。

需要指出的是，整个19世纪，尽管命运多舛，成为犯人的流放地，且不时受到海盗袭扰，但加拉帕戈斯群岛的经济还是从无到有得到发展，特别是在1830年到1880年间。并且，岛上经济也明显带有同期大陆地区的特点。这个特点一言以蔽之，就是国家或地方经济高度依附庄园。庄园为欧洲保守权贵或本地土生白人拥有，他们与政坛及教士阶层保持着千丝万缕的联系。少

① 西奥多·沃尔夫：Theodore Wolf，1841年2月13日至1924年6月22日，德国地质学家、博物学家。

数精英通过遍布山区和沿海的庄园，上可呼风唤雨，对政局走向和经济政策施以影响；下可左右无数普通众生的旦夕祸福，直至生老病死。

这一时期，无节制的盘剥和虐待劳工是庄园的普遍现象，及至遥远的加拉帕戈斯群岛也无例外。忍无可忍的劳工奋起反抗，杀死庄园主的暴力事件时有所闻，在岛上也同样发生。

加拉帕戈斯群岛的第一个庄园是查塔姆岛上的“进步”庄园，它于1879年由94个男人和5个女人奉曼努埃尔·J. 科博斯[①]之命上岛修建。这些垦荒者在距海平面300米的一处肥沃高地上种植、采摘、放牧，还修建了百米长的栈桥供过往船只停靠。

另有一个有趣的事实是，迟至1884年，厄瓜多尔才第一次拥有统一发行的本国流通货币苏克雷，1927年方建立中央银行和相应的金融监管机构。而在此之前，年轻的共和国使用的货币五花八门，不同地区流通的货币有秘鲁的索尔，新格拉纳达[②]的比索，美元，英镑，甚至还有土著人落入白人之手的黄金和白银。

在“进步”庄园，冥顽不化的老科博斯到死都拒绝使用诞生不久的本国货币。

主权再起波澜

随着美国在政治和经济上崛起带来的野心膨胀，1881年，切斯特·艾伦·阿瑟[③]总统在位时，时任国务卿詹姆斯·G. 布莱恩[④]派遣特使出访厄瓜多尔。在转交给厄瓜多尔当局的信函中，布莱恩这样表述：“把加拉帕戈斯群岛纳入厄瓜多尔版图一事缺乏法理依据。美国政府认为，加拉帕戈斯群岛不属于厄瓜多尔。”1883年，美国参议院又发表声明，强调加拉帕戈斯群岛不属

---

① 曼努埃尔·J. 科博斯：Manuel J. Cobos，1836—1904年。

② 新格拉纳达：指哥伦比亚。

③ 切斯特·艾伦·阿瑟：Chester Allan Arthur，1829年10月5日至1886年11月18日，1881年9月19日至1885年3月4日担任美国总统。

④ 詹姆斯·G. 布莱恩：James G. Blaine，1830年1月31日至1893年1月27日，美国律师，政治家。

于任何国家或个人。

面对美方立场，厄瓜多尔外长安东尼奥·弗洛雷斯·希洪提出抗议。他指出，美国政府关于厄瓜多尔领土不恰当的表态已将双边关系置于危险境地。这一不谨慎的言论还容易向其他列强发出借机染指加拉帕戈斯群岛的错误信号。同年5月9日，外长的抗议被刊登在《纽约先驱报》[①] 上。但即便如此，厄方并无任何后续行动，既没有向岛上派驻代表中央政府的官员，也没有在法律层面采取补救措施。

次年，厄瓜多尔政府接到了部分挪威人企图移民群岛的请求。在与瑞士—斯堪的纳维亚公司就移民加拉帕戈斯群岛签署的协议中，厄瓜多尔政府单方面加入了“北欧人惟有先入籍方能在岛上定居”的条款。挪威人试图移民群岛一事遂不了了之。

1885年何塞·玛利亚·普拉西多·卡马尼奥[②] 总统执政期间，厄瓜多尔政府开始有组织地向群岛派驻官员，其中一位被称为领土官员，另一位是警官，其手下还有6名警员。这本是显示中央政府重视群岛之举，可是官员登岛以后，很快便发觉被当局彻底抛弃。既没有物资、住房，也没有必要的交通和办公设施，以至于为了吃饭、住宿等基本生计，驻岛官员不得不厚着脸皮向科博斯的“进步”庄园求助。更令人不解的是，总统竟然废除了前任加夫列尔·加西亚·莫雷诺把加拉帕戈斯群岛提升为独立省的行政令，使得群岛重新隶属于瓜亚斯省管辖。

1879年到1883年，为了广袤的阿塔卡玛沙漠，智利与秘鲁和玻利维亚之间爆发了太平洋战争。经此一战，智利意外获悉加拉帕戈斯群岛上有着储量丰富的鸟粪资源，于是对群岛垂涎三尺。恰在此时，潜伏在利马的内线通过秘密途径使智利获悉，秘鲁也有意派遣军人上岛，对鸟粪资源开展实地考察。一不做二不休，智利迅速派出一艘海军护卫舰前往群岛一探究竟。所有这一

① 《纽约先驱报》：The New York Herald。

② 何塞·玛利亚·普拉西多·卡马尼奥：José María Plácido Caamaño，1837年10月5日至1900年12月31日。1883年11月23日至1888年6月30日任厄瓜多尔共和国总统。

切，自然都逃不过美国情报机构的眼线。

面对虎视眈眈的各路外部势力，此时的厄瓜多尔政府可谓尴尬至极。一度是太平洋沿岸最大造船厂的瓜亚基尔，曾经能够建造堪比欧洲的一流大型风帆战舰，但当历史进入蒸汽动力时代，以庄园经济为基础的虚弱国力就再也无法维持昂贵铁甲战船的运转。加之独立后政府摇摆不定的海洋战略，海军已经沦落为一支从属于陆军的沿岸水师。1832年在群岛游弋的“梅塞德斯”号帆船，半个世纪后仍在海军充数，不要说大敌当前奔赴群岛展示力量，就连驶出瓜亚斯河口都已力不从心。

情急之下，厄瓜多尔政府火速向智利订造战舰。1886年，“哈拉米略”号和“通古拉瓦”号两艘蒸汽炮舰加入海军序列。第二年，“科托帕科希”号巡洋舰又拍马赶到。至此，海军总算有了一艘无须中途补给就能从大陆往返加拉帕戈斯群岛的战舰，而这艘舰，一直服役到1942年太平洋战争爆发方告退役。若非忌惮日本帝国海军联合舰队令人望而生畏的战列舰和高速巡洋舰，没人知道“科托帕科希”号这艘老爷舰还将服役多少年。

转眼间，加夫列尔·加西亚·莫雷诺总统时期的厄瓜多尔驻法国大使安东尼奥·弗洛雷斯·希洪出任总统。后者谙熟国际法，对加拉帕戈斯群岛的危局明察秋毫，也深知以本国的实力，无法对抗任何一个对岛屿有所企图的潜在对手。他所能做的，就是命令职能部门加紧兴建岛上基础设施，加快移民步伐，从速向岛上派遣高级别代表，以此来宣示对岛屿的主权。

截至1889年，仅查塔姆岛上的“进步”庄园就有213名男人，54名女人和20名儿童。除了种植甘蔗、榨糖，庄园里的人们还制作咸鱼干，鞣制海狮皮，放牧，一派欣欣向荣景象。

不过，好景不长。1891年4月，一艘不明身份的美国船未经许可闯入加拉帕戈斯群岛海域，厄瓜多尔海军出动“科托帕科希”号巡洋舰赶赴相关海域进行拦截，但未见其踪影，无功而返。一个月后，美国国务院知会厄瓜多尔当局，声称美国船系执行科学考察任务，在周边海域一共停留了3个月，并且派人员上岸。

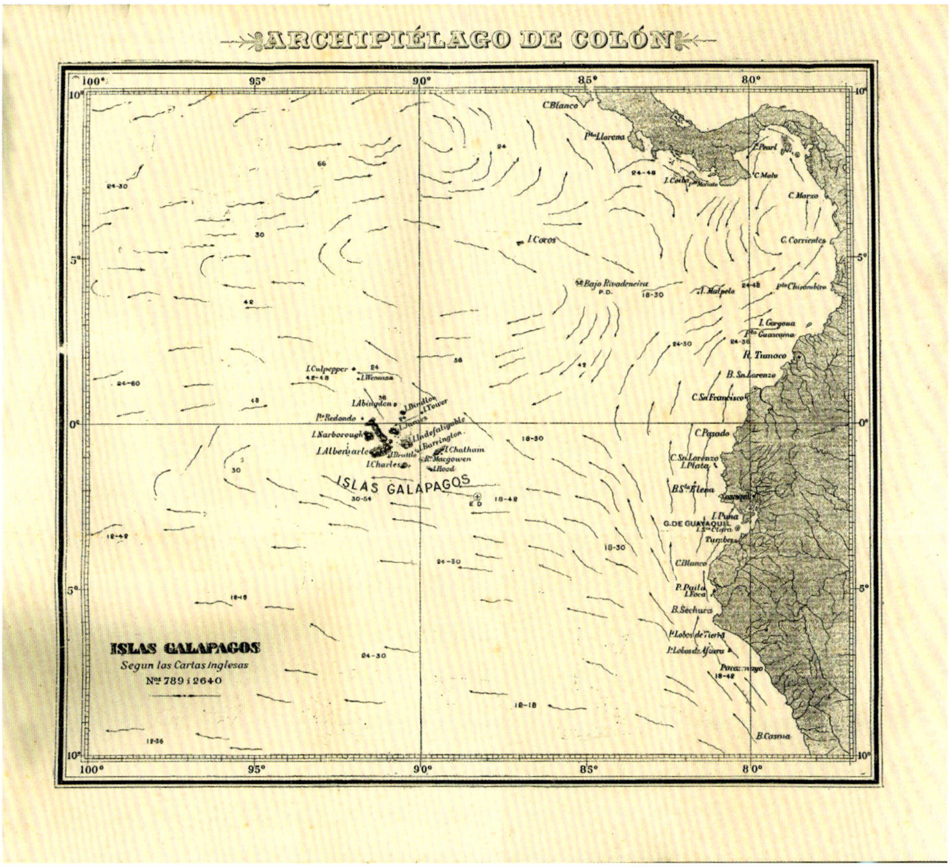

西班牙人根据英国人书信披露信息绘制的加拉帕戈斯群岛海图，西班牙人当时称科隆群岛，出自1904年《快乐岛》一书
作者：José A. Bognoly 与 José Moise Espinoza
瓜亚斯省历史档案馆提供

1892年，安东尼奥·弗洛雷斯·希洪任期届满，把权杖交给继任的路易斯·科尔德罗[①]总统。后者借哥伦布发现美洲400周年之际，于1892年10月12日，把加拉帕戈斯群岛改名为科隆群岛，为群岛中英国人之前命名的每一个岛屿都重新起名。比如，将查塔姆岛改为圣克里斯托瓦尔岛，即今日加拉

① 路易斯·科尔德罗：Luis Cordero，1833年4月6日至1912年1月30日。1892年7月1日至1895年4月16日任厄瓜多尔共和国总统。

帕戈斯省的首府所在地；将阿尔伯马尔岛更名为伊莎贝拉岛[1]，这是群岛中面积最大的一个岛；给不倦岛起名圣克鲁斯岛，当下人口最多的岛，等等……这些岛名从此沿用至今，再未更改。

1895年6月5日，埃洛伊·阿尔法罗[2]出任总统，这是厄瓜多尔有史以来第一位自由派总统。上任伊始，英国人即找上门来，重提以群岛偿还独立战争期间厄瓜多尔所欠英国债务问题。随后，法国新任驻厄瓜多尔大使直截了当地提出，法国希望购买群岛中的一个岛屿。

尽管阿尔法罗在多个场合重申政府不会拿领土做交易的立场，但反对派控制的媒体还是宣称总统已就岛屿的未来与某一欧洲列强达成了协议。

1898年12月10日，美国和西班牙达成“巴黎协定”，美西战争尘埃落定，包括菲律宾、关岛、波多黎各在内的前西班牙殖民地悉数落入美国囊中。次年，美国总统威廉·麦金莱[3]指派驻基多大使桑普森，督促厄瓜多尔政府就租赁岛屿一事早开谈判。这是美国通过群岛干涉厄瓜多尔事务的开端。厄瓜多尔从此便再难摆脱这个当时还仅是地区强权的无休止纠缠，开启了将近半个世纪与虎谋皮的艰难周旋。

介于巴拿马运河开凿和第一次世界大战结束之间的群岛

第一代拓荒者总是备受煎熬，而异常艰辛的付出却不为后人知晓。物质的匮乏，被大海环绕的孤寂，是今天躺在岛上沙滩悠然晒太阳的外国游客断然无法想象的。

尽管圣克里斯托瓦尔岛有淡水，可饮水问题还是困扰着岛民，好在“进步”庄园出产的水果质量上乘。对巨龟的滥捕滥杀一刻也没有停止，直到栖

① 伊莎贝拉岛：Isla de Isabela。

② 埃洛伊·阿尔法罗：José Eloy Alfaro Delgado，厄瓜多尔著名政治家，1842年6月25日生于蒙特克里斯蒂，1912年1月28日于基多遇刺身亡。1895年6月5日至1901年8月31日和1906年1月16日至1911年8月12日两度出任厄瓜多尔共和国总统。

③ 威廉·麦金莱：William Mckinley，1843年1月29日至1901年9月14日。1897年3月4日至1901年9月14日担任美国总统。

息在岛南部的所有巨龟被斩尽杀绝才告一段落。“进步”庄园的榨糖业很有起色，已达到年销售500吨绵糖的规模。科博斯在庄园和码头之间架设了全岛第一条电话线，还铺设了一条不长的铁路，用蒸汽机车牵引的火车在码头和庄园间运货。这条铁路，比厄瓜多尔本土第一条铁路早了10年建成通车。

然而好景不长。一如所有资本积累的原始阶段，俨然独立王国的孤岛庄园让人窒息的高压气氛，劳动者生活的极端困苦和令人发指的严酷体罚，终于引发了反弹和报复。1904年1月15日，第一个在加拉帕戈斯群岛创建庄园的科博斯被手下工人刺杀。鉴于庄园的人口数量和在群岛中的重要经济地位，科博斯之死震动了大陆地区，最高当局不惜兴师动众，派遣“科托帕科希”号巡洋舰搭载法务人员上岛调查。1908年，科博斯生前遗嘱在瓜亚基尔被公之于众。根据这份遗嘱，科博斯的后代继承了庄园。

1905年9月至1906年9月，来自加利福尼亚州的美国科学家登岛开展科学考察。这次考察被视为20世纪初对群岛物种进行的所有科考中最全面、学术价值最高的一次。美国科学家在对地质和动植物详细研究的基础上，编纂出完整的报告。在伊莎贝拉岛从码头通向庄园的一条小路，成千上万的巨龟壳堆积如山，令人望而却步。见此，美国科学家向厄瓜多尔政府提出了保护巨龟的建议，这是第一个关于加拉帕戈斯群岛动物保护的建议。

20世纪进入第二个10年，伴随着巴拿马运河开凿工程不断取得进展，加拉帕戈斯群岛作为南美大陆赤道线附近最深入太平洋的岛屿，战略前哨作用日渐凸显。1911年1月，迫不及待想占据群岛的美国明码标价，开出了以1500万美元租用群岛99年的价码。在当时，这笔钱足以使厄瓜多尔政府将全部规划中的蓝图付诸实施，因而有着难以抗拒的吸引力。阿尔法罗总统就这样被推向了历史的十字路口。他下令在全国范围召集听证会，广泛征询各界意见。自然是众说纷纭，莫衷一是。第二年，阿尔法罗总统一命呜呼，继任者莱昂尼达斯·普拉萨·古铁雷斯[①]于纷杂声中签署总统令，禁止用一寸国

---

① 莱昂尼达斯·普拉萨·古铁雷斯：Leónidas Plaza Gutiérrez，1865年4月18日至1932年11月17日。两度出任厄瓜多尔共和国总统。

土与外国政府做交易。

1914年8月，巴拿马运河的开凿成功和第一次世界大战的爆发，使得北半球的8月比以往历年都显得格外酷热难耐。在运河太平洋和大西洋两端的进出口海域，等待过往的商船云集，成了德国潜艇部队再理想不过的猎场。

虽然美国迟至1917年4月才派兵参战，但是为防不测，战争爆发伊始，美军便捷足先登，控制了大西洋加勒比海上的主要岛屿，使之成为拱卫巴拿马运河和美国东海岸的一线前沿。可是，在浩瀚的太平洋靠近美洲大陆一侧，除了加拉帕戈斯群岛，再无类似的天然屏障。

再也拖延不起的美国于是通过外交和商业手段轮番向厄瓜多尔政府施压，逼迫后者在租赁或者出卖岛屿之间做出选择。

而德国水下舰队频繁穿越加拉帕戈斯群岛水域，更加重了美国的担忧，也让英国政府以厄方允许交战国军舰通过其水域，违反了秉持的中立原则为理由，找到了染指群岛的借口。被逼无奈的厄瓜多尔当局惟一能做的，就是向闯入本国水域的军舰所属国外交代表轮番提起口头抗议。

实质性的事件发生在1915年和1916年。日本运煤船“卡拉”号，德国海上袭击舰“白尾海雕”号，运煤船“玛丽”号和巡洋舰“莱比锡”号相继停靠加拉帕戈斯群岛。尤其是“莱比锡”号，它是在击沉英国货船“班克菲尔德”号和油轮“埃尔西诺”号，又试图攻击在瓜亚基尔湾航行的英国邮轮“奎尔普”号未果之后，躲进圣克里斯托瓦尔岛锚地下锚的。厄瓜多尔海军很快获得情报，火速派出“宪法”号战舰赶赴相关海域，将“莱比锡”号驱离。

上述一系列事件发生后，时任厄瓜多尔总统阿尔弗雷多·巴克里索·莫雷诺[①] 于1917年7月14日对群岛进行了一次巡视。

那是一个寻常的星期六，巴克里索·莫雷诺总统乘坐“科托帕科希”号巡洋舰，事先未打招呼，突然现身圣克里斯托瓦尔岛，令岛民大感意外。虽然仅停留了几个小时，但是总统离开后，备受鼓舞的岛民还是欣然将该岛港

① 阿尔弗雷多·巴克里索·莫雷诺：Alfredo Baquerizo Moreno，1859年9月28日至1951年3月20日。1916年9月1日至1920年8月31日任厄瓜多尔共和国总统。

口改名为巴克里索·莫雷诺港。

此行，总统还先后登上了伊莎贝拉岛和弗洛雷阿纳岛，前后历时3天。表面上看是视察岛民生活，实地了解诸岛情况，其实是向窥视群岛的有关国家发出厄瓜多尔有能力捍卫岛屿主权的明晰信号。

巴克里索·莫雷诺走后，加拉帕戈斯群岛上的居民很快从他们对政府抱有巨大期望，转化为无尽的失望。因为他们当面向总统提出的急迫问题，在日后漫长的岁月里无一得到解决。而在总统登岛前长达37年的时间里，所有岛民都是在没有任何教育和医疗设施的情况下度日的。这从一个侧面反映出历届前任政府除了口头表态外，实际上并未真正关心过岛民的心态。

1918年，巴克里索·莫雷诺总统巡视一年以后，加拉帕戈斯群岛终于有了第一位上岛定居的神职人员，他给岛民带来了无限的心理慰藉。

1919年，第一次世界大战结束的烽烟还未散尽，美国海军即举行了一系列模拟巴拿马和加拉帕戈斯群岛遭到外来武力攻击的军事演习。在其中一次演习中，由"南达科他"号、"田纳西"号、"加利福尼亚"号和"阿肯色"号组成的重型舰艇编队驶抵加拉帕戈斯群岛。从此，悬挂星条旗、配备大口径舰炮的巨舰成了过往这片水域的常客。

1920—1940年的群岛

第一次世界大战后，鉴于巴拿马运河对美国的极端重要性，美国情报机构分析认为，未来一旦重开战事，巴拿马运河太平洋一侧应有一道拒敌于千里之外的军事屏障，而加拉帕戈斯群岛在厄瓜多尔这样弱小国家的管控之下，很难保证战时不会落入敌手。为避免上述担心变为事实，美国情报人员提醒华盛顿政客，巴拿马运河太平洋方向系美国战略短板，当尽早把群岛及其周围海域置于运河当局的管辖范围，以绝后患。

除此之外，美国人还发现，加拉帕戈斯群岛水域拥有丰富的优质金枪鱼资源。从加利福尼亚驶向群岛的渔船队捕获的金枪鱼，最高时能占到当时美国国内市场全部金枪鱼出货量的三分之二。

厄瓜多尔人同样没有忽视群岛的战略地位和经济资源。1922年，何塞·路易斯·塔马约[①]总统批准海军的申请，派遣“阿尔法罗总统”号和由“科托帕科希”号改名为“卡尔德隆”号的两艘战舰常驻群岛，同时设立加拉帕戈斯群岛海事局。

同一年，美国科学家威廉·毕比[②]成为第一位潜入加拉帕戈斯群岛水下，对水生动植物进行考察的人。毕比后来著有《加拉帕戈斯群岛——世界的尽头》一书。在书中，他以抒情浪漫的文笔，把群岛描绘成一个田园诗般的圣地，从而吸引了世界各地的众多游客慕名前来。

1923年底，之前被搁置多年的挪威人定居群岛一事有了新的转机。经过3年艰苦谈判，挪威人最终同意上岛后即加入厄瓜多尔国籍。作为交换条件，入籍的挪威人将被免征各项税收并拥有自由猎捕的权利。

挪威代表与厄瓜多尔政府达成的协议，迅即在万里之外的北欧引起了不小的轰动。热带岛屿，如画风光，肥沃土地，丰富海产，让当时并不富裕且又常年困于冰天雪地的一些挪威人心驰神往。

1925年5月底，首批22名挪威人抵达弗洛雷阿纳岛。次年11月3日，第二批83名挪威人登上圣克里斯托瓦尔岛。自那时起，挪威人以斯堪的纳维亚人特有的坚韧，为群岛烙下了深深的维京痕迹。

那是一个鼓励向群岛移民的时代。一些崇尚自然、素有乌托邦情怀的欧洲人，执着地为海底火山喷发形成的荒岛改变了自己的人生轨迹。而本国人从事的一切与岛屿资源开发利用有关的项目，也都不同程度地得到政府的支持和扶助。

不过，为保护巴拿马运河侧翼，美国对岛屿的企图一刻也没有放弃。1927年至1929年，美国政府软硬兼施，以购买、永久租赁、派遣私营公司投资等各种方案，威逼利诱厄瓜多尔接受美方开出的条件。美国甚至提出，可

---

① 何塞·路易斯·塔马约：José Luis Tamayo，1858年7月29日至1947年7月7日。1920年9月1日至1924年8月31日任厄瓜多尔共和国总统。

② 威廉·毕比：William Beebe，1877年7月29日至1962年6月4日。美国博物学家、鸟类学家、生物学家、海洋学家、昆虫学家、探险家和作家。

以参照关塔那摩模式，在“不影响厄瓜多尔主权”的前提下，允许美军在岛上构筑军事设施。

时光进入20世纪30年代。1935年，德国人在厄瓜多尔开辟了基多与瓜亚基尔两大城市间的空中客货运输航线，把两地间火车需要14至20小时的旅途，一下缩短到一个半小时。

日本的金枪鱼捕捞船队常年游弋于群岛海域，其中有些以正常捕鱼为幌子，对美国海军在附近的活动予以密切跟踪和监视。

德日两国在厄瓜多尔开展的上述“商业活动”，反过来又进一步刺激了美国的敏感神经。1935年2月14日，在外海航行的30艘美国军舰组成的庞大舰艇编队，派出31架水上飞机，突然降落到瓜亚斯河河面展开训练。当地民众从未见过如此多的飞机一次同时出现在眼前，被惊得目瞪口呆。稍晚，这支舰队驶抵加拉帕戈斯群岛，从那里发起针对巴拿马运河区的模拟袭击。

第二年1月，自运河区升空的美军飞机在中美洲诸国上空展开了一系列军事训练。通过训练，美军完善更新了手头与地区有关的所有地图资料，并且标定，一旦出现任何风吹草动，加拉帕戈斯群岛将会是美军保卫中美洲的第一战略优先。

1935年至1937年，在费德里科·帕艾斯·奇里沃加[①]主政期间，厄瓜多尔宣布加拉帕戈斯群岛为国家级保护区，并且为此颁布相关法律，明确了三项基本原则：第一，限制农业开发用地。第二，保护动植物资源。第三，明确旅游潜力。据此，除了伊莎贝拉岛北部和圣克里斯托瓦尔岛南部业已存在的庄园，所有各岛均被纳入保护区范围。

但令厄瓜多尔政府倍感尴尬的是群岛水域的外国金枪鱼船队。这当中，绝大多数是美国和日本的渔船。这些渔船无视厄瓜多尔法令，明目张胆地进行捕捞作业，却又拒不缴纳许可费。这种现象一直持续到第二次世界大战爆发。而厄瓜多尔方面因为没有执法船，只能眼睁睁地目睹本国渔业资源被公

---

① 费德里科·帕艾斯·奇里沃加：Federico Páez Chiriboga，1877年6月4日至1974年2月9日。1935年9月26日至1937年10月23日任厄瓜多尔共和国临时总统。

开掠夺，即使获得日本渔船中混杂有间谍船的情报，也自始至终奈何不得。

1936年7月10日，英国皇家海军“阿波罗”号巡洋舰在贝斯特将军指挥下停靠瓜亚基尔港，对厄瓜多尔进行访问。厄瓜多尔政府抓住时机，恳请英舰赴岛屿海域，协助查明外国渔船非法捕鱼情况。12日，“阿波罗”号驶抵弗洛雷阿纳岛，贝斯特将军邀请部分德裔岛民上舰用餐，在周到体贴的觥筹交错中，就德裔岛民对希特勒的态度相机开展摸底调研。

几天后，西班牙内战爆发。在厄瓜多尔，右翼政党支持佛朗哥，而左翼政党拥护共和派。在东方，日本的战争机器加速运转，整个世界被战争的阴霾所笼罩。此时，不论美国政府，还是情报机构，已经开始有人构想日本人会不宣而战，突然袭击美国在太平洋的岛屿和巴拿马运河。1936年圣诞节之前，成建制的美国海军陆战队在厄瓜多尔的圣埃莱纳半岛附近海域举行大规模军事演习。

1938年3月，阿尔贝托·恩里克斯·加略[①]总统任命亚历杭德罗·阿尔维阿尔[②]上校为领土官。后者上岛不久，即以军人的雷厉风行，呼吁尽快向各有人居住岛屿增兵。阿尔维阿尔上校还是第一位上书当局，痛陈岛民缺乏医疗和教育资源的驻岛高官。

当年7月18日，富兰克林·罗斯福总统乘坐美国海军“休斯顿”号巡洋舰视察加拉帕戈斯群岛。曾于威尔逊总统任内当过海军助理部长的罗斯福，在当年11月15日公布了《美洲国家军事防御计划》。很快，美国即与厄瓜多尔秘密启动了在后者领土上建立军事基地的谈判。与此同时，大批美国战舰以群岛海域发现日本潜艇为由，从巴拿马向加拉帕戈斯群岛靠拢。

当月，还有一件事令美国军政高层极度焦虑不安。那就是一艘名为“泰奥”[③]号的日本“渔船”一网不撒，整月航行在群岛海域，对主要岛屿的海湾和滩头逐一进行详细测绘。美国人确信无疑，这是一艘日本间谍船，它在为

① 阿尔贝托·恩里克斯·加略：Alberto Enríquez Gallo，1894年7月24日至1962年7月13日。1937年10月23日至1938年8月10日任厄瓜多尔共和国总统。

② 亚历杭德罗·阿尔维阿尔：Alejandro Alvear。

③ 泰奥：Taio。

可能发起的军事入侵行动搜集情报！

1939年9月1日，希特勒下令德军对波兰发动闪电战，第二次世界大战爆发。此时，在世界的另一端，德国人经营的航空公司已经将航线从基多与瓜亚基尔之间，扩展到分别从两地飞往厄瓜多尔国土西部太平洋东岸的圣埃莱纳半岛。而且，拥有三台发动机的荣克JU-52客机执行从北部山区因巴布拉[①]至加拉帕戈斯群岛的航线也已拟定，只待当局批准。

获悉此事的美国驻基多大使馆外交官奉命紧急游说，阻止厄方授予德国人航权，接下来又紧锣密鼓，直至将这家航空公司彻底搞破产。不肯善罢甘休的美国外交官还一鼓作气，逼迫厄瓜多尔人出面，赶走了自1922年起就在基多设立办事处，帮助厄方组建军事航空力量的意大利飞行工作组。

意大利人在厄瓜多尔早期军事和民用航空领域留下过浓墨重彩的一笔。1915年至1918年，出生在意大利那不勒斯的厄瓜多尔飞行员科斯梅·伦内拉[②]加入意大利空军。他在第一次世界大战中参加了152次空战，获得7个确认战果，一举跻身第一次世界大战世界十大王牌飞行员之列。

1920年11月4日，意大利飞行员埃利亚·安东尼奥·利乌特[③]从瓜亚基尔起飞，历经两个小时飞行，在昆卡平安降落，完成了人类第一次飞越安第斯高原崇山峻岭的壮举。由此，他被誉为“安第斯之鹰”。

今天，飞行英雄穿过的皮夹克和所驾驶飞机的木制螺旋桨被陈列在昆卡的博物馆，向后来的人们展示着那颗翱翔于万山之巅的勇敢无畏之心。

在那个为梦想振翅高飞的岁月，厄瓜多尔第一代军用和民用飞行员均远赴意大利接受培训。意大利人还帮助厄瓜多尔创办了第一所飞行员培训学校，并在此基础上组建了军事航空力量。

---

① 因巴布拉：Imbabura。

② 科斯梅·伦内拉：Cosme Rennella。1890年2月15日生于意大利那不勒斯，1937年5月3日于基多逝世。

③ 埃利亚·安东尼奥·利乌特：Elia Antonio Liut。1894年3月6日生于意大利，1952年5月12日于基多逝世。

意大利是20世纪20年代世界航空发达国家。杜黑[①]以先见之明发表的不朽军事著作《制空权》，在西方军事学术界堪与克劳塞维茨的《战争论》和马汉的《海权论》比肩。杜黑破天荒地首次从战略高度，系统完整地阐述了制空权理念，成为空中力量制胜论的倡导者，为日后航空兵在战争舞台大显身手奠定了理论基础。

美国人就这样挤走了意大利人。

此后，在华盛顿军事部门备案的美国航空公司顺理成章接手了德国人的既有航线，随即大兴土木，在基多、瓜亚基尔、曼塔和埃斯梅拉达斯等地构筑地面设施。这些由美国民用航空公司修建的基础设施分布于太平洋沿岸和山区战略要点，各方面均着眼于未来战争需求。

值得强调的是，美国的战争准备完全是统筹各方资源，通过高层全盘统一部署有序进行的。第二次世界大战刚一爆发，美国即在巴拿马城主导召开了首届“美洲国家外长协商会议”。次年7月，又在古巴哈瓦那召集了第二届外长协商会议，并且在会议结束后发表共同宣言，表达所有美洲国家“维护团结一致，捍卫自由世界文明秩序”的坚定决心。

1940年1月，普通拉美民众尚沉浸在圣诞假期的欢乐中，美国就与厄瓜多尔签署了相关协议。墨迹未干，由美国海军、陆军和陆军航空队组成的军官团旋即抵达厄瓜多尔，为军事力量的组建和部署筹划准备。

与此同时，前退役美军高官也以私人身份与加拉帕戈斯群岛上的大庄园主接洽，希望后者即刻扩大岛上耕地面积，提高农作物产量，增加大牲畜存栏数，以减轻未来美军驻岛人员后勤保障的负担。美国人还向庄园主交底，表明美方愿意为发展农牧业提供必要的资金担保。

有了协议保障，作为西半球军事防卫的一颗重要棋子，厄方立即着手与美方的全面军事合作。首先，同意美国在萨利纳斯修建双方共同使用的海空基地。随后，又满足了美军对加拉帕戈斯群岛开展航空测绘的要求。美军此

---

① 杜黑：Giulio Douhet。1869年5月30日出生，1930年2月15日逝世。世界著名军事理论家，空中制胜理论的奠基人。

举意在为岛上规划构筑军事设施提供决策依据。

1940年5月9日，一架从巴拿马出发的美军飞机飞抵瓜亚基尔，搭上两名厄瓜多尔军人后飞赴加拉帕戈斯群岛。在随后的两天里，飞机在相关海域和各岛上空拍照测绘。事后，随机的一名厄军上尉军官巴亚尔多·托瓦尔回忆说："我们降落到一个小岛上，那里已经有30至40名美国海军陆战队员。对于他们的存在，我事先一无所知，可也并不感到吃惊，因为我知道他们迟早要来……美国人住的是木制房屋，食堂已经建好，但是机库和其他设施还没有构筑。"

1940年6月，法国陷落。一个月后，罗斯福总统访问巴拿马。到了这个时候，许多人心里已经明白，战争迟早会降临，只是时间早晚而已。美军为此在巴拿马修建了大型仓储设施，囤积了大量军事战略储备。准备一有战事，就以最快的速度，把这些战备物资投送到加拉帕戈斯群岛和萨利纳斯，使那里成为保卫美洲大陆的第一道防线。

截至1940年11月，加拉帕戈斯群岛各岛人口总计逾700人，其中绝大多数定居圣克里斯托瓦尔岛和圣克鲁斯岛，伊莎贝拉岛有居民60人，弗洛雷阿纳岛人口20人。

1941—1945年——第二次世界大战期间的群岛

1941年6月，世界的目光被希特勒的"巴巴罗萨"作战计划吸引到苏联战场。孰料，7月5日，在飞机的掩护下，秘鲁不顾"美洲国家外长协商会议"维护团结一致的共同宣言，出人意料地发动了一场闪电战，派兵突然攻占了厄瓜多尔南部的艾尔奥罗[①]省。面对失败，厄方寻求体面地结束敌对状态。美国、阿根廷、智利和巴西4国紧急出面斡旋。一周后，秘鲁军队停止了攻势。

① 艾尔奥罗：El Oro。

1942年1月29日，厄瓜多尔外长胡里奥·托瓦尔·多诺索[1]被迫在巴西签署了《里约热内卢议定书》。根据议定书，厄瓜多尔屈辱地割让了278000平方公里土地，幅员之广阔，超过了今天余下的全部国土。这场被称为“四一年战争”的军事冲突所撕裂的伤口，直到今天都让厄国国民内心隐隐作痛。

1941年8月，美国海军上将亨利·肯特·休伊特[2]访问瓜亚基尔和加拉帕戈斯群岛。其间，厄瓜多尔陆军总司令弗朗西斯科·乌鲁蒂亚·苏亚雷斯[3]代表本国政府宣布，考虑到当前的紧迫形势，在保证主权完整的前提下，厄方决定于适当时机将武装力量的军事设施提供给美军使用。

稍晚时候，厄瓜多尔驻华盛顿大使科隆·埃洛伊·阿尔法罗[4]与美国国务院签署文件，准许从中美洲任一地点起飞的美军机，无须提前申请，即可飞抵加拉帕戈斯群岛及其毗邻海域进行空中巡逻。

1941年12月7日，经过事先的周密策划，南云忠一指挥日本帝国海军联合舰队，以6艘航空母舰舰载机组成的第一航空战队两个攻击波，突袭了美国太平洋舰队在夏威夷的基地珍珠港。在加勒比和中美洲的美军第一时间得到通报，迅速进入最高战备等级，随时准备抗击日本接下来可能对巴拿马运河发起的攻击。

此时此刻，美洲地区太平洋沿岸的美军基地内，各种信息满天飞。持续紧绷的神经和凄厉的防空警报，使误判在所难免：有地面防空火力朝天空正常飞行的友军飞机一通狂射；还有平民被当成间谍遭到逮捕。一时间，风声鹤唳，草木皆兵。

与此同时，军事管制开始施行。在加拉帕戈斯群岛，自12月8日起，片帆不得入海，所有渔船不分国籍，全被美国海军封于港内。数日后，这些船只才在美军舰艇羁押下，以编队形式，悉数被集中到美国本土。

---

① 胡里奥·托瓦尔·多诺索：Julio Tobar Donoso，1894年1月25日至1981年3月10日。外交官、律师兼作家，1938年8月13日至1942年3月31日担任厄瓜多尔外交部长。

② 亨利·肯特·休伊特：Henry Kent Hewitt，1887年2月11日至1972年9月15日。

③ 弗朗西斯科·乌鲁蒂亚·苏亚雷斯：Francisco Urrutia Suárez。

④ 科隆·埃洛伊·阿尔法罗：Colón Eloy Alfaro，1842年6月26日至1912年1月28日。

美军正式登岛备战

12月12日，36名美军事和技术人员登上群岛中的巴尔特拉[①]岛。该岛位于加拉帕戈斯群岛的中心位置，距厄瓜多尔大陆最近处965公里，距巴拿马1287公里，良好的地形地貌和地质水文条件使其成为理想的军事基地。在厄瓜多尔官方报道中，这一天被记录为第二次世界大战美军正式进驻加拉帕戈斯群岛的日子。

12月15日，美厄双方代表签署补充协议，美军获准在萨利纳斯修建一个陆军航空兵基地和一处海军航空站。美军还根据《租借法案》相关条款，严格按美式标准为厄瓜多尔培训飞行军官。

今天，当游人忘情地在萨利纳斯一带享受蓝天、白云、阳光和沙滩之时，恐怕很少有人知道，他们脚下这片美丽的国土，曾经是一处不许本国平民百姓迈入一步的军事禁区，而眼前蔚蓝海面下伸手不见五指的海底深处，堆积着战争结束后美军撤退时运不走的大量军用物资。这些军用物资早已成为虾兵蟹将和各种海洋生物乐此不疲的巢穴，让知晓这段历史的人细想起来五味杂陈。

1942年2月15日，美国开始在巴尔特拉岛修建机场和海军航空站。在极短的时间里，就将这座岛屿变成了第二次世界大战期间美军在东南太平洋上最大的军事基地。

巴尔特拉岛是火山喷发岩浆冷却凝固后形成的岛屿，面积10平方公里，干旱炎热，其时寸草不生，被美军称为“一棵树不见的10平方公里岩石”。

在构筑军事设施的同时，美军不得不解决岛上没有淡水的问题。一开始，是从千里之外的巴拿马用飞机空运。后来，美军工程师在岛上安装了两套海水淡化装置，但也只能供施工和淋浴使用而无法饮用。再往后，美国人发现，圣克里斯托瓦尔是各岛当中惟一有充足淡水的岛屿，且岛上的优质淡水资源

---

① 巴尔特拉：Baltra。

被白白浪费。美国人于是就用水泵，从距海平面600米高的水源处，通过管道，把水送到圣克里斯托瓦尔岛码头，再用两艘大型驳船，每天从圣克里斯托瓦尔岛把430000加仑的淡水运到巴尔特拉岛，从那里再转运到其他各岛，以满足全部4000名美军士兵和250名驻岛军官的需求。

纵然岛上美军拥有完备的机械化施工手段，但民工还是必不可少。美军当机立断，开出了比当时普通厄瓜多尔人月薪还要高的周薪，很快便吸引了2000多名从全国各地赶来的民工上岛。

进入战时状态的美国展示出让人叹为观止的工业潜力。2440米长的机场跑道，200公里长的公路网，400余幢木制房屋，大型弹药库，纵横交错的暗壕，数不清的机枪掩体，无处不在的观察哨、雷达站、防空阵地……仅仅个把月就全部落成。并且在同样时间里，巴尔特拉岛四分之三的面积被美军工兵用工程机械平整一新。

1942年5月9日，隶属于美国陆军航空队的首架B-24“解放者”重型轰炸机飞抵巴尔特拉岛。与波音公司的B-17“飞行堡垒”一样，该型轰炸机也是美军在二战期间的主力机型。1943年8月1日，在对罗马尼亚普罗耶什蒂炼油厂的轰炸中，B-24显示出威力，数百架“解放者”进行的地毯式轰炸，极大地削弱了德国的燃料生产和供应能力。

在首架B-24降落巴尔特拉岛后的半年里，更多的同型号轰炸机以及P-40“战斧”和P-39“飞蛇”战斗机也相继部署到位。这两种型号的战斗机虽经实战证明难以匹敌日本的“零”式舰载战斗机，但好歹也为群岛提供了免遭蹂躏的庇护羽翼。

依照分工，“解放者”负责执行群岛—巴拿马—萨利纳斯三地间的“三角巡逻”飞行。而两型战斗机则担纲护航和对空中可疑目标的拦截任务。

“空袭警报响起时，无论身在何处，必须立刻原地坐下！任何移动目标都会像老鼠一样被机枪子弹打成筛孔！”对在岛上被战争机器吓得手足无措的厄瓜多尔民工，美军发出这样的警告。

1942年7月20日，一架执行巡逻任务的“解放者”在加拉帕戈斯群岛的品松[1]岛坠毁，机上10名机组人员全部遇难。这架机身编号LB-30A-127的轰炸机，是第二次世界大战美国在厄瓜多尔领土上坠落的第一架军用飞机。

事发后，美军迅速派员上岛，但是仅收殓遇难人员的遗骸遗物，而将支离破碎的机身弃之不顾。由于当时执行保卫美洲任务的美军所有行动都对厄瓜多尔当局严加保密，加拉帕戈斯群岛又与本土相距遥远，厄瓜多尔人直到30多年后，通过查尔斯·达尔文科学站和国家公园管理局工作人员登上品松岛灭鼠时偶然闯入，才发现坠毁的美军机。而厄瓜多尔人第一次拍摄到美军机残骸照片，更晚至1988年3月24日。

在1942年6月中途岛海战爆发前，驻扎加拉帕戈斯群岛的美军在兵力上达到顶峰，陆军、海军、海军陆战队，加上航空兵，总人数突破10000人。美国不仅把群岛当作保卫巴拿马运河的坚固堡垒，而且还视其为训练新兵的演兵场。大批在岛上接受过系统训练的美军飞行员，后来被派往太平洋和中国战场。

火山喷发

中途岛海战是太平洋战争的转折点。是役，大批训练有素又富有实战经验的日本海军航空兵飞行员随4艘航空母舰葬身海底。自那时起，日军所向披靡的进攻势头得到遏制，日美双方攻防易手，美洲大陆遭到日军攻击的可能性大为降低，加拉帕戈斯群岛上空弥漫的紧张空气逐渐消散。

然而，正当美军稍微松口气，刚开始习惯在海滩上享受冰镇啤酒和可口可乐之时，更大的威胁不期而至。只是这一次挑战者不是凶神恶煞般的日本联合舰队，而是捉摸不定的大自然。

1943年4月14日，位于伊莎贝拉岛上的蓝山火山[2]突然喷发。巨大的响声在弗洛雷阿纳岛上也能听到，120公里外巴尔特拉岛上的美军都看到了冲天的烟柱。

---

① 品松：Pinzón。

② 蓝山火山：Volcán Cerro Azul。

处于战时状态的人们想当然地以为遭到了敌人偷袭，第一时间全部进入战位。稍晚，各岛美军才从无线电波传递的求援信号中了解到实情。美军火速派出一艘快艇和数架飞机，赶往伊莎贝拉岛展开救援。

第一架飞临伊莎贝拉岛的是B-24“解放者”轰炸机。低空盘旋的机组人员从空中看到，猩红的火山岩浆射向天空，又像流星雨一样落回山坡，然后汇聚成数米宽的热流，沿着山体一侧缓缓流向位于蓝山脚下不足10公里处的一座美军警戒雷达站。

雷达站执勤的美军官兵已经穿戴好醒目的橙色救生衣。他们站在海边，看不出惊恐万状，反倒显得格外兴奋。有人手舞足蹈，还有人冲头顶的飞机挥着帽子，期待尽早获得救援。

由于飞行速度过低，又无意中闯入了火山喷发形成的看不见的扰动气流。“解放者”一度就像是坠入波涛的一叶轻舟，身不由己地随波沉浮，几乎处于失速的边缘。多亏机组人员竭尽全力，才与死神擦肩而过。一个小时之后，海边等候的美军雷达站官兵被全速赶到的快艇安全接走。

第二天，一架观察火山喷发的P-39“飞蛇”就没那么幸运，飞经火山口上方时被喷涌的岩浆击中。飞机像一块顽石坠落山坡，飞行员的遗体和飞机铝制残片随即被滚烫的火山岩浆吞没。

第一夫人上岛

1944年3月27日，在美军大举反攻、日军节节败退的背景下，美国第一夫人安娜·埃莉诺·罗斯福① 登上巴尔特拉岛，代表总统开展劳军慰问活动。

第一夫人从巴拿马出发，途经萨利纳斯上岛。她在巴尔特拉岛驻留两天，给美军官兵送去巨大的心理安慰和士气鼓舞。

事后，第一夫人在报纸专栏《我的日子》② 中写道：“从空中向下望去，我

① 安娜·埃莉诺·罗斯福：Anna Eleanor Roosevelt，1884年10月11日至1962年11月7日。美国第32任总统富兰克林·德拉诺·罗斯福的妻子。

② 《我的日子》：My Day。

才真切地理解为什么小伙子们管这个岛叫岩石。对于地质学家来说，这里或许是理想的考察地，但哨位上的士兵、跑道上的引导员肯定不这么认为。我能想象得出，在这个世界上最令人绝望的岩石上平整出一块运动场有多不容易。诚如一位军人所言：‘当你费尽九牛二虎之力终于搬走一块岩石，发现在它下面还有更多的石头。’……群岛靠近前线又远离战场，生活平淡无奇，让人既没有憧憬，也毫无期盼。但是，后方的女人肯定不会抱怨，至少他们的男人生命安全有保障，这总比面对面与敌人肉搏战令人感到宽心。”

第一夫人离开不久，美国陆军和海军的联合工作组就对萨利纳斯和加拉帕戈斯群岛展开巡视。他们的目的，是评估两地作为军事基地继续存在下去的意义。

工作组评估后认为，当前态势下，可以考虑驻防萨利纳斯的美军有计划撤离，但是群岛作为保护巴拿马运河的屏障，应当被永久征用。

厄方随即感受到来自美国外交和财政方面的压力。在华盛顿，有参议员叫嚣，称如果群岛被厄瓜多尔这样弱小的国家接管，那么随时都有可能落入敌手。

面对这样的局面，厄瓜多尔政府决定派人上岛宣示主权。1944年6月29日，一架之前德国航空公司遗留下来的荣克运输机，搭载厄方要人飞赴群岛。鬼使神差的是，不知出于何种原因，厄方事先竟未向驻岛美军通报相关信息。

在岛上，对此一无所知的美军通过雷达探测到一不明飞行物接近后如临大敌，立即紧急出动一个中队的战斗机升空拦截。抵近到目视距离后，飞行员惊得下巴都快要掉下来，来者居然是一架三引擎的德国飞机！

美军飞行员迅即摆开了攻击架势。只因最后一刻看到飞机垂直尾翼上厄瓜多尔国旗的3种颜色，以及机身上大大的西班牙文黑色字母，才迟疑着没有开火。经过简短沟通，这架“阿苏艾”号荣克飞机由美军战斗机伴航，平安降落在巴尔特拉机场跑道上。

泛滥的山羊

加拉帕戈斯群岛最早出现山羊可上溯至19世纪，是由远航的水手带上岛的。此后，厄瓜多尔人也在岛上养羊，食其乳肉。山羊的种群数量激增还是在二战期间，当然是为满足驻军和民工的口腹之需。

令人意想不到的是，山羊在为人类利用的同时，也因周围的环境改变了口味。废弃的轮胎，地上的电缆，扔掉的布匹，散落的纸张，全都成了这种偶蹄类动物的腹中餐。

对于这一切，美军尚能容忍。可是，当这些既温顺又倔强的生命出现在飞机跑道、哨位，刨出地下通信线路、咬断电缆时，美军开始感受到了真正的麻烦。

起初，美国大兵企图将山羊赶到岛上的某个角落集中圈养起来，后来嫌逐个捕捉费时费力，干脆改用武器射杀。不过很快，从1942年5月20日起，驻岛美军最高长官根据来自华盛顿的旨意，严禁手下伤害包括山羊在内的岛上一切动物。于是，山羊种群躲过一劫，又大摇大摆地四处活动开来。

1946年，美军撤走，厄瓜多尔军队接手加拉帕戈斯群岛。2004年，巴尔特拉岛上的最后一只山羊变为盘中餐，进入人类肠道。

群岛其他岛上也有山羊，仅在2002年至2004年间，各岛被射杀的山羊就达到60000只。但它们被赶尽杀绝的原因与巴尔特拉岛上的同类略有不同。

为恢复各岛原始生态，1999年，国家公园管理局下令，除了庄园里圈养的山羊属于私有财产，其他野生状态的山羊种群将不再受到保护，任何人均可随意处置。

巴尔特拉岛上的蜥蜴

巴尔特拉岛曾栖息着数量庞大的陆生蜥蜴。战时，美军为修建军事设施大兴土木，大批人员进驻，飞机频繁起降，车辆往返通过，雷达发出大功率电磁波，皆对蜥蜴赖以生存的环境构成难以修复的破坏，造成蜥蜴种群灭绝。

1991年6月，厄瓜多尔和外国科学家联合制定了恢复岛上蜥蜴种群的计划。科学家于1991年和1992年分别从临近的北塞莫尔岛引入35只和12只相同种群的蜥蜴在巴尔特拉岛野外放生，又在2001年至2005年间，分7批引入227只蜥蜴。可是直到今天，巴尔特拉岛上的蜥蜴仍难得一见。这足以使人们明白，大自然历经漫长岁月形成的脆弱生态系统一旦遭到外力破坏，哪怕只是很短时间的破坏，恢复起来都何其艰难。

美军班师回朝

1944年9月1日，何塞·玛利亚·贝拉斯科·伊巴拉[①]总统在厄瓜多尔议长、外长、美国驻厄大使和美军驻巴拿马运河区最高指挥官的陪伴下登上加拉帕戈斯群岛。

随即，总统通过驻美大使通知美国务院，称在日军败局已定的情况下，实无必要继续派军驻岛。12月28日，厄议会经表决作出决定，驳回美方关于在岛上长期驻军的请求。

1945年8月15日和16日，厄瓜多尔海军陆战队连续两天在巴尔特拉岛庆祝二战结束。

半个月后，双方就美撤军一事正式展开谈判。在菲律宾、关岛和马里亚纳群岛仍有大量美国驻军的情况下，厄方表现出寸土不让的强硬立场。1945年12月中旬，华盛顿命令驻厄瓜多尔领土的所有美军撤离，收缩到巴拿马运河区重新部署。

1946—1950年——孤岛重生

1946年6月30日，大批厄方记者和军政人员搭乘厄瓜多尔海军“10月9日”号战舰驶抵巴尔特拉岛，他们即将见证群岛翻开新的一页。

次日，厄瓜多尔财政部长阿里萨加·托拉尔[②]乘坐的专机降落岛上。当

---

① 何塞·玛利亚·贝拉斯科·伊巴拉：José María Velasco Ibarra，1893年3月19日至1979年3月30日。五度出任厄瓜多尔共和国总统。

② 阿里萨加·托拉尔：Arízaga Toral。

日中午一时，托拉尔代表本国政府，与美国驻加勒比战区最高指挥官和美国驻厄瓜多尔大使举行了简短的交接仪式。

此时此刻，岛上尚有数百名美军官兵，60名厄瓜多尔民工和35名巴拿马民工。这批人员于次日被美国海军“约翰逊”号运输舰一次性运出巴尔特拉岛。

紧接着，根据贝拉斯科·伊巴拉总统签发的指令，厄方成立加拉帕戈斯群岛海事警备区，阿格内里奥·雷卡尔德①担任首位驻岛指挥官。作为麾下，10名厄瓜多尔军人与雷卡尔德留岛常驻。

不过，交接仪式仅具有象征性。当雷卡尔德要求即将离岛的美军交出布防图时，美军代表马上以未接到上级命令为由，明确予以拒绝。并且，为给接收制造混乱，美国军人还谎称，厄瓜多尔政府已经同意一批美国军事和技术人员无限期留驻岛上，以帮助厄方维护美军遗留的设施。

至于美军那些所谓的遗留设施，比如浮动码头、照明系统、野战医院、备用跑道、雷达哨所，不是遭到拆除，就是已被人为损毁。美军归还厄方的，不过是一座满目疮痍、遍布废铜烂铁的孤岛。

1946年8月，豪尔赫·帕艾斯②被任命为加拉帕戈斯群岛总督。他上任后宣布，在优先满足行政和军事需要的前提下，将把未被美军拆除的剩余木制房屋，按每户家庭人口的多寡均分给岛民。那些可回收利用的钢材、木料、水泥等军用物资，则本着物尽其用的原则被集中起来，在各岛之间调剂使用。

在圣克里斯托瓦尔岛，人们齐心合力，很快修好了供水管道，汩汩甘泉不仅满足了日常所需，而且带来新生活的希望。

陆续地，人们又建好了学校，这是群岛移民一个世纪以来首次拥有教育设施。岛上驻军还向岛民提供义务医疗服务。

紧张劳作之余，岛上的居民又可以悠闲地在海滩信步，观察海狮戏水，远眺海鸟翱翔。当这种久违了的安详与宁静再次回归身旁时，人们才由衷地

---

① 阿格内里奥·雷卡尔德：Agnelio Recalde。

② 豪尔赫·帕艾斯：Jorge Paéz。

感到和平、独立和自由的难能可贵。

自1947年起，新一批大陆移民开始上岛。织网捕鱼，开荒耕种，人们用汗水浇灌脚下重生的土地。

1949年8月5日，内陆山区通古拉瓦省发生大地震，超过6000人罹难，无数人受伤，许多村庄被从地图上彻底抹去。作为安置措施，厄瓜多尔政府把一部分灾民迁往岛上，为此，还无偿向自愿上岛的灾民划拨土地和住房。

截至1950年，加拉帕戈斯群岛各岛人口总计1346人，其中圣克里斯托瓦尔岛811人，伊莎贝拉岛216人，圣克鲁斯岛198人。

1950—1980年——面向未来

1950年3月，在瓜亚基尔教区的推动下，方济各会派遣数名教士登岛，他们以圣克里斯托瓦尔岛为中心开展活动，为群岛教育、医疗和通信事业的发展进步作出了贡献。

1959年2月9日，经过周密策划，伊莎贝拉岛上被流放的犯人突然暴动。他们制服了狱警，控制了港口，使岛民在惊悚中惶惶度日。

3天后，21名犯人劫持了两艘返港渔船，带上4名人质仓皇出逃。在圣地亚哥岛，犯人又抛弃小渔船，转而打劫了一艘悬挂星条旗的大型游艇。

17日，这艘游艇在厄瓜多尔埃斯梅拉达斯省靠岸。逃犯释放了毫发无损的人质和美国艇员，随后消失在茫茫人海。

此后3天，在驶往巴拿马途中，美国游艇不断通过电台播报他们劫后余生的消息，引起了厄瓜多尔民众和当局的注意。

一个月后，卡米洛·庞塞·恩里克斯[①]总统责成有关机构，从此不再向群岛遣送犯人。加拉帕戈斯群岛长达127年作为罪犯流放地的命运终告结束。

7月20日，恩里克斯总统又签署行政令，宣布除已辟为庄园和农牧区的

---

① 卡米洛·庞塞·恩里克斯：Camilo Ponce Enríquez，1912年1月31日至1976年9月13日。1944年5月31日至1945年7月30日在贝拉斯科·伊巴拉总统执政期间担任外交部长。1956年9月1日至1960年9月1日任厄瓜多尔共和国总统，

阿约拉港的科考实验室

图片出自 1970 年 Balázs Dénes 所著《加拉帕戈斯群岛》一书

瓜亚斯省历史档案馆提供

土地，加拉帕戈斯群岛7800平方公里的岛屿面积中，97%为动植物保护区。

1960年，联合国教科文组织派代表登岛，与岛上的厄瓜多尔科学家举行会晤，会后正式接受厄方申请，为保护群岛提供咨询与帮助。

同年，世界野生动物保护基金会也为保护岛上动物列支了第一笔资金。

1964年初，美国大型金枪鱼船接连不断进入岛屿周边水域开展作业，在外交层面引发了两国间的“金枪鱼战争”。为保护本国渔业资源，厄瓜多尔政府开始真正重视起群岛的自然生态环境。

1月21日，位于圣克鲁斯岛阿约拉港的达尔文科学考察站揭牌，首任站长为英国动物学家罗杰·佩里[①]。佩里走马上任后，立即组织对群岛动植物进行分类，针对外来物种对岛上原生动植物的影响展开评估调查。结果显示，一共有超过800种外来物种在群岛扎根落户，它们对原生动植物赖以生存的环境造成了毁灭性的破坏。尤其是随船上岛的胡蜂、蚂蚁和蟑螂的大量繁殖，令岛屿脆弱的生态系统毫无抵御能力。

为对群岛海洋生物摸底调查，佩里任内，达尔文科学考察站还申请到拨款，购置了一艘55英尺长的游艇，命名为“贝格尔II”号。

1965年，厄瓜多尔与英国海外计划署建立联系，在英国专家指导下，着手制定加拉帕戈斯群岛长期环保规划。与此同时，达尔文科学考察站和国家公园管理局联合采取具体措施，发起了旨在清除外来物种入侵的长期行动。

铲除外来物种固然不易，改变人的定式习惯更加困难。考察站的科学家和管理局的工作人员怎么也没有想到，直到这个时候，美味的海龟肉还是岛民家家户户的晚餐。而要让岛民改变上百年来形成的积习，显然超出了两所机构全体人员的能力和权限。

此外，人口的持续增长也是重大挑战，甚至超过任何一个外来物种入侵所造成的麻烦。以圣克鲁斯岛为例，1935年，岛上居民只有46人，而到1964年就已超过600人，两年后又突破700人，至1969年10月，驻岛居民已激增至1200人。

阿约拉港——旅游中心

获得重生后，20世纪50年代中期，厄瓜多尔空军对巴尔特拉岛上被遗弃的军用机场进行了评估。1957年7月16日，一架装载邮政包裹的厄瓜多尔空军飞机从大陆飞抵巴尔特拉机场。1962年，有军方背景的塔梅航空公司[②]注册成立，并且获得了厄瓜多尔本土到加拉帕戈斯群岛的商业运营资质。1967

① 罗杰·佩里：Roger Perry。
② 塔梅航空公司：TAME。

年，公共工程部与私人公司签订合同，在巴尔特拉机场原址基础上，按照和平时期民用航空标准对其进行翻修改建。

另一方面，早在1960年，两位深受厄瓜多尔民众喜爱的瑞典人福克·安德森[①]和鲁尔夫·布隆伯格[②]就在瓜亚基尔合伙成立了“加拉帕戈斯群岛旅游公司”。而布隆伯格早在1934年就第一次上岛，他对厄瓜多尔一见倾心，此后扎根这里，用朋友赠送的哈苏相机拍照，还从事写作，直到1996年辞世，著作等身。

布隆伯格一生出版了20本书籍，分别被译成西班牙文、英文、德文、法文和瑞典文，他还拍摄了32部纪录片，其中大部分反映厄瓜多尔。布隆伯格足迹遍布厄瓜多尔的山山水水，在当地上流社会知识分子心目中堪称一座人文主义精神丰碑。

为表彰布隆伯格在研究、保护厄瓜多尔文化和向世界推介厄瓜多尔国家形象方面作出的贡献，1952年，加洛·普拉萨·拉索[③]总统亲自为他授勋。这是迄今为止，厄瓜多尔政府惟一一次授予外国摄影师此类殊荣。

布隆伯格用哈苏相机拍摄的黑白摄影集《布隆伯格——厄瓜多尔》，收录了他从20世纪30年代至70年代末的精选作品，记载了这个国家近50载的风土人情，被厄瓜多尔总统府和外交部当作馈赠宾朋的国礼。

安德森和布隆伯格的旅行社开张后不久，旗下的“克里斯托瓦尔运送者”号游艇即成了群岛旅游的标志性符号。这艘定期往返瓜亚基尔滨河大道和阿约拉港之间的游艇，在当时帮助无数人实现了一探群岛奥秘的梦想。

安德森和布隆伯格的旅行社只接待国内游客，承揽国际旅客的业务归属一家总部位于基多的旅行社，这家旅行社成立于1966年。

考虑到岛上脆弱的生态系统，旅行社的经营者们与达尔文科学考察站和

---

① 福克·安德森：Folke Anderson。

② 鲁尔夫·布隆伯格：Rolf Blomberg，1912年11月11日至1996年12月8日。瑞典探险家、摄影师、纪录片制片人。

③ 加洛·普拉萨·拉索：Galo Plaza Lasso，1906年2月17日至1987年1月28日。1948年9月1日至1952年9月1日担任厄瓜多尔共和国总统。

国家公园管理局达成协议，谨慎选择了上岛路线和观光景点。

在岛上，经历了初期的观望和质疑后，有头脑灵活的渔民用自家渔船把上岛游客拉到附近岛屿游览，有的当起导游，领着意犹未尽的游客猎奇，还有的，利用自家空置的房屋开旅馆，向游客供应餐食。一个非正式的旅游产业应运而生。

1967年4月，塔梅航空公司启用能容纳62名乘客的道格拉斯DC-6B型飞机，开通了瓜亚基尔与巴尔特拉之间的月度定期航班。12月底，一艘能为52名游客提供食宿的游船投入运营。

自1972年起，受国际油价推动，厄瓜多尔外汇储备猛增，国家经济进入前所未有的黄金发展阶段。在此背景下，加拉帕戈斯群岛的旅游业开始呈现井喷式发展。全年上岛游客突破12000人，港口游人如织，海面风帆点点，多达20艘游船往返于阿约拉港与大陆之间，航空公司则忙着增加航班。

从那时起至今，历经几十年，快速增长的步伐再未停歇下来。这一势头令岛上居民喜不自禁，却让达尔文科学考察站和国家公园管理局的工作人员愁眉不展。不过难能可贵的是，群岛一直保持着良好的社会治安。

已经退休的前旅行社经理帕戈·萨拉萨尔对此回忆说，圣克鲁斯岛上多年未曾有过刑事犯罪案件。他的朋友弗瑞斯特·尼尔森感慨道："我经营着一家旅馆。旅馆旁边是我的五金店，各种工具器械摆放在一间大库房里。库房从不上锁，即使人去楼空门也是大敞遥开。不止一个人提醒我'你店里的值钱物件迟早被盗光！'可是，他们所担心的事情一直没有发生。"

1973年2月17日，时任政府宣布加拉帕戈斯群岛升级为省，把圣克里斯托瓦尔岛定为省会。这是历史上群岛第三次作为独立的省份存在，这一行政建制从此被保留下来，再未改变。

1978年9月8日，联合国教科文组织宣布群岛为"人类自然遗产"。

加拉帕戈斯群岛名声在外，各国王室政要纷沓而至。这其中有爱丁堡公爵、西班牙国王、瑞典国王、卢森堡大公爵以及约旦王子。

名流显贵上岛的方式也不尽相同。威尔士亲王乘坐皇家游艇抵达；其他代表团则浩浩荡荡，有的从瓜亚基尔飞抵巴尔特拉岛，还有的，搭乘专机从迈阿密直接飞抵。

物极必反。大量外国游客蜂拥而至，逐渐成为群岛生态之患，也让起初渴望赚钱的岛民心生厌烦。群岛居民开始意识到，与他们驾着小船出海捕鱼相比，旅游业对生态环境的危害实则更大。人们于是自发组织起来，捡拾被丢弃的垃圾，规劝游客行为。

移民的大量涌入亦让群岛不堪重负。截至1979年，各岛常驻居民已达4865人，其中圣克鲁斯岛2500人，圣克里斯托瓦尔岛1700人，伊莎贝拉岛600人，弗洛雷阿纳岛50人。修路，建房，机器轰鸣，尘土飞扬。主要岛屿无一例外，一律变成了沸腾的工地。这一景象令达尔文科学考察站和国家公园管理局的工作人员绝望地仰天长叹，称群岛正由散落人间的天堂，变成无可救药的地狱！

1980—2017年——负重前行

曾几何时，捕捉深海大龙虾是部分岛民稳定的生计。从鲁尔夫·布隆伯格1958年拍摄的黑白照片上人们可以看到，两个头戴潜水镜的岛民，仅凭双手，就从海中捉到相当于成年人胳膊长的大龙虾。更有岛民不无怀恋地说，20世纪50年代，随便一个平常日子，两个人轻轻松松，一天之内就能从海中捉到总重250到350磅的龙虾。

不过，随着环保意识的增强，从1981年8月起，加拉帕戈斯群岛开始步入法治环保的轨道。《加拉帕戈斯群岛植被、自然区域与野生动物保护法》的颁布，使得从当年起，连续7年，群岛所有海域禁止捕捞龙虾。对捕鱼的限制也逐年增多。日渐苛刻的法律条款和行政规定，让许多岛民开始转行从事旅游业。

可是，对游客和移民的限制暂时还没提到日程上来。1982年，加拉帕戈斯群岛定居岛民增至6241人，其中圣克鲁斯岛3163人，圣克里斯托瓦尔岛2377人，伊莎贝拉岛630人，弗洛雷阿纳岛56人。各岛人口比70年代末均有不同程度增加。

通过横向对比，更可清晰直观地了解群岛人口的增长。整个80年代，厄瓜多尔人口的年均增长率是2.4%，这一数字在加拉帕戈斯群岛则为5.9%，群岛成为全国人口增长最快的省份。1982年，上岛游客累计17250人次，经营旅游的游船达到45艘之多。

伴随游客激增和移民潮的是层出不穷的各种问题。环境污染、垃圾遍地、艾滋病、吸毒、失业、未成年人受孕、强奸、抢劫、交通事故……曾经安宁祥和的群岛突然百病丛生，令久居群岛的人们不知如何是好。1959年上岛的老太太贝尔塔·卡斯塔涅达忧心忡忡地逢人便讲，所有之前未见过的新生事物都丑陋不堪，天堂已不复存在。

雪上加霜的是，1982年7月至1983年底，群岛饱受厄尔尼诺现象摧残，海水温度的骤然升高，导致一半陆地和海生动物消失，三分之一的海狮死亡，四分之三的企鹅不见踪迹。受环境变化的影响，旅游业和捕鱼业也遭到不同程度的打击。

在这种情况下，莱昂·费夫雷斯·科尔德罗[①]总统主政时期，政府执意批准在群岛建设第一座五星级宾馆。恰巧当时主管旅游的官员是瓜亚基尔洲际酒店的股东，其中的微妙关系不言而喻。在利益诱惑与生态保护之间，忍无可忍的岛民终于愤怒地高声喊出了积蓄已久的“不!”

与环保意识明显增强的是配套措施的落实到位。1984年，加拉帕戈斯群岛被宣布为生态保护区；1986年5月13日，群岛周围70000平方公里海域被划为海洋资源保护区。考虑到洪堡洋流流经群岛对陆地和海洋动植物的影响，所有岛屿海岸线15英里以外的水域均被辟为海洋专属保护区。

20世纪80年代后期，旅游业超过传统捕捞业，成为加拉帕戈斯群岛的支柱产业。1987年，登岛的本国游客在人数上首次超过同期外国旅客。1989年，上岛游客全年总计达到42000人次。

---

① 莱昂·费夫雷斯·科尔德罗：León Febres Cordero，1931年3月9日至2008年12月15日。1984年8月10日至1988年8月10日任厄瓜多尔共和国总统。

时光进入20世纪最后一个10年。90年代初，群岛人口已增至9800人，其中一半以上居住在圣克鲁斯岛。尽管在科学家眼中，加拉帕戈斯群岛是不可多得的科考圣地，但在普通厄瓜多尔人和部分外国游客心中，群岛却是宜居天堂——温暖的气候、明媚的阳光、清新的海风、廉价的土地、丰富的海产……人们把对未来生活的憧憬全部寄于群岛，却不知，群岛的明天并不一定更美好。

海参风波

事实证明，无数物种倒霉的根源，皆可追溯到一部分人敏感的舌尖。

20世纪90年代伊始，一种自古就在群岛海域生长却从未上过厄瓜多尔人餐桌的食物——海参，突然一夜走俏，成了令群岛渔民趋之若鹜的珍品，以至于厄瓜多尔大陆沿海各省的数百名渔民也争先恐后登岛，加入到捕捞海参的队伍中来。

海参主要分布在伊莎贝拉岛水域，当地人管它叫“海黄瓜”。为满足亚洲、主要是中国市场的需求，小小的“海黄瓜”掀起了一场不大不小的风波，甚至被载入群岛史册。

“没有任何海产品的售价能和海参相提并论！”

多年后回想起来，古斯塔沃·哈拉米罗·德尔加多依然难掩满脸的兴奋。

“华人一次就借给我们1300万苏克雷[①]买船。船到手后，我和侄子出海，第一次就偿清了债务，而且还净赚1100万。那个时候岛上没有银行，华人包租了村里旅馆的房间，里面堆满成捆的现金。捕捞归来，我们坐在岸上惬意地畅饮啤酒，每个人身旁都有一个装满沉甸甸现金的布袋。假如布袋里的钱不到100万，那简直等于嘲讽！”

出售海参能获得暴利，但是，捕捞作业本身艰辛又充满风险。连续多日吃住在船上的劳苦姑且不论，在群岛海域，海参生长的环境在水下25米至40

---

① 1990年1美元兑换884苏克雷。

米处，那里冰冷刺骨，漆黑一片，岩石间暗流涌动，随时可能发生意外。渔民水性虽好，但长时间潜水，不测在所难免，有人肺部受损，落下终身病患。

面对遭到破坏的生态环境和渔民现实的生命危险，政府自然不会坐视不管。1992年8月6日，当局颁布了《加拉帕戈斯群岛海洋资源捕捞规定》，以行政令的形式禁捕海参。此举犹如一石激起千层浪，引起巨大反响。

长期以来，出于保护环境、维持生态平衡的目的，政府通过法律、行政、税收等手段，陆续出台了一系列针对渔业的限制措施。不过，相当一部分没受过教育的渔民对此并不理解，有偏激的人还上升到阶级对立层面，认为这是高高在上的官宦漠视民众疾苦，对底层百姓故意刁难。因此产生的抵触情绪由来已久，衍生出的不满和怨愤，终于被一纸海参禁捕令点燃，并且引发了新老移民间以及老移民和外来旅游业者之间的三角矛盾和冲突。

在圣克里斯托瓦尔岛，渔民占领了机场。在圣克鲁斯岛，渔民控制了达尔文科学考察站，切断了阿约拉港到巴尔特拉岛机场间的连接路线，使群岛中人口最多的岛屿濒于瘫痪，从而酿成一起加拉帕戈斯群岛史上罕见的大规模群体性事件。

事件让人反思。1997年2月6日，议会责成群岛常设委员会制定《加拉帕戈斯群岛特别法》草案。4月，加拉帕戈斯群岛海洋资源管理局挂牌成立，其使命之一便是在保护生态系统与维持渔民生计间广泛征询意见，寻找一条可行出路。

在充分调查研究基础上，该管理局最终使岛上渔民承认国家公园管理局的地位，还力促渔民代表与议会签署了兼顾各方利益诉求的承诺书。

1998年3月18日是群岛乃至国家历史上值得纪念的一天。是日，之前经过无数轮会议、讨论、激辩的《加拉帕戈斯省保护与可持续发展特别法案》在议会获得通过。

这部涉及环境、旅游、外交、国防、对外贸易、工业与渔业等多个部委，涵盖众多行业的法律，被厄瓜多尔人简称为《加拉帕戈斯特别法》。它的颁布实施，意味着群岛在生态保护、统筹规划和人文发展的各个领域都迈上了一

厄瓜多尔海空力量联合巡逻加拉帕戈斯群岛海域

厄瓜多尔海军提供图片

个新台阶。

从国家层面讲，该法的诞生，标志着行政版图上出现了第一个自治省。从此往后，除了国防与外交事务和省督的任命之外，包括制定政令法规在内的其他一切，均将由群岛居民以投票表决方式自行商定，实现了老一代移民“加拉帕戈斯群岛属于加拉帕戈斯人”的夙愿，不论对于群岛，还是对整个国家治理体系的长远未来，皆有非凡的意义。

根据《加拉帕戈斯特别法》有关条款，中央政府和省自治政府首先对既有行政机构的设置和运行进行调整，绝大多数旧机构职能被划入省议会下的专门委员会。达尔文科学考察站和国家公园管理局在咨询决策方面的权力被提到空前高度。前者通过科学考察提供研究依据，后者决策执行，理论上相当于地方政府。旅游业、捕捞业和动植物检验检疫均被置于国家公园管理局辖下。为切实维护国家海洋权益，保护群岛海域生态资源，国家公园管理局还与厄瓜多尔海军驻岛基地形成协调联动机制。

关于旅游业和捕捞业，特别法有着详尽规定，对旅游船的数量、航线、排水量和载客人数都有限制。至于捕捞业，工业捕捞被完全禁止，仅对禁捕期外的人工捕捞网开一面，但是对捕捞量限定了明确指标。

1999年4月1日和次年9月1日，自治省议会将与海参和龙虾捕捞有关的新增条令分别纳入特别法，这又引起相关从业人员的抗议，后演变成与当局的武力对峙。有激进分子劫持海龟，虐杀海狮，捣毁了国家公园管理局的部分设施，以宣泄心中的不满。在延长或缩短禁捕期限，提高或减少海参、龙虾的捕捞数量方面，渔民与国家公园管理局两者间始终难以达成一致。

统计显示，特别法颁布后到2002年的4年间，国家公园管理局依法依规分别处罚了124起捕捞案，117起与旅游业有关的事件。2004年，群岛有登记注册渔船446艘，渔民984人，全年捕捞海参450万头，其中70万头属于非法捕捞所获。作为捕捞海参付出的代价，10名渔民遇难，30人终身残疾，120人受伤，所有终身残疾和伤者均为潜水造成的减压病所致。一年内遇难、终身残疾和受伤渔民占到全岛从业人员总数的六分之一。

针对亚洲庞大新兴市场对鱼翅需求量猛增所带来的诱惑，自治省议会新增补了法律条款，规定自2004年10月7日起，加拉帕戈斯群岛周边海域禁捕鲨鱼。一同被禁止的，还有与鲨鱼捕捞有关的一切工具的生产、进口和经营。

同年，登上加拉帕戈斯群岛的游客总数首次突破100000人。这其中，外国游客75072人，本国游客33876人。

一个引人注目的现象是，仅2003年到2005年的两年间，就先后有10位不同背景的人士在国家公园管理局局长职位上留下过足迹。这种走马灯似的更换，毫无疑问会造成政策的制定和执行缺乏连续性，暴露出背后复杂的党派之争和来自中央政府的干预，也反映出管理局与岛上旅游业者和渔民之间持续紧张的对立关系。“对动物的仁爱超过对居民的关怀”逐渐成为岛民对当局的抱怨。

然而，严酷的现实似乎没给居民的怨言提供有力的注脚。岛屿沿岸的海参和龙虾几近枯竭，以至于禁捕期长短与捕捞量多少已不再是渔民和当局争论不休的话题。2005年3月，群岛渔民正式申请，希望国家公园管理局能将海参和龙虾的捕捞范围扩大至更远的海域，并准许使用长线鱼钩作业。这或许从一个侧面反驳了他们自己的积怨，群岛生态系统的危机可见一斑。不过，环保问题政治化，其中夹杂着千丝万缕的私利，确是不容回避的事实。

又一次，国家公园管理局不得不在解决渔民生计与保持生态平衡间做出艰难抉择。当然，头疼的问题远不止这点，当局还在是否灭除岛上山羊、清理海滩、有限度开放体育垂钓、社区规划、控制农业区化肥用量、动植物检疫、移民准入等方面举步维艰。

一个无可回避的尴尬事实是，21世纪第一个10年刚过一半，加拉帕戈斯群岛就差点被列入濒危世界遗产名录。

当局者迷，旁观者清。不妨拉开距离，换个角度远眺群岛之患。

早在1960年，就有欧洲学者对当时的厄瓜多尔政府和岛上居民漠视群岛自然环境、放任移民涌入的态度大惑不解。

更让人咋舌的是，直到加拉帕戈斯群岛成为加拉帕戈斯人的岛7年后的2005年，不论小学还是中学，岛上所有学校教科书上均没有任何关于群岛历史、地理、生态、环境的章节，甚至对全国惟一自治省的特别法也只字不提。

没有认识和了解，就谈不上尊崇与热爱。人们不禁要问，加拉帕戈斯群岛，到底属于谁?

亡羊而补牢，未为迟也。

面对群岛严峻的生态形势，从1999年到2005年，西班牙国际合作署通过设在圣克里斯托瓦尔岛的机构，面向岛民开展环保教育，收到良好效果。

2005年，日本国际协力机构[①] 在人口最多的圣克鲁斯岛阿约拉港无偿援建的环境教育中心落成。中心以开放的姿态，向公众普及国际通行的先进环保理念。

在发达国家的示范带动下，群岛当局意识到，环境保护，教育优先。在那样一个四面汪洋、各省和各国移民遍布的孤岛，居民对脚下土地的历史、文化及自身身份缺乏认知，又以解决眼前生计为最高优先，自然很难理解并接受政府出于保持生态平衡目的而出台的各项措施，因此，抵触与冲突也就在所难免。

一个让人啼笑皆非的真实事例是，1991年，岛上开始启用的卫星信号接收装置，所能收到的电视节目一律为外国电视台播放。直到2002年，本国公共电视信号才实现落地。在这长达10余年的空隙里，秘鲁电视节目就成了惟一的西班牙语固定栏目，满足了各岛不懂外文的厄瓜多尔居民娱乐及了解外部世界的需要。2002年本国公共电视节目开播之际，有厄瓜多尔大陆地区记者登岛采访。面对提问，不止一名岛上儿童错把时任秘鲁总统藤森当作本国元首，弄得拿着话筒的记者简直不敢相信自己的耳朵，以为面前的同胞后代全都是天外来客。

正是这种难堪，迫使群岛当局开始重视基础教育，普及加拉帕戈斯群岛的历史知识，塑造岛民对自身身份的认同感。可是谈何容易，因为从大陆上岛的专职教育工作者，他们本身对群岛的历史沿革也一无所知。

历史总是负重前行。作为保护环境、减轻生态压力的重要一环，当局终于痛下决心，采取强力措施控制岛上不断快速增长的人口规模。经加拉帕戈斯省议会批准通过的特别法新增补条款明确规定，只有在岛上出生或在1998年3月18日特别法颁布之前上岛常住的人口，方被视为群岛居民，享有特别法赋予的所有权利，其余人员一律为外来人口。

此法规的公布实施，使得即便是岛外大陆地区的厄瓜多尔公民，也惟

---

① 日本国际协力机构：Japan International Cooperation Agency。

圣克鲁斯岛阿约拉港锚地

作者摄于2013年

有通过与岛民通婚这条途径，才能正式成为群岛居民，从而获得上岛定居的权利。

2015年，加拉帕戈斯群岛居民人口总数25244人，比2010年增加9.5%，年增长率由3.1%降至1.8%，低于全国平均水平，所增人口基本为新出生婴儿。各岛人口中，圣克鲁斯岛15701人，圣克里斯托瓦尔岛7199人，伊莎贝拉岛2344人。群岛共有8360个家庭。

游客方面，从2004年起，上岛游客突破100000人，2013年升至200000

人，2017年上岛游客达到241800人。除1987年外，历年登岛的外国游客均高于本国游客。自1992年起至今，每年上岛的外国游客都为本国游客的两倍以上。

进入21世纪第二个10年以来，尽管违规捕捞、游客破坏环境的案件时有发生，但是发案率明显降低。群岛居民的环保意识大为提高，如今岛上的垃圾主要为外国游客所丢弃。

联合国环境规划署悲观地预测，到2050年，人类赖以生存的这个星球，海洋垃圾的数量将会超过所有鱼类的总和。60%的鱼体内将会不同程度地携带人类丢弃的废物，而这些垃圾，最终又将与各种海味一道进入人的肠胃，完成对人类惩罚性的致命一击。

到那时，也许加拉帕戈斯群岛这人间所剩无几的天堂痕迹，将会被彻底抹去。

2012年——初登加拉帕戈斯群岛

2012年9月1日，我第一次登上加拉帕戈斯群岛。

航班6点45分起飞。我早晨4点45分就离开住所，摸黑赶到机场。作为必须程序，登岛旅客要单独进行手提和托运行李检查，排查可能夹带的动植物制品，完成后方可办理正常登机手续。

飞机从基多正点出发，沿着德国人洪堡命名的“火山大道”一侧飞行40分钟到瓜亚基尔，经停30分钟，再飞大约1个小时，直抵省会圣克里斯托瓦尔岛。

一路乘坐的是EMB-190客机，它由世界最大支线商用喷气客机制造商巴西航空工业公司研制。这家公司同时也是继波音和空客后世界排名第三的民用飞机制造商。

加拉帕戈斯群岛与厄瓜多尔大陆地区有1个小时时差，是全国惟一可以看到太阳从海面升起之地。可是，抵达当日浓云密布，当地人说，9月份就是这样。

圣克鲁斯岛上的红石蟹

作者摄于 2013 年

午饭前见了省长。50岁出头的男人，典型海边人黑里透红的肤色，一身热带短打扮，人也随意。

岛民不会拐弯抹角，从政的官员也都是直来直去。省长开门见山，说为避免外来人口抢夺岛民饭碗，延续纯朴民风，群岛不欢迎外资，不批准外资涉足旅游餐饮业，禁止非本岛居民买房置地，不许在岛上经营风俗博彩业。一连串“不许、禁止”的开场白结束后，省长坦承，发展经济并非政府优先，甚至亦不被当作政绩。政府鼓励的只有不发声、不冒烟也不消耗能源的纯手工产业，因为这关乎岛民就业。政府的职责是保护生态环境，维护社会治安，提供教育、医疗公共产品，并在不破坏环境的前提下改善基础设施。这几方面做好了，自然财源滚滚，岛民安居乐业。省长介绍，根据省议会批准的规划，政府计划未来在全岛范围内用电瓶车取代汽油和柴油车，尽可能多地以太阳能和风能替代油电。

离开省政府，步行回到旅馆。途经海滩，夕阳下，刚从海里上岸的海狮黝黑锃亮，在沙滩上打个滚，身上立刻就沾满了白色沙粒，像裹了细碎奶油糖豆的脆皮巧克力雪糕。海滨公园，酣睡的海狮，嬉戏的小狗，玩呼啦圈的孩子，和平共处。一旁的木椅靠背上，醒目地写有“请给海狮让座，爱护我们的家园”字样。

晚餐在旅店旁的路边小馆解决。一杯鲜榨果汁，一小碟番茄、洋葱和红椒拌的蔬菜沙拉，一份米饭、炸芭蕉片和烤鱼的主食，全加起来6美元。外加一瓶750毫升的啤酒，2.5美元。群岛的物价比大陆地区高，这点尽人皆知，但考虑到既是旅游区，食材、饮料、煤气罐又都从上千公里外的大陆运进来，当是良心价。

紧挨饭馆的小超市一角，收银台后的老板一个劲地诉苦，说岛上生活成本太高，好的地段一平方米地价已经涨到15至20美元，手下男雇员一个月工资上千美元，女雇员也要七八百块，让他根本吃不消。我一旁静静地听着，浮想联翩。

次日，天不亮，冒着小雨独自踱向海边。黑色礁石堆起的防波堤下，数不清的红石蟹爬来爬去。这些诡异的精灵听到由远及近的脚步声，一下散开，全都机敏地躲到岩缝中。

不远处的码头上，工人们穿着雨衣，借着昏黄的灯光，正紧张地把船上从大陆地区运来的整箱洋葱、鸡蛋、香蕉、大米和冻肉往岸上搬。

原定7点30分从圣克里斯托瓦尔岛飞往圣克鲁斯岛，可到了机场得知，因为有雾，起飞时间被迫推迟。

为将外来物种拒之门外，岛与岛之间也要进行动植物排查。再一次打开手提和托运行李，每一件物品皆被从头到尾仔细翻个遍。

终于等来了飞机。19座的比奇1900型双发涡轮螺旋桨客机，飞了40分钟降落到伊莎贝拉岛，拉上几名游客，又继续飞行20分钟，才抵达巴尔特拉岛。

望着二战期间曾经的美国陆军航空队基地，很难想象在这远离凡尘的僻静小岛，一队机头涂装鲨鱼血盆大口的P-40“战斧”战斗机低空咆哮掠过该是怎样一幅情景。

从巴尔特拉岛换乘摆渡船在海面航行5分钟后，人和行李便被运到了对岸的目的地——群岛中人口最多的圣克鲁斯岛。

朱蒂家的客栈

如果不是突发疾病或者横遭意外，对一般旅游者来说，岛上的各项服务和设施当无可挑剔。

自下摆渡船上岛到阿约拉港，途中大约40公里，一边一个车道的柏油马路笔直平坦。路上往返的不是乘坐几十人的旅游大巴车，就多是拉散客的双排座皮卡。

半路经停一对巨大的双子天坑，源于火山喷发遗痕，深不见底的坑里布满各类植物，站在坑边无法一览全景，好在有豪尔赫·J. 安阿尔泽尔[①]空中俯拍的留影。

安阿尔泽尔住在大陆山区，年轻时攀登过全国所有5000米以上的雪山，是厄瓜多尔出版影集最多的摄影师，他拥有一架四处透风的轻型伞翼机，擅长航拍风景。

经朋友介绍，我曾在他经营的餐馆与之会面。当我问谁是他心目中这个国家最优秀的摄影师时，安阿尔泽尔毫无扭捏，马上指指自己。而当我又问厄瓜多尔有无单靠出影集就能养活自己的摄影师时，只见他双手一摊，摇摇头，然后告诉我，他用开餐馆赚的钱买飞机，拍照片，目的就在出影集。我于是明白了餐馆里菜品口味一般但价格却不低的原因。

---

① 豪尔赫·J. 安阿尔泽尔：Jorge J. Anhalzer，1959年生于基多。摄影师，尤以空中俯拍和拍摄安第斯山脉题材作品见长，有多部摄影集出版发行。

圣克鲁斯岛渔港

作者摄于 2013 年

车子穿过阿约拉港夜晚外国游客扎堆的餐饮街，遇到一个岔路口，右侧通向达尔文科学考察站，向左拐，绕过一个空旷的小公园驶到尽头，便是朱蒂家的客栈。白色的房屋主体，配上蓝色的窗框和阳台扶手，如一股清新的地中海海风拂面。

这些年，不知何故，愈发排斥豪华的品牌连锁酒店，干巴巴冷冰冰的程式化一套，进到里面根本不知该把心放到哪里。所以，私家客栈、牧场庄园就成了所到之处落脚的优先，以为那里才有灵魂与温暖。

朱蒂家的客栈似乎永远不关院门。正对入口处是一堵绿色藤本植物组成的屏障。见不到门房保安，绕过植物屏障，是一个长方形小院，小院的大部分为游泳池所占。在池边紧挨藤本植物的一个条案上，摆放着各房间钥匙，游客出门将钥匙留在案上，回来自取，打开屋门登堂入室。

早晨起来，在院子里遇到朱蒂的母亲玛利亚·费尔南达。老太太已经吃过早饭，正独自一人静静地坐在院子里晒太阳。

费尔南达88周岁,大陆山区通古拉瓦省人。1948年，她被比山区高两倍的薪水吸引，和老伴儿背井离乡，作为教师双双上岛，到2012年，已经在岛上定居满64年。

老两口是圣克鲁斯岛上的第一批教师。想当年，岛上只有一所小学，总共35名学生。费尔南达教一到三年级的全部课程，老伴儿教四到六年级。小学毕业后，若孩子们还想继续读中学，那么就只好远离父母，到大陆地区投靠亲朋好友。

费尔南达的老伴儿96岁。老两口风风雨雨一辈子，在费尔南达80岁那年分道扬镳。

分手后，老两口把名下的土地均分给9个子女。朱蒂用属于她的那块地借钱盖了客栈，安安稳稳做起了旅游生意。朱蒂是精明勤快人，把客栈打理得井井有条，一尘不染，不少住店的客人都成了她的回头客，还给客栈介绍了大批新游客。

“以后你的朋友来，上车就告诉司机去朱蒂家的客栈，岛上干旅游的都知道这里。”照顾客人用餐的朱蒂忙里偷闲在一旁插嘴。

如今，群岛已普及了中学教育，但是没有大学，所以孩子们想深造还得去大陆。

“岛上的孩子不习惯外面的世界。这里背着书包出门招个手，随便哪辆车路过，都会停下来搭他们一程，兜里有钱就给两个硬币，一分没有也没关系。到了大陆不一样，人多，车多，没钱寸步难行，还有犯罪。其实我们不喜欢游客，吵吵嚷嚷，没他们，这里才是天堂，可是离了他们又没有收入，反正也适应了。”费尔南达笑呵呵地慢条斯理，一个人自说自话。

我不记得曾有过哪顿早饭像在朱蒂家，吃了那么长时间，更不记得是否有过一次喝了那么多咖啡。那天，我一杯接一杯，独自喝光了保温瓶里的所有咖啡。

朱蒂告诉我，是产自加拉帕戈斯群岛的有机咖啡。很久以后有人说，岛上的有机咖啡，有些可能来自大陆洛哈省，贴上标签，转手卖给游客。我不知真假，不过听罢一点也不在意，因为我本不会喝咖啡，那天早晨只是一个例外。

关于朱蒂家的客栈，我后来没有推荐给任何人。

朱蒂客栈的名片，我一直珍藏在信封里，犹如小心翼翼地留住一抹历经沧桑后遗落人间的天堂痕迹。

2018年5月26日

华人移民

Inn

1909 年抵达厄瓜多尔的华人移民

图片来源：瓜亚基尔博物馆馆长

维克托、乌戈、阿雷亚诺个人收藏

第十二夜
扎根异乡——早年旅厄华人境况

关于华人早年在美洲的奋斗史，长期以来，国内学界和媒体的关注点多集中于美国、墨西哥、秘鲁和古巴，有关晚清、民国时期中国侨民在厄瓜多尔的生存状况，迄今鲜有触及。

19世纪中叶中国侨民移居拉美的背景

进入19世纪后，拉丁美洲的独立运动风起云涌，西班牙、葡萄牙建立的殖民体系分崩离析。

尽管摆脱殖民统治的次序不一，但是，独立后年轻的拉美各国皆不约而同效仿欧美，向着民主宪政的现代国体迈进。与之相适应，废奴运动如火如荼。

不过很快，一些国家即为非洲黑奴解放后廉价劳动力短缺所困，尚未完成原始资本积累的庄园和种植园经济受到冲击。

鉴此，不论老牌殖民帝国西班牙、葡萄牙，还是独立伊始的新生国家，均把目光投向遥远的东方，试图通过引入契约华工，催生出翻版的新奴隶制。

其时，地球另一端古老的华夏大地，老气横秋的大清帝国千疮百孔，紫禁城内外电闪雷鸣。走投无路的布衣草民中，有人为契约字里行间透露出的一丝暧昧心有所动，遂怀揣期颐与忐忑，毅然离别世代居住的故土，踏上未卜之途。

华人抵达美洲的初始途径和主要分布

自1849年起，英国、葡萄牙的代理人分别通过香港和澳门，将被称作“苦力”的华工贩运到美洲口岸。华工抵达人数最多的3个美洲目的地分别是美国、秘鲁和尚未挣脱西班牙统治的古巴。

根据秘鲁历史学家罗德里格斯·帕斯托尔[①]1989年的研究统计，截至1874年，从秘鲁上岸的中国人累计已达5万。另一位法国历史学家劳森特·埃雷拉[②]1988年和2006年发表学术成果，对此分别予以证实。

华人前往秘鲁的旅途可谓充满艰辛——从香港或澳门起航，一路途经菲律宾、夏威夷、旧金山、巴拿马，最后驶抵秘鲁的卡亚俄港。

历经千难万险登陆后，活下来体格健壮的华工，与农村集市上待价而沽的牲畜无异，即刻被分头认领，转运到群岛上的鸟粪厂、干旱沙漠中的硝石矿区、秘鲁太平洋沿岸的棉花和甘蔗种植园，等待他们的将是暗无天日的盘剥压榨。庄园俨然独立王国，不少大庄园主法力无边。

需要指出的是，当时接收华人上岸的仅是寥寥几国。多数拉美国家顺应大潮，排斥血腥的新奴隶制。这些国家以法律形式，明令禁止华人以“苦力”身份入境。

厄瓜多尔的早期华人移民

关于华人入境厄瓜多尔的记录，国内公开资料一片空白。惟有参考欧美、秘鲁和厄瓜多尔学者的研究成果，探访上了年纪的华人后代，方得以对这段过往历史进行部分修补复原。

进入殖民时期以来，瓜亚基尔[③]和卡亚俄[④]一直是西班牙在美洲太平洋沿岸的重要港口。从那里，殖民者把攫取的宝藏和财富源源不断运往伊比利亚

---

① 罗德里格斯·帕斯托尔：Rodríguez Pastor。
② 劳森特·埃雷拉：Lausent Herrera。
③ 瓜亚基尔：Guayaquil。
④ 卡亚俄：Callao。

半岛。

获得独立之后，厄瓜多尔和秘鲁分别将上述港口视为本国开展海上贸易的重要口岸。为争夺与太平洋沿岸诸国的贸易份额，两地间明里暗里的竞争从未中断。

其实，早在首批华工被运抵秘鲁不久，临近的厄瓜多尔即有人打起了华人的主意。

1854年，尼古拉斯·伊斯吉埃尔多[①]通过瓜亚斯省省督向总统呼吁，允许将华人贩入厄瓜多尔，以满足沿海地区庄园对劳动力的旺盛需求[②]。当时，厄瓜多尔山区各大庄园沿袭旧法，不受废奴法案影响，继续大量使用土著人，无劳动力短缺之虞。对黑奴解放后替代劳动力望眼欲穿的仅局限于沿海地区。

鉴于1852年乌尔比纳[③]总统履职期间签署的废奴法令墨迹未干，出于法理和道义考虑，伊斯吉埃尔多的提议未获最高当局批准。

不过，禁令仅停留在官方层面。暗地里，华人已开始通过不同路径进入厄瓜多尔。

华人进入厄瓜多尔的途径主要有两条：一条从广州出发，横跨太平洋辗转到达瓜亚基尔。另一条以秘鲁为始发点，经陆路进入厄瓜多尔。

由于公开渠道行不通，从海路抵达瓜亚基尔的华人，经常在靠港前被人贩装进密不透风的木箱，夹藏在货物中蒙混过关。遇有海关官员开箱验货，为防事情败露，情急之下，人贩有时会将装人的货箱推入海中，木箱里的人于是便被活活淹死。[④]

另一条潜入厄瓜多尔的通道以秘鲁亚马逊地区的重镇伊基托斯[⑤]为中转站，而后穿越该国北部边境，从今天厄瓜多尔南部的艾尔奥罗[⑥]省入境。

---

① 尼古拉斯·伊斯吉埃尔多：Nicolás Izquierdo。

② 刊载于1854年5月23日的《3月6日报》。

③ 何塞·玛利亚·乌尔比纳—维特利：José María Urbina-Viteri，1808年3月19日至1891年9月4日。1851年7月24日至1856年10月15日担任厄瓜多尔共和国总统。

④ 引自海梅·迪亚兹·马尔莫雷霍（Jaime Díaz Marmolejo）2000年9月出版的《与中国共荣》（*De China con Honor*）一书。

⑤ 伊基托斯：Iquitos。

⑥ 艾尔奥罗：El Oro。

总体而言，在1862年加西亚·莫雷诺[①]总统第一个任期允许华工被合法运进厄瓜多尔之前，进入该国的华人数量十分有限，远无法与同期被大规模贩到邻国秘鲁的相提并论。

刚入境的华人语言不通，举目无亲。为便于沟通交流，更为掩盖华人身份，迷惑移民官员，不少人结合自己的真名实姓，取了西班牙文姓名。比如，胡姓改为胡里奥，罗姓改为罗德里格斯，等等。因缺少详实记载，第一批华人的真实身份资料如今已难于查寻。

移居厄瓜多尔的华人明显增多还是始于加西亚·莫雷诺总统第二个任期。1874年，达乌勒[②]地区颇具知名度的大庄园主比森特·皮埃德拉伊塔[③]借在利马做外交官之机，将200名华人“苦力”一次性从秘鲁运到他在帕雷斯蒂纳[④]和阿纳斯克[⑤]两地的私家庄园。

这一时期，从澳门登船，经海路辗转至瓜亚基尔上岸的华人也有增无减。囿于华人中女性甚少，飘落异国的第一代华人站稳脚跟后，相当一批都娶当地女子为妻组建家庭。

华人真正大量涌入厄瓜多尔，还是始于秘鲁、玻利维亚与智利3国的太平洋战争[⑥]结束以后。之所以如此，源于在那场战争中，之前饱受秘鲁人奴役的华人揭竿而起站到智利一边。战后，惨遭秋后算账的华人在秘鲁的处境愈发不堪，许多人不得不另谋生路，而急需劳动力又肯接纳华人的邻国成了理所当然的备选。

---

① 加夫列尔·加西亚·莫雷诺：Gabriel García Moreno，1821年12月24日生于瓜亚基尔，1875年8月6日在基多遇刺身亡。律师，作家，记者，政治家，保守党人，1861年4月2日至1865年8月30日和1869年8月10日至1875年8月6日两度担任厄瓜多尔共和国总统。

② 达乌勒：Daule，位于瓜亚斯省，瓜亚基尔以北。

③ 比森特·皮埃德拉伊塔：Vicente Piedrahita。

④ 帕雷斯蒂纳：Palestina，位于瓜亚斯省，瓜亚基尔以北。

⑤ 阿纳斯克：Anasque，位于瓜亚斯省。

⑥ 太平洋战争：发生于1879年至1883年间。最终智利获胜，秘鲁割地，玻利维亚失去太平洋出海口，从此成为内陆国。

禁止华人入境

可是，上述局面没能持续太久。1889年9月14日，安东尼奥·弗洛雷斯·希洪[①]总统下令[②]禁止华人入境，并且规定，出于国家利益需要，已经入境的华人可视情被驱逐或遣返。

在具体明细中，该项总统令被解读为，已经入境且拥有财产的华人可继续居留，一旦离境则不许返回；而入境后无财产的华人则将被驱逐。

不仅如此，总统令还限制华人自由流动，对华人的居住地也做了限定。华人只能居住在沿海地区的埃斯梅拉达斯[③]、马纳比[④]、艾尔奥罗、洛斯里奥斯[⑤]和瓜亚斯5个省，地方当局每年对华人的迁移和居住地变更情况进行登记。

必须强调，禁令涉及的不单是华人，还有土耳其人，以及其他非欧洲裔的移民。

希洪总统签署的此项政令，直到9年后方得到国会批准，可还是很快被强制执行，因而一度引起不小的争议。该项总统令从1890年开始实施，直到1944年被废止，历时半个多世纪。

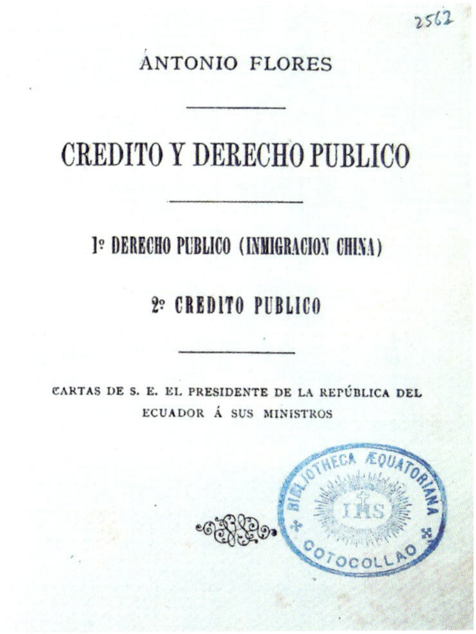
2562

ANTONIO FLORES

CREDITO Y DERECHO PUBLICO

1º DERECHO PUBLICO (INMIGRACION CHINA)

2º CREDITO PUBLICO

CARTAS DE S. E. EL PRESIDENTE DE LA REPÚBLICA DEL ECUADOR Á SUS MINISTROS

1889年安东尼奥·弗洛雷斯·希洪签署关于禁止华人入境的总统令影印件

瓜亚基尔艺术大学安娜·玛利亚·卡里略·罗塞洛教授提供

① 安东尼奥·弗洛雷斯·希洪：Antonio Flores Jijón，1833年10月23日至1915年8月30日。1888年8月17日至1892年7月1日任厄瓜多尔共和国总统。

② 1889年9月14日官方公报增刊第159号(存于国会档案馆1889年7—9月第42卷)。

③ 埃斯梅拉达斯：Esmeraldas。

④ 马纳比：Manabí。

⑤ 洛斯里奥斯：Los Ríos。

禁止华人入境政令的颁布有其时代背景。那时候，世界范围内出现了歧视华人的排华浪潮。作为年轻的共和国，厄瓜多尔处于从殖民时期遗留的庄园经济向现代资本主义转轨阶段，虽形式上摆脱了西班牙殖民束缚，但在意识形态、宗教、血缘、文化、经济和社会生活等各个领域，仍与前宗主国保持着千丝万缕的联系。于是随大流而动，采取了与同期多数拉美国家步调一致的白人至上国策，鼓励来自“文明”的欧洲各国白人到本国安家落户，而被视为“野蛮愚昧”的华人不在受欢迎之列。

其时，绝大多数厄瓜多尔人从未与华人有过接触。他们对华人的总体认知皆通过外界而来——热衷于同性恋①，吸食鸦片②，纳妾。这些传闻或陈规陋习令厄瓜多尔人深恶痛绝。而华人普遍瘦小的身材和在当地人眼中扁平的相貌轮廓，更加重了他们对华人的负面印象。

“我认识所有的中国人，他们长着一张同样的脸，我不愿走近他们，因为他们吸食鸦片。”

曼努埃尔·J. 卡耶③ 属于怀有强烈种族偏见的激进知识分子。其一己之见，多少代表了那个时期包括厄瓜多尔在内部分拉美民众对华人的印象。

不过，纵然有明文规定，由于争议的存在，各地行政当局对政令理解的差异，具体执行时尺度掌握的不一，加之涉及地方实际利益，较之有些国家严格的排华法案，厄瓜多尔对待华人的政策尚且留有缝隙，实际上并未能阻止中国人暗地里通过不同渠道踏上这片土地。

诚然，禁止华人入境、限制自由流动以及划定居住地政策的颁布实施，还是给已入境华人的生存发展制造了重重障碍。

华人的艰难处境，透过1898年英国在瓜亚基尔的领事杰奥·钱伯斯·斯

---

① 初到秘鲁的华人多为青壮年“苦力”，他们不易接触到异性，生理需求被长期压抑，因而许多人只得借助同性恋排解。——劳森特·埃雷拉，2006年。

② 有观点认为，在拉丁美洲，吸食鸦片的恶习与华人有关，特别是在秘鲁庄园里做“苦力”的华人。当时，庄园提供给华人的伙食很差，出于保持充沛体力以应对繁重劳作的目的，有些庄园主动向华人“苦力”提供鸦片。——Hu—De Hart，1992年。

③ 曼努埃尔·J. 卡耶：Manuel J. Calle，19世纪末20世纪初厄瓜多尔记者、散文家，曾在多家报社供职，出版过多部作品。

1898 年 2 月 12 日，受清政府委托，英国人杰奥 · 钱伯斯 · 斯托克（Geo Chambers Stock）担任清帝国在瓜亚基尔的名誉领事
图片来源：尊贵的瓜亚基尔领团

托克[1]写给当局的亲笔信可见一斑。钱伯斯于1898年2月12日受清政府委托，正式出任清帝国在瓜亚基尔的名誉领事。在信中，他恳请瓜亚斯省高层出面，干预针对华人人身和财产的恶意袭扰事件。钱伯斯写道：华人遵纪守法，系有价值的公民。假以时日，他们定会为社会发展作出贡献。在信的末尾，钱伯斯还附上一份在瓜亚斯省的华人名单。

杰奥·钱伯斯·斯托克1860年来到瓜亚基尔，自1863年起开始在英国驻瓜亚基尔领事馆担任副领事。在1879年出任领事之前，他还曾在瓜亚基尔的几家当地金融机构做事。

钱伯斯在瓜亚基尔有着极好的人缘和不凡的口碑，同时又是一位赋有正义感的绅士。华人的境遇很早就引起他的注意。早在担任清帝国名誉领事之前，钱伯斯就于1895年4月29日致函瓜亚基尔市政当局，从一个旁观者的角度，痛陈华人遇到的种种不公。他以华人平白无故含冤入狱为例，提醒当局

① 杰奥·钱伯斯·斯托克：Geo Chambers Stock，1827年出生在英国，1899年7月13日于瓜亚基尔逝世。1879年12月26日至1899年7月13日担任英国驻瓜亚基尔领事。

关注华人的命运。

低人一等的境遇，随时遭到无礼纠缠和刁难，人身和财产安全缺乏保障，精神上无法排解的巨大压力。多重因素，使得一部分已经落户瓜亚基尔的华人，不得不放弃在大城市生存发展的打算，转而移居至今天距离瓜亚基尔市3小时车程的洛斯里奥斯省克维多① 地区。

那里高温湿热，气候与大部分华人的故乡广东相近，有大片肥沃待开垦的土地，人烟稀少。与熙熙攘攘的大都市相比，华人在那里开展生产经营活动不引人瞩目。因此，克维多逐渐成为早期中国移民的聚居地。今天，克维多地区的华人华侨在当地社会经济生活中仍发挥着重要作用。

旨在控制华人的人口登记制度

禁止华人入境的政策实施后的最初几年，由于地方官员腐败，操作上不统一，存在着诸多漏洞，无法杜绝华人入境。最高当局很快察觉到政策落实环节存在的问题，立即采取了一系列补救措施，其中之一便是针对华人的人口登记制度。

根据这项制度，华人的年龄、职业、家庭成员、婚姻状况、居住地址、店铺招牌、注册资本、资金流向、身高、指纹和相貌特征等信息一律登记造册，并且每年刊登于官方公报，以便中央和地方政府官员随时跟进了解。

从1920年起，除上面提到的各项内容外，又增加了正面和侧面免冠照及护照页信息。

鉴于19世纪末至20世纪初厄瓜多尔和清帝国之间没有官方往来，前者无法通过后者的官方渠道，掌握华人出入境及在其国内的分布情况。为进一步完善人口登记制度，1909年，厄瓜多尔、美国和清政府签订了三方协议。清政府同意厄方委托美国驻瓜亚基尔总领馆为在厄华人提供领事保护，同时代表厄方对华人进行身份信息登记。

① 克维多：Quevedo。

厄方此举是考虑到美国与厄瓜多尔和清政府之间均保持顺畅的沟通。美国是第一个在瓜亚基尔设立总领馆的国家，早于1825年4月8日即派驻了首任总领事。美国驻瓜亚基尔总领馆是其在拉美的首批驻外机构之一，拥有深厚的根基和各方面广泛的资源。

1909年4月美国驻瓜亚基尔总领馆关于在厄瓜多尔华人个人身份事项登记的汇总档案封面

厄瓜多尔中华总商会提供

由此，自1909年起，美国驻瓜亚基尔总领馆就开始按照厄瓜多尔政府的要求，对在厄华人进行个人身份事项登记。那一年，美国驻瓜亚基尔的总领事是赫尔曼·鲁道夫·迪特里希[1]，当年统计到的在厄华人总数是908人。

同年1月12日，厄瓜多尔内政部长弗朗西斯科·伊波利托·蒙卡约[2]将军致信各省省督，要求各省于每年的头3个月对华人进行人口统计，并将结果上报中央政府，刊登在官方公报中。

有了相对完善的人口统计制度，厄瓜多尔中央和地方当局便有了掌控华人的手段，通过对比不同年份人口的变化，就可用直截了当的驱逐出境来控制华人数量的增长。

那些未登记在册的华人及现身居住地以外地区的华人，一经被发现，轻者遭受牢狱之灾，不得保释，重者干脆被直接驱逐出境。

---

① 赫尔曼·鲁道夫·迪特里希：Herman Rudolph Dietrich，出生在美国密苏里州，1903年4月2日至1912年12月21日任第27任美国驻瓜亚基尔总领事。1909年还曾短暂担任美洲国家驻厄瓜多尔首都基多的使团长。

② 弗朗西斯科·伊波利托·蒙卡约：Francisco Hipólito Moncayo。

1920年3月15日，阿尔弗雷多·巴克里索·莫雷诺[①]总统在已有措施基础上，又下令加强针对华人申请厄瓜多尔护照相关受理程序的管控。规定除要求提供正面和侧面免冠照之外，还必须对护照申请人的五官进行测量，对面部特征进行详细文字描述。此举旨在防止护照造假或颁发后被人冒用。

该项总统令的出台，是因为虽然对华人的控制层层加码，可仍然有越来越多的华人入境。有些华人通过经商迅速积累财富，巨额资产却去向不明。而且，部分丝绸、茶叶、瓷器、古玩、家具等广受上流社会追捧的中国产品，以及由中国人代理进口的香水、洋酒和烟草等异国商品，被怀疑未经正规渠道流入市场，损害到当地商人的切身利益，引发后者的强烈不满。

当局不得不怀疑内部有人参与贩卖人口、护照造假和货物走私等勾当，于是拟通过证件入手，切断内外勾结的腐败链条。

至于向中国护照持有人发放签证的问题，巴克里索·莫雷诺签署的总统令也作了相应规定，明确不向不懂西班牙语、不会写字、护照延期超过两年、无法提供准确住址、不能对移民局官员的质询作出满意答复，以及年龄在40岁以下的中国公民续发签证。

那时，华人一旦离境不得再次入境的禁令已有所松动，可是，对再次入境的华人依然有严密的监控。要求再次入境的华人只能从瓜亚基尔上岸，其身份证件被仔细甄别，严防护照造假和冒用。

涉及华人的法规条令看似滴水不漏，然而，在具体操作层面，各项细化举措却难以落到实处。

透过现有数字，今天的人们可一睹早年华人在厄瓜多尔境内的人数及分布状况：1918—1920年，马纳比省有华人100人；1922年，洛斯里奥斯省和艾尔奥罗省有华人398人；1923年，瓜亚斯省有华人585人。

从能够找到的官方统计推断，至1909年以前，首都基多无华人定居。这固然有政策法规层面的限制，但或许还因为祖籍东南沿海一带的华人不喜山

① 阿尔弗雷多·巴克里索·莫雷诺：Alfredo Baquerizo Moreno，1859年9月28日生于瓜亚基尔，1951年3月20日在纽约去世。1916年9月1日至1920年8月31日任厄瓜多尔共和国总统。

区高原低温的气候，也可能与首都政治氛围浓郁而营商、务农环境不如沿海地区等因素有关。

瓜亚基尔艺术大学安娜·玛利亚·卡里略·罗塞洛①教授对早年华人移民厄瓜多尔的情况做过缜密的调查研究。她在《神奇的商人——中国移民迈向基多》②一篇论文中写道，20世纪30年代末，旅居厄瓜多尔的华人众多。就总数而言，邻国哥伦比亚人在当时各国移民中位列第二位。

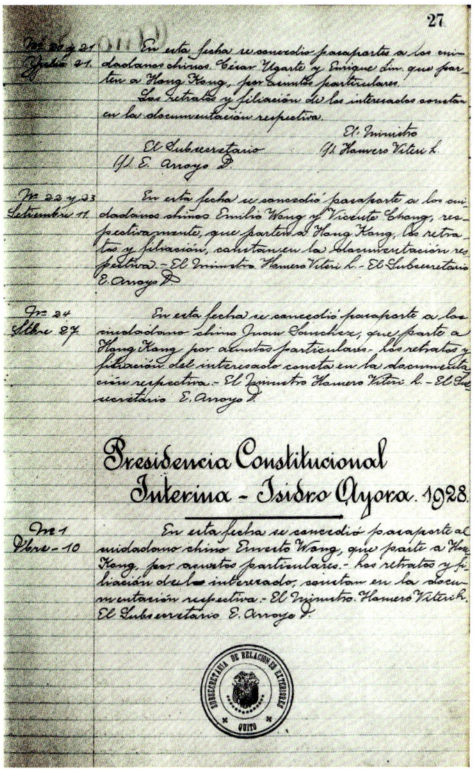
27

Nº 20 y 21 Julio 21. En esta fecha se concedió pasaportes a los ciudadanos chinos César Ugarte y Enrique Lin, que parten a Hong Kong, por asuntos particulares.
Los retratos y filiación de los interesados constan en la documentación respectiva.
El Ministro
El Subsecretario (f.) Hamero Viteri L.
(f.) E. Arroyo D.

Nº 22 y 23 Setiembre 11. En esta fecha se concedió pasaporte a los ciudadanos chinos Emilio Wong y Vicente Chang, respectivamente, que parten a Hong Kong, los retratos y filiación, constan en la documentación respectiva.- El Ministro Hamero Viteri L.- El Subsecretario E. Arroyo D.

Nº 24 Sbre 27. En esta fecha se concedió pasaporte a los ciudadano chino Juan Sanchez, que parte a Hong Kong por asuntos particulares.- Los retratos y filiación del interesado consta en la documentación respectiva.- El Ministro Hamero Viteri L.- El Subsecretario E. Arroyo D.

Presidencia Constitucional
Interina - Isidro Ayora. 1928.

Nº 1 Obre-10 En esta fecha se concedió pasaporte al ciudadano chino Ernesto Wong, que parte a Hong Kong, por asuntos particulares.- Los retratos y filiación del interesado, constan en la documentación respectiva.- El Ministro Hamero Viteri L.
El Subsecretario E. Arroyo D.

SUBSECRETARIA DE RELACIONES EXTERIORES
QUITO

1928年厄瓜多尔外交部关于入境华人登记资料的影印件

瓜亚基尔艺术大学安娜、玛利亚、卡里略、罗塞洛教授提供

此处，卡里略·罗塞洛教授虽未给出华人在各国移民中的排位，但她的表述容易让人产生歧义，以为华人位居所有移民中的第一位。假如参照1939年官方公报819人的统计数字，那么毫无疑问，华人在各国移民中不可能位居榜首。事实上，直到20世纪20年代，华人在移民群体中的占比也还不到2.5%。

1923年8月23日，厄瓜多尔众议院通过第61号法案，责成内政部采取更加严厉的措施，从速驱逐非法入境和非法滞留的华人。

这个时候，各地方当局与警察部门发现，他们面临着一个此前未曾遇到的棘手难题，即越来越多在秘鲁出生、母亲系秘鲁人并取得了秘鲁国籍的华

① 安娜·玛利亚·卡里略·罗塞洛：Ana María Carrillo Rosero。

②《神奇的商人——中国移民迈向基多》：*Comerciantes de Fantasías: La Inmigración China a Quito*。

人后代显著增加。另外，华人与厄瓜多尔女子的后代在人数上也呈直线上升趋势。

毋庸置疑，针对华人的禁止入境令、人口登记制度和限制自由流动措施，不适用于这些新出生的华人后代。而驱逐拥有秘鲁籍或厄瓜多尔籍华人的中国父亲，限制其自由流动，将直接触犯邻国外籍人士和厄瓜多尔公民的合法权益。这让地方当局无所适从。

如此，一系列针对华人的歧视性政令和法令只能停留在纸面，越来越形同虚设。

华人在厄瓜多尔沿海地区的经营

早期，受政策法规限制和对气候的适应程度影响，华人移民几乎全部分布于沿海5省。他们在城镇经商，在农村务农。

与几代积累的当地富商巨贾相比，华人白手起家，商铺规模较小，但是经营种类繁多。从不起眼的针头线脑，到上流社会爱不释手的古玩、丝绸，华商因势利导，经营灵活。他们把同胞在农村种植的粮食果蔬、饲养的家禽牲畜贩到港口，为出海的货船提供补给，还将码头上卸下的日用品运到内地。既做进口，又做出口，悄然发展壮大，并且结成一张无形的网络，令当地商人倍感压力。

“在无法通航的河道末端，中国人不惜时间，不辞劳顿，用马匹驮载或涉水拉拽排筏的方式，将货物运送上岸，以极低廉的价格，卖给任何有需要的客人。”——莱昂纳多·卡雷拉。

从20世纪初瓜亚基尔媒体的上述报道看，厄瓜多尔民众，尤其是引领生活方式的上层精英，以穿戴使用中国商品为荣，对华人商铺也不抵触。可工商界对中国人经商却是另一番态度。

此前在制定禁止华人入境政策的过程中，希洪总统曾广泛征求各界意见。

代表山区大庄园主利益的基多农协① 和反映沿海商人诉求的瓜亚基尔商会②，对总统的决定均给予了坚定支持。二者充斥着种族主义的论调背后，无不隐含着对中国商人潜在竞争力的深刻担忧。

成立距今已超过110年的厄瓜多尔中华总商会③ 的资料，也揭示了华商早期的经营状况。透过简单平实的文字，人们不难发现，华人店铺里物美价廉的日用百货广受低收入百姓欢迎，而精致的中国瓷器、折扇、丝绸、鼻烟壶和繁复的牙雕、螺钿硬木家具，则是殷实人家喜欢炫耀的摆件。

中华总商会的文字同样忠实记录了华人遇到的种种不公和时常面对的无理刁难，这当中，相当部分与当地商界和媒体有关。后者为本地商家代言，极尽渲染夸大之能事，不放过任何报道华人负面消息的机会。惯于使用尖刻的言语挑拨离间，煽动反华情绪，游说当局查抄华人店铺，赶走扎根异乡的中国移民。

以记者曼努埃尔·J. 卡耶1916年的报道为例。他这样描写道：华人走私猖獗，居住在店铺中，经营成本极低，对本地商家构成不公平竞争，间接剥夺了原本属于本地人的就业机会。华人使用各种方法敛财，却不投资消费，他们把利润汇到遥远的东方，导致财富外流，使大批厄瓜多尔人挣扎在贫困之中，长此以往，对国家的未来不利。

早期华人融入当地社会的努力

20世纪初，在政策层面排华的大环境下，华人在厄瓜多尔举步维艰。1920年出版的《瓜亚基尔贸易年鉴》引言部分毫不掩饰地记述道：厄瓜多尔是投资热土，除了满洲人（指华人）以外，这片土地热诚地欢迎世界各地的人前来投资兴业。

---

① 基多农协：Junta Consultiva de Agricultura de Quito，代表山区大庄园主的农业协会。

② 瓜亚基尔商会：Cámara de Comercio de Guayaquil。

③ 中华总商会：La Sociedad de Beneficencia de la Colonia China。1908年5月26日于瓜亚基尔成立，发起人暨首任会长是陈锦棠（Felipe Cam Tong）。

历史悠久的瓜亚基尔“联合俱乐部”[①] 系上流社会达官显贵的荟萃之地。该俱乐部在很长时间内明文规定，不接受华人和叙利亚人成为会员。

那一时期，华人的一举一动，都会触及自诩精英的白人种族主义者的敏感神经，进而引发关乎阶层和人种铺天盖地的声讨。华人娶当地女子为妻，更是备受关注。

受经济和社会地位影响，当时华人寄人篱下，仅少数具有一定经济实力的华人能够返乡，与同族女性组成家庭再回到异国。大多数华人纵使抱有不与异族通婚的传统观念，无奈也只能迎娶厄瓜多尔下层混血女子为妻。

种族主义者趁机借题发挥，担心任由华人与没接受过良好教育的女性不受约束地通婚，长此以往，必将影响国家的人口素质，冲击社会主流价值观。因此，主流媒体和学者不惜穷尽一切手段，从种族、人格、精神和形体等各个角度，诋毁丑化华人，为华人生根立足设置障碍。

有历史学家认为，华人与下层社会女子成家，既是安身立命、繁衍后代的本能，又是减少壁垒、融入社会不得已而为之的尝试。因为不少华人想当然地以为，娶厄瓜多尔女子为妻，在社会经济生活中将会较少受到非难。但是，通往上流社会的大门，始终对华人紧闭。

20世纪一二十年代，伴随着经济地位的改善，华人群体开始出现分化，这更集中体现在异国出生的华人后代身上：父母双方同为华人的富裕家庭，多送子女回故乡接受正统的私塾教育。这些华人后代学成后回到厄瓜多尔，对外洋装加身，全然一副当地上流社会做派，但在家庭生活中，完整继承了中华文化，沿袭了长辈的生活习俗，会说粤语，能书写流畅的中文。反观经济条件一般的华人，尤其是与厄瓜多尔女性孕育的后代，在当地接受教育，已不懂中文。

华人后代在家境、相貌、文化、语言、价值观、思维方式和生活习惯上的差异，使华人群体内部开始剥离。创建之初的中华总商会，基本上由具有

① “联合俱乐部”：Club de la Unión，厄瓜多尔最高档次的俱乐部。

一定经济实力的华人组成。该会章程曾经明示，不接受不懂中文的华人成为会员。

不论是被送回国读书的华人后代，还是在当地接受教育的华人子女，他们的父辈均吃尽国家贫弱落后、自身没有文化的苦头。因此，第一代华人无不把培养子女成才作为一生当中的重任。他们含辛茹苦，节衣缩食，尽其所能地为下一代创造最好的受教育条件。而他们的后代也不辜负长辈的良苦用心，皆发奋苦读，很快出人头地，成为有用之才。

年轻的一代或接手家业经商、务农或成为医生、建筑师、工程师、律师等受人敬重的专业人士。在厄瓜多尔沿海地区，今天仍然流传着早年著名华人中医师救死扶伤的事迹。而出自华人建筑师之手的作品，有些已成为全国第一大城市瓜亚基尔的地标性建筑，完好保存至今。

从20世纪三四十年代的黑白照片上看，出生在厄瓜多尔的华人后代衣着考究，外表沉静，举止端庄，气质不俗，与当地上流社会或同时期国内才子佳人无异。

2017年3月，厄瓜多尔华人专业人士协会[①]在完成相关法律程序后获准成立。该协会由流淌着华人血液的人士组成，成员全部是大学教授、医生、建筑师、工程师、律师、记者等较高层次的专业人士。他们多属第三或第四代华人，已不会说中文。对其而言，先辈的故土既陌生，又亲切。从这些华人专业人士的言语中，旁观者可一窥早年华人在异国土地上艰苦卓绝的奋斗史和收获的果实。

毫无疑问，华人移民的不懈努力收到了回报，他们在逆境中取得了令当地人刮目相看的成就。就连一贯佩戴有色眼镜的媒体记者，内心深处对华人的隐忍、勤勉、温良、善意和吃苦耐劳也是赞许有加，并对华人捕捉商机的能力和日渐提高的经济地位大为佩服。

“有谁听说过华人破产吗？他们（指华人）诚实，守信，低调，内敛，慷

---

① 厄瓜多尔华人专业人士协会：Asociación de Profesionales de la Comunidad Chino-Ecuatoriana（西班牙文缩写APROCHEC）。

晚清时期瓜亚斯省纳兰哈尔地区华人捐赠的人力消防车，
陈列在今瓜亚基尔消防博物馆内
图片由瓜亚基尔消防博物馆提供

慨，不知疲倦，忍辱负重，坚忍不拔。再没有哪个族裔比华人更优秀。”知名记者曼努埃尔·J. 卡耶在其1916年的报道中发自内心地对华人作出了正面评价。

经济实力的崛起，让华人拥有了抗争的底气和融入异乡的自信。1931年9月3日，中华总商会上书国会，要求最高当局对华人的公民权利予以承认。中华总商会列举了华人为厄瓜多尔社会作出的贡献，呼吁国会以法律形式，保护华人的人身和财产安全，给华人以平等的公民身份。

此系有记载以来，旅厄华人首次以社团名义，直面最高立法机构，发出集体呐喊。之前，华人改变社会地位的呼声，全部经由美国驻瓜亚基尔总领馆，或转道常驻秘鲁的时任中华民国外交代表向当局代为转达。

这次上书被认为是华人争取自身权益的风向标。此后，在整个20世纪30年代至40年代中期直至厄瓜多尔国会废除歧视华人法案之前的10多年间，中华总商会代表旅厄华人，掀起了一波高过一波的申诉浪潮。

为尽早融入当地社会，改变外界对华人吝啬守财和自我封闭的印象，驳斥各种不实之词，早在抵厄不久，自身尚在风雨飘摇之际，首批华人就向瓜亚基尔消防队赠送了一台手摇式人力消防车。这辆铜铸铭文标注为“敏捷水龙”的消防车，系永隆商号制造，由纳兰哈尔① 地区的华人于20世纪第一个10年② 集资捐赠，今天仍陈列在瓜亚基尔消防博物馆供市民参观。

1931年10月9日，中华民国驻瓜亚基尔名誉领事陈信棠③ 代表华人，向所在城市捐赠了一尊野猪铜像。这尊铜像是法国艺术家贝内杜斯·马林④ 原创作品的复制品，寄托着华人对该市市民的真诚祝福。时至今日，徜徉在瓜亚基尔西蒙·玻利瓦尔大道滨河公园的游人，仍能在大道与阿吉雷街交汇地段，一睹这尊铜像的风采。

不该被遗忘的是，在努力融入异乡的同时，早期华人移民情系故土，救济同胞。广州黄花岗七十二烈士陵园的墙砖上，铭刻着厄瓜多尔克维多地区华人响应“驱逐鞑虏，恢复中华”之号召捐资革命的事迹。

由旅厄华人恩里克·阿吉⑤ 于1942年10月10日发起成立的“双十协会”，曾筹集资金，支援家乡父老进行抗日战争。

---

① 纳兰哈尔：Naranjal，位于瓜亚斯省境内，瓜亚基尔以南。

② 具体捐赠年代不详。

③ 陈信棠：Chang Santon Tay Sing，第一任华人名誉领事，厄瓜多尔政府的历史档案称其为总领事。

④ 贝内杜斯·马林：Beneduci Marín。

⑤ 恩里克·阿吉：Enrique Aguí，中文名林亨利，生于瓜亚基尔，第一代华人移民后代。

1931 年 10 月 9 日，陈信棠名誉领事代表华人向瓜亚基尔市捐赠一尊野猪铜像，铜像坐落于今天瓜亚基尔滨河大道公园
作者摄于 2019 年 3 月 24 日

名至实归

1944年8月1日，何塞·玛利亚·贝拉斯科·伊巴拉[1]总统签署总统令，废除了持续超过半个世纪针对华人的歧视性法令。次年，厄瓜多尔国会批准了总统令。

此项法令得以废除，有着深刻的国际和国内背景。

1943年，第一届伊比利亚美洲议会会议在墨西哥举行。与会国家一致同意，消除各国存在的一切种族不平等法案。参会国家还对中国在第二次世界大战中为伸张国际正义作出的贡献予以充分肯定。此时，作为反法西斯同盟

---

① 何塞·玛利亚·贝拉斯科·伊巴拉：José María Velasco Ibarra，1893年3月19日至1979年3月30日。1934年9月1日至1935年8月21日，1944年5月31日至1947年8月24日，1952年9月1日至1956年9月1日，1960年9月1日至1961年11月7日，五度出任厄瓜多尔共和国总统。

的东方主战场，中国以巨大的民族牺牲，换来了空前提高的国际地位，获得了世人自1840年鸦片战争以来前所未有的尊敬。

在厄瓜多尔国内，华人群体不断扩大，经济实力显著增强，社会地位日渐提高，成为一支不可忽视的外来族群。历任中华总商会会长均将争取华人平等地位作为己任，并为此进行了长期抗争。

其实，早在20世纪20年代初何塞·路易斯·塔马约① 总统在位期间，陈信棠就曾上书② 最高当局，驳斥有关黄种人智力低下、人格不健全的谬论，指出，华人在艺术、工业、科技、商业和政治领域都有很高成就。他敦促厄瓜多尔政府摈弃歧视华人的错误做法，还华人以公道。

在贡萨洛·费尔南德斯·德科尔多瓦·里韦拉③ 总统就职仪式上，陈信棠又代表当时民国政府表示祝贺，重申愿与厄瓜多尔签订友好条约，要求后者尽早废除所有针对华人的歧视性法律和政策。

1945年，废除歧视华人法案的当年，由中华总商会出资兴办的厄瓜多尔第一所华文学校④ 注册成立。当年12月12日，何塞·玛利亚·贝拉斯科·伊巴拉总统授予时任中华总商会会长胡里奥·阿勇⑤ 骑士勋章，表彰他创办华文学校，造福华人后代的崇高义举。今天，许多上了年纪会说广东话的老一代华裔，都曾在该所华文学校就读。

胡里奥·阿勇乐善好施，是第一位被厄瓜多尔最高当局授勋的华人。他是其所在时代厄瓜多尔最富有的华人之一，创办了该国第一座稻米脱壳厂，还在秘鲁、巴拿马投资实业。阿勇晚年捐资兴办华文学校，慷慨扶助困难同

---

① 何塞·路易斯·塔马约：José Luis Tamayo，1858年7月29日至1947年7月7日。1920年9月1日至1924年8月31日任厄瓜多尔共和国总统。

② 详见1923年12月5日第943号官方公报，收藏于国会档案馆1923年第4卷。

③ 贡萨洛·费尔南德斯·德科尔多瓦·里韦拉：Gonzalo Segundo Fernández de Córdova y Rivera，1863年7月15日至1928年4月13日。1924年9月1日至1925年7月9日任厄瓜多尔共和国总统。

④ 该所华文学校不仅招收华人子弟，而且还面向当地社会。由于经费原因，学校于1991年停办。自创办之日起至停办，期间，校长一直由首位华人名誉领事陈信棠之女Maruja Tay Sing de Dávila女士（2006年1月23日过世）担任。

⑤ 胡里奥·阿勇：Julio Ayón Chang，1886年8月30日生于广东中山，1955年7月6日于瓜亚基尔去世。

1946年，保君建大使与中华总商会领导成员集体合影，前排左一为会长胡里奥·阿勇，前排居中者为保君建大使，前排右二着深色西服者为驻瓜亚基尔首任华人名誉领事陈信棠（厄方历史档案称其为总领事）

图片来源：厄瓜多尔中华总商会

胞。因投资失败，过世时一贫如洗，竟连一口棺材也买不起。

胡里奥·阿勇，中文名古煜文。今天，古公煜文与夫人安赫拉·阿勇[①]之墓与众多早年华人移民的墓碑一同置于瓜亚基尔市内公墓。

1946年1月6日，中华民国与厄瓜多尔共和国宣布建立公使级外交关系。同日，中华民国特命全权大使保君建[②]与厄瓜多尔外长何塞·比森特·特鲁希略[③]在首都基多签署《中厄友好条约》[④]。

---

① 安赫拉·阿勇：Angela Chang de Ayón。

② 保君建：1896—1970年，字既星，江苏南通人。北京大学毕业，官费留学美国哥伦比亚大学，获博士学位。学成回国后被国立北京大学聘为教授。1936年入外交部，历任驻加尔各答总领事、驻秘鲁大使（兼驻玻利维亚大使）。

③ 何塞·比森特·特鲁希略：José Vicente Trujillo。20世纪40年代任外长前，曾受聘担任厄瓜多尔中华总商会法律顾问。

④ 中厄友好条约：Tratado de Amistad Chino-Ecuatoriano。

1947年4月19日，中厄两国政府互换批准书。当日,《中厄友好条约》正式生效。

1947年7月11日，中华民国派驻哥伦比亚公使兼任驻厄瓜多尔公使。

1948年1月，中华民国于基多设立驻厄瓜多尔共和国公使馆。

旅厄华人长达半个多世纪遭人歧视的屈辱历史宣告结束。华人从此昂首挺胸，与他国移民一道，共享尊严、法制、保障与自由。

20世纪50年代前山区的中国移民

如前所述，限制华人自由流动法案的存在，沿海与山区在气候和商业氛围方面的天差地别，多种因素叠加，使得20世纪第一个10年，在厄瓜多尔山区没有定居华人。

这在受清政府和早期国民政府之托，为华人提供领事保护的美国驻厄瓜多尔外交机构发给内政部的照会中也有体现。

1909年8月13日，美国特别代表和全权公使[①]威廉姆斯·C. 福克斯[②]就两名华人Chang Chon Pan和Sau Soo逗留基多20天一事，向厄瓜多尔内政部长发出了No.137 de V.E.号正式照会。在照会中，美国外交官请求厄瓜多尔内政部周知沿途警力，确保两名华人在途中和逗留期间免遭盘查扣留。

1910年，连接瓜亚基尔和基多的铁路开通，极大便利了沿海和山区间的人员往来。但是由于迁徙受限，迟至1922年，官方文件中才首次显示有华人定居山区。

1922年10月11日，钦博拉索[③]省省督府致函内政部，通报该省有5名华人居住。稍晚，5名华人的姓名、年龄、性别、身份及婚姻状况等个人信息，被悉数刊登于当月的官方公报中。

华人现身首都基多则是更晚的事。

---

① 美国特别代表和全权公使：Enviado Extraordinario y Ministro Plenipotenciario de Norte América。

② 威廉姆斯·C. 福克斯：Williams C. Fox。

③ 钦博拉索：Chimborazo。

20世纪20年代，根据内政部要求，厄瓜多尔铁路部门协同警方，对从瓜亚基尔到基多的外国旅客的个人身份信息逐月进行统计。1924年，统计信息表中第一次出现华人乘客，全年仅3人次。

华人现身基多的人数增多，与第二次世界大战期间中国作为反法西斯同盟的一员和主要参战国、国际地位的改善息息相关。

第二次世界大战期间，作为美国的盟国，厄瓜多尔组建了“支持同盟国全国委员会”[①]。1943年，该委员会置歧视华人法案于不顾，诚邀44名瓜亚基尔的华人及家眷前往基多苏克雷剧院，参加各界为表达对中国抗战的敬意而举行的集会。那次活动高朋满座，总统卡洛斯·阿尔韦托·阿罗约·德尔里奥[②]、军政要员、民间代表、常驻基多的外国使节莅临出席。这是华人群体第一次在厄瓜多尔享有如此殊荣，也是华人破天荒如此集中地出现在首都基多。

第二次世界大战风烟散尽。1946年，厄瓜多尔政府和社会各界在瓜亚基尔与基多两大城市分别举行盛装游行，向旅厄华人表达钦佩之情。同年，三场关于太平洋战争的图片展在基多对公众开放，其中一场由美、英两国驻厄瓜多尔大使馆联合举办。三场展览中，中国战场均为重要组成部分，大批华裔人士应邀观摩，场景令人动容。

自此以后，沿海与山区间的崎岖道路对华人不再是遥不可及的畏途。不久，胡里奥·阿勇开设了基多首家中餐馆——上海餐厅[③]。看家菜不过是融入了当地元素的中式炒饭，却顾客盈门。一些上了年纪的当年食客今日回味起来，依旧对首次品尝中餐的体验记忆犹新。

不过，由于基多2800米的海拔、高原低温气候以及逊于沿海地区的营商环境，华人成规模定居基多还是晚至20世纪70年代以后。

2019年2月21日

---

① “支持同盟国全国委员会”：Comité Nacional Pro Aliados。

② 卡洛斯·阿尔韦托·阿罗约·德尔里奥：Carlos Alberto Arroyo del Río，1893年11月27日至1969年10月31日。1940年9月1日至1944年5月28日担任厄瓜多尔共和国总统。

③ 上海餐厅：西班牙文名CHIFA SHANGHAI。位于基多老城中心，今已不见踪迹。

后 记

中年以后，时间像脱缰的野马难以驾驭。满腹的不合时宜无处漂洗，读书和写作成了顺理成章的逃避。

雪山、林莽依次步出记忆。众生百态露出熟悉的气息。三载别离成了黏稠的润滑剂。

抬头仰望，远方一丝微弱的晨曦。

借助钨丝灯发出的悠悠暖意，固守离群寡居。一阵轻风吹开尘埃，露出脚下的缝隙。

西人早将这片土地涤荡梳理，只有后来者尚且蒙在鼓里。

异乡的两载光阴不曾歇笔，只为离别后的重逢唤起的记忆。

三毛把她的厄瓜多尔分为前生、今世。亏得仅当成一段意乱情迷的痴言。可偏偏，那叫国语。

有言道，上帝为你关上一扇门的同时，也一定为你打开了一扇窗。

那扇门不是上帝所关。即便打开，无尽的昏乱，也无意一探。

那扇窗也不是上帝所开，而是自己拔出插销，挑开布帘。

倒在路上的日本摄影师星野道夫说，人总为追寻生命之光而走在漫长的路上。

这样看来，无所谓家乡，心灵安歇的地方，就是故乡。

庆幸命里有过两年的时间，心无旁骛，不曾摇摆，凝神屏气，自比神仙。

是日已过，命已随减。听从内心的召唤，就是选择。

献给家人，权作后记。

2018年3月30日于瓜亚基尔

Bibliografía

参考文献

一、专著

Jean G. Colvin, *Arte de Tigua - Una Reflexión de la Cultura Indígena en Ecuador*, (ABYA-YALA, 2004).

Pablo Cuvi, *Artesanías del Ecuador*, (DINEDICIONES S.A., 1994).

José Almeida Vinueza, *Zumbahua - Identidades Indias en el Ecuador Contemporáneo*, (ABYA-YALA, 1995).

Alfonso Toaquiza, *Kuntur Kuyashkamanta/El Cóndor Enamorado/The Condor Who Fell in Love*, (IMPRENTA MARISCAL, 2002).

Rolf Blomberg, *Blomberg – Ecuador*, (LATINWEB, 2004).

Alberto Sánchez Varas, *1835 – 2010 Nuestra Historia*, (Maxigraf, 2008).

Octavio Latorre, *La Maldición de la Tortuga, Historias Trágicas de las Islas Galápagos*, (EDICIONES LEPANTO, 1992).

Alfredo Luna Tobar, *Historia Política Internacional de las Islas Galápagos*, (ABYA-YALA, 1997).

Feel Again Ecuador, (Project Developed by Ministerio de Turismo del Ecuador).

Ecuador Galápagos, (OCÉANO, 2010).

Ecuador, (LATINWEB, 2004).

Panamá - Sombrero de Leyenda, (LIBRI MUNDI, 2004).

Diners Club International, *100 Artistas del Ecuador*, (DINEDICIONES S.A., 1992).

1835-2002 Benemérito Cuerpo de Bomberos de Guayaquil - Ayer y Hoy, (Archivo Histórico del Guayas, 2003).

Luce Deperón，*Una Luz sin Sombras*, (CIRCE, 2001/11).

Hugo Idrovo，*Galápagos - Huellas en el Paraíso*, (LIBRI MUNDI, 2005).

Octavio Latorre, *Tomás de Berlanga y el Descubrimiento de Galápagos,* (GRÁFICA SEÑAL, 1996).

Tsawant Chumpi, Philippe Descola，Karl Gartelmann, José Juncosa，Noemí Paymal，Ernesto Salazar, Catalina Sosa, Héctor Vargas, Carlos Viteri, Dorothea S.Whitten，Norman E.Whitten, *Mundos Amazónicos - Pueblos y Culturas de la Amazonía Ecuatoriana*, (EDICIONES SINCHI SACHA, 1993).

Robert Gibson, *Mama Tungurahua: La Historia de un Volcán*, (TRAMAEDICIONES, 2011).

Jaime Díaz Marmolejo, *De China con Honor*, (2000).

Melvin Hoyos Galarza / Victor Hugo Arellano Paredes, *Orígenes de la Diplomacia en Guayaquil*, (POLIGRÁFICA C.A., 2016/8).

Efrén Avilés / Melvin Hoyos, *Monumentos, Plazas y Parques de Guayaquil,* (POLIGRÁFICA C.A., 2009).

Teófilo Lama Pico, *El Dragón de Blanco - Notas sobre la Vida del Dr. Teófilo Lama Pico,* (POLIGRÁFICA C.A., 2014).

Cai Jinsong /蔡劲松：*Ecuador - El País en la Mitad del Mundo/Ecuador–The Country in the Middle of the World/*《厄瓜多尔——赤道之国》, (TRAMAEDICIONES, 2013).

章骞:《艨艟夜谭——章骞近代舰艇史话十二夜》，青岛出版社2012版。

宋宜昌:《火与剑的海洋》，海洋出版社1982年3月1日版。

二、档案

Ecuador - España, Historia y Perspectiva, Archivos Históricos de la Embajada de España en el Ecuador/Ministerio de Relaciones Exteriores y Movilidad Humana del Ecuador, (2001).

三、论文

Ana María Carrillo Rosero, *Comerciantes de Fantasías: La Inmigración China a Quito*.

四、期刊

Tungurahua Volcano, Ecuador: Structure, Eruptive History and Hazards, Journal of Volcanology and Geothermal Research (1999, Vol.9)

四、报纸

El COMERCIO, 2012/7/14

五、展册

Guayasamín - Colors of Latin America, Beijing，2014/6-7

六、光盘

Montecristi - Tejidos de Origen, El Instituto Ecuatoriano de la Propiedad Intelectual.

特别鸣谢

（排名不分先后）

智利驻厄瓜多尔名誉领事何塞·B. 库埃瓦·韦拉斯克斯先生

Sr. José B. Cueva Velásquez, Cónsul Honorario de Chile en el Ecuador

瓜亚萨明基金会

Fundación Guayasamín

尊贵的瓜亚基尔领团

Honorable Cuerpo Consular de Guayaquil

厄瓜多尔中华总商会

La Sociedad de Beneficencia de la Colonia China

加洛·诺列加·莫雷诺先生

Sr. Galo Noriega Moreno

古志明先生

Sr. José Wonsang Amén

陈曾荫先生

Sr. Jorge Chányam Chang Jo

陈多荫先生

Sr. Juan Tóyam Chang Jo

功勋卓著的瓜亚基尔消防队马丁·库卡隆上校

Coronel Martín Cucalón del Benemérito Cuerpo de Bomberos de Guayaquil

功勋卓著的瓜亚基尔消防队公关部副协调员帕乌拉·科埃略女士

Sub-Coordinadora de Gestión de Comunicación Social del Benemérito Cuerpo de Bomberos de Guayaquil

昆卡市政府“草帽之家”主任赫拉尔多·马查多·克拉维霍先生

Sr. Gerardo Machado Clavijo, Director de la Casa del Sombrero, Gobierno

Municipal de Cuenca

瓜亚斯省历史档案馆馆长德莉亚・玛利亚・托雷斯・特略女士和团队

Dis. Delia María Torres Tello y su equipo, Archivo Histórico del Guayas

瓜亚基尔艺术大学卡洛斯・哈维尔・特兰・巴尔加斯教授

Profesor Carlos Xavier Terán Vargas de la Universidad de las Artes de Guayaquil

瓜亚基尔艺术大学安娜・玛利亚・卡里略・罗塞洛教授

Profesora Ana María Carrillo Rosero de la Universidad de las Artes de Guayaquil

厄瓜多尔海军马里奥・安德拉德・塞瓦略斯上尉

Mario Andrade Cevallos，Teniente de Navío de la Armada del Ecuador

特奥菲罗・拉玛・皮科医生

Dr. Teófilo Lama Pico

比森特・王・纳兰霍先生

Sr. Vicente Wong Naranjo

草帽艺人弗莱莉达・约兰达・帕恰伊・安春迪亚女士

Sra. Flérida Yolanda Pachay Anchundia，Maestra del Sombrero

草帽艺人格伦达・帕特里西亚・帕恰伊・帕恰伊女士

Sra. Glenda Patricia Pachay Pachay，Maestra del Sombrero

草帽艺人奥托・丹尼尔・帕恰伊・帕恰伊先生

Sr. Otto Daniel Pachay Pachay，Maestro del Sombrero

罗辉先生

中国社会科学院拉丁美洲研究所郭存海博士

金台艺术馆陈若华女士

中国进出口银行王达女士

世界知识出版社车胜春先生

文化发展出版社岳智勇女士

赵庆明先生

赵庆丰先生

李红琴女士

彭孜媛女士

崔达女士

朱晓晖先生

齐萌先生

王琼女士

图书在版编目（CIP）数据

厄瓜多尔十二夜谈：赤道之国血脉中的历史与文化 / 蔡劲松著. -- 北京：世界知识出版社, 2019.12 ISBN 978-7-5012-6153-6
Ⅰ. ①厄… Ⅱ. ①蔡… Ⅲ. ①文化史－厄瓜多尔 Ⅳ. ①K776.03
中国版本图书馆CIP数据核字（2020）第018865号

责任编辑 车胜春
版式设计 刘 凌
责任出版 王勇刚
责任校对 陈可望

书 名 **厄瓜多尔十二夜谈 赤道之国血脉中的历史与文化**
Eguaduoer Shier Yetan Chidao Zhiguo Xuemai zhong de Lishi yu Wenhua

作 者 **蔡劲松**

出版发行 世界知识出版社
地址邮编 北京市东城区干面胡同51号（100010）
电 话 010-65265923（发行） 010-85119023（邮购）
经 销 新华书店
网 址 www.ishizhi.cn
制 版 世界知识出版社图文制作部
印 刷 北京宝隆世纪印刷有限公司
开本印张 787×1092毫米 1/16 25½印张
字 数 370千字
版次印次 2020年4月第一版 2020年4月第一次印刷
标准书号 ISBN 978-7-5012-6153-6
定 价 168.00元